〈改訂新版〉

鉛筆部隊と特攻隊

近代戦争史哀話

きむら けん

えにし書房

献辞　特攻兵を恋し続けて、想いつづけて、死す

鉛筆部隊　田中幸子さんへ

〈改訂新版〉序　鉛筆による近代戦争史の発掘

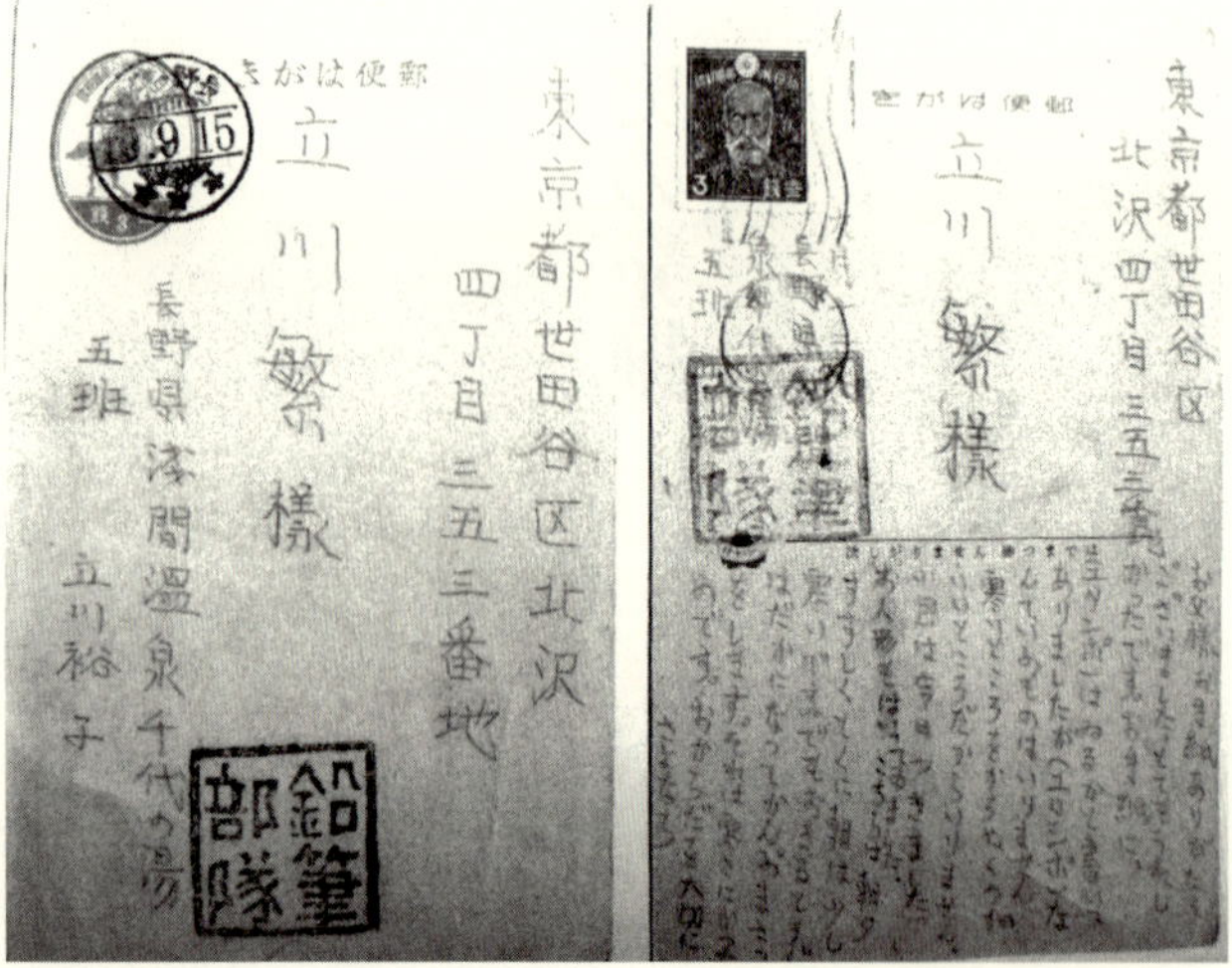

鉛筆部隊の判子が捺されたハガキ

『鉛筆部隊と特攻隊』の初版は、二〇一二年七月に刊行された。この反響は大きかった。新聞（朝日、日経など多数）、テレビ（「悲しき戦争の記録☆鉛筆で戦った子どもたち」奇跡体験！アンビリバボー・フジテレビ）、ラジオ（「疎開学童の見た特攻隊」ラジオ深夜便・ＮＨＫ）など、メディアが取り上げて話題になった。さらには童話化されたり、歌碑や碑が建てられたりもした。また、本書を基軸に続編三巻も刊行された。この二〇一九年八月には、平和を巡って保坂展人世田谷区長と対談（エフエム世田谷）した。鉛筆部隊は区内代沢小の学童だ。やはり話の中心は鉛筆部隊だった。八月末には、三年にわたる長期取材を敢行したドキュメンタリー番組「鉛筆部隊〝あした〟を描いた子供たち」（テレビ信州）が放映された。言ってみれば、鉛筆部隊現象である。刊行して七年、鉛筆部隊への反響は続いている。かくして本書は特攻隊の歴史に一石を投じるものとなった。

七年という時の経過は現象を熟成させる。見えていなかったものが見えてきた。大きく言ってそれは二つある。

一つ目は疎開学童の手紙や日記が埋もれていた戦争史を掘り起こしたことだ。

敗戦時に公文書焼却の命令が閣議で決まったことはよく知られている。「戦犯にされる恐れのあるような公文書を焼却しろという指令」である。これによって軍部の記録は焼却された。陸軍松本飛行場関係の記録も例外ではない。当飛行場には戦争末期、多数の特攻機が飛来してきた。どこの何隊が何機、何月何日に飛来し、そして何月何日に出撃した。それらを記録した日誌は間違いなくあったはずだ。しかし、それらは焼却された。これによって近代戦争史を明かす資料を失った。

しかし、意外なところに記録が残存していた。それは疎開学童の日記や手紙や証言である。これらによって大戦末期、陸軍松本飛行場が数多くの特攻機を受け入れていた飛行場、戦略的に重要な飛行場であったことを浮かび上がらせた。一人の航空少年は、当地飛行場に重爆撃機「飛龍」が飛来してきた日を克明に日記に記録していた。貴重な記録だ。

が、疎開学童は年老いて世を去りつつある。「世田谷の疎開学童の日記や手紙は近代戦争史をあぶり出す資料だ、ゴミとして捨てないでほしい」と訴えているが……。

二つ目は、航空兵と学童のふれ合いは類い稀な事例だったことだ。

二〇一九年四月には知覧特攻平和会館で企画展「子どもたちが見た戦争」が開かれた。その一つのテーマが「鉛筆部隊と特攻隊」である。

特攻隊は、拝命すると日を置かずに各地飛行場から知覧などの特攻前線基地に飛んだ。その間、一般人と接する機会は多くはなかった。ところが陸軍松本飛行場に飛来してきた特攻隊は、思いがけずここで長逗留した。その彼らが宿舎とした浅間温泉は大勢の子どもたちでどの旅館も埋まっていた。特攻隊と子どもたちはここで遭遇した。

昭和二十年二月、鉛筆部隊と特攻隊とが出会った。子どもは戦時疎開で東京世田谷から長野県松本市外の浅間温泉に滞在していた。一方特攻隊は、満州新京で発足した大本営直轄の特別攻撃隊だ。機体整備のためにここにやってきた。彼らは学童らがいる浅間温泉に宿泊した。

温泉の一つは千代の湯と言った。ここにいた学童は、先生に武器の代わりに鉛筆を持って闘えと指導されていた。これが「鉛筆部隊」である、宿には六名の特攻隊員がやってきた。そしてここで一月ほど生活を共にした。これほど長きにわたって年端のいかない学童と接した例はほとんどなかった。類型から外れたふれ合いは数々のドラマを生んだ。その一端を「鉛筆部隊と特攻隊」というテーマで知覧特攻平和会館は社会に示した。

学童たちは、国民学校三年生から六年生、特攻隊の隊員は二十歳前後の青年だ。親元から離れて暮らす子どもには若いお兄さんは生きる励みとなった。特攻隊の彼らも子どもらの屈託のない笑顔に触れて活力を得た。ここに深い絆が生まれた。

特攻隊員の一人に時枝宏軍曹がいた。彼は学童たちに深く慕われていた。が、その彼も時がきて特攻出撃し沖縄沖に展開するアメリカの艦船に突撃を敢行した。その死を知らされた学童は深く悲しんだ。その一人は、彼の遺族に宛てて手紙を書き、思いの丈をぶつけた。

知覧特攻平和会館の「鉛筆部隊と特攻隊」での展示で初めて公開されたものだ。


皆様、お元気でお暮らしのことと思います。私達は時枝さん、今西さん、今野さん、嶋田さん、出戸さん、大平さんの六人の兵隊さんに歌をならつたりしてゆかいに一箇月の間過ごしました。

私は時枝さんが大好きで大好きでした。千代の湯にいたときお食事を私のおとなりでお話しながらいただいた事もついこの間でした、演芸会もたのしくたのしくいたしました。勇ましい声でとてもきれいでした。軍神加藤の勇ましい歌を教えていだだきました。その歌をうたふと時枝がこひしくてこひしくてたまりません。

私が風邪をひいている時に時枝さんは夜中でも私のところにいらっしゃってかんびょうしてくださいました。ほんとうにほんとうにしんせつにしてくださいました。時枝さんに大きな消しゴムとエハガキをいただきました。夜に時枝さんのあたたかいこころにいだかれながらお話をしていただきながらすやすやねむりました。風邪をひいたときは、時枝さんのえりまきをかしていただいたおかげでなほりました。時枝さんの出発は急なのでだいすきな時枝さんとゆつくりお話もできないのでした。ほんとうに残念です。時枝さんも桜の花のやうにはなやかにめいよの戦死をとげられたのです。その後は私たちが引き受けましたから御安心ください。ではお元気で。

私たちは時枝さんと仲良くなった疎開のものです。

千恵子

彼女は、国民学校五年生だ、彼への思慕を率直に述べている。彼女がいう「時枝がこひしくてこひしくてたまりません」は少女が熱く彼を慕った言葉だ。特攻兵と一月間、生活をともにした経験が彼女に強烈な思いを残した。

鉛筆部隊と特攻隊は単なる出会いではない。これからを生きて行く学童と死に征く彼らとの奇跡的とも言える運命的な遭遇だった。

最後の夜、兵は日の丸を引きちぎっては一人一人の男児に授け、「今度は九段で会おう」と言い残して去った。「あんな元気な人でもあっというまにはかなく死んでしまう」と痛切に死を思った子もいた。また余儀なくして死に向かう青年と少女との間には期せずしてプラトニックな愛が結晶しもした。

果てもなく続く鉛筆部隊物語を、ここに改訂新版として編み直したものである。

〈改訂新版〉 鉛筆部隊と特攻隊　目次

第五章　武剋隊と武揚隊……165

第六章　武揚隊の遺墨……239

第一章　鉛筆部隊

松本駅に着いた鉛筆部隊（鳴瀬さん他）

鉛筆部隊隊長、柳内達雄先生（左）と鉛筆部隊
※国語教師の柳内先生は、自分が引率する学童たちを鉛筆部隊と名付けた

浅間温泉での鉛筆部隊

長野県広丘村に響いた寮歌

あるとき、ネットのブログにコメントが突然飛び込んできた。遙かな歴史への旅に導いたのはこの言葉だった。「もし御存じでしたら教えてください」に始まる問い掛けである。

昭和20年ごろだと思います。長野県東筑摩郡広丘村に学童集団疎開し、疎開先のお寺（郷福寺）で一月ほど生活した記録があると思うのですが、そのときの引率されていた先生が作詞作曲された広丘での寮歌があるのですが、全曲をご存知の方いらっしゃいましたら、教えてください。

〝広丘は僕たちの里、青い空光る汗、鍬をふる僕らの頬に、父母の声、風が運ぶよ……〟

Ｐｏｓｔｅｄ ｂｙ 旭 正章 2007年12月14日 22：20

東京西郊、世田谷区に下北沢《しもきたざわ》駅がある。私鉄線の小田急線と井の頭線とがX状に交差する駅だ。私はこの一帯に眠っている歴史文化を調べては、日々ブログに書いて発信している。ちょうどこの二〇〇七年は、世田谷区立代沢《だいざわ》小学校が創立百二十六周年を迎えたときだ。それで寺子屋から始まったこの学校の歴史について触れていた。旭正章《あさひまさあき》さんは、インターネット検索でこの記事に行き着いたようだ。

コメントされたことは初めて聞いたことです。どなたかご存知の方がおられればいいですね。このことを突き止めるにはどうしたらいいかという情報をどなたかが下さると助かりますね。ご覧になっている方で心当たりの方がおられればよろしくお願いします。

Ｐｏｓｔｅｄ ｂｙ きむらけん 2007年12月15日 21：37

ブログの読者に依頼すると同時に、自分でも調べ始めた。そんな折も折、読んでいた本の中にこれに関する記述を見つけた。プロレタリア歌人渡辺《わたなべ》順三《じゅんぞう》の『烈風の中を』という自伝だ。彼は下北沢駅南口通りで大地堂という古書店を開いていた。ここで列をなして通っていく子どもたちを見かけている。次の年の一月にブログでこれを取り上げた。

ある日の夜、私の店の前をぞろぞろと小学生の列が通った。燈火管制で町はまっくらであった。先生は提灯《ちょうちん》で道を照らしながら引卒してゆくのである。子供たちは黙々と暗い道をのろのろ歩いて行く姿はあわれであった。

列なして疎開児童の行くさまをあわれと見つつ涙ぐみたり

集団疎開の学童の列がこの町を通りてゆけり夜の十時頃

提灯に道照らされて行く今日を君等は永く忘れざるべし

そのころ私は日記のつもりでときどき二、三首の歌を作っていた。この疎開の歌は十九年八月十二日である。

私は、ブログに次のように書いた。

歌人は古本屋の二階で休んでいた。その時に、店の前を多くの足音が通っていく。誰なのだろうかと思って窓から覗いた。すると提灯が見える。その後ろに人の列が続いている。燈火管制で真っ暗になった中を黙々と駅の方へ人が歩いていく。足の幅が小さく、さわさわと聞こえ、その歩き方が頼りない。それは子どもの列だった。先生に引率されて駅まで行くところのようだ。

親元を離れてのやむをえない集団疎開であった。

ぽつんと点った提灯、それに先導されて歩く。が、力が入らない。これから遥か遠い山の向こうへ行く。どんな生活が待っているか分からない。連れて行かれた彼らはきっとこの夜のことを「永く忘れ」ないで、覚えていることだろう。

どこの学校の小学生だったのか、日にちも明確なので調べれば分かることだ。

記録されていた年月日と時刻は、昭和十九年（一九四四）八月十二日夜の十時である。これを手掛かりにして図書館で調べた。すると、『世田谷区教育史』に、この日のことを記録した代沢小の学校日誌が見つかった。

「八月十二日　土曜日　天候晴」、校庭で「午後九時ヨリ壮行式」が行われ、終了後、「疎開児童四百五十五名並ニ派遣教員十名及付添教員三名午後十時校庭」を出発している。学校から大地堂までは歩いて十分ぐらいだ。「夜の十時頃」古書店の前を通っていったのは代沢小（国民学校）の疎開学童に間違いない。

夏休みの真っただ中の慌ただしい出発だ。急がなければならない理由があった。この年、六月に日本はマリアナ沖海戦に敗れ、そして七月にはサイパンが陥落した。絶対国防圏と言われたマリアナ諸島やサイパン島が敵の手に渡った。これによって確実に予想されたことは、この島の飛行場を使って敵が大型爆撃機で日本本土を空襲してくることだ。この危険を避けるために東京から遠く離れた地方へ学童たちは疎開することになった。

学童は列をなして駅へ向かった。父母の見送りは校庭までと決められていた。が、別れたらもう二度と会えないかもしれない。最後まで見届けようと親は駅までついていった。路地道の多い下北沢駅周辺は、見送り人でごった返し溢《あふ》れかえった。

狭い駅の中には入れない。親は線路の両側にぎっしりと並んで、子どもたちを見送った。新宿《しんじゅく》行きの小田急電車が警笛を一つ鳴らして駅を出ていくと、親は子どもの名前を「火の出るような声」で口々に叫んだ。

その電車に乗っていた引率の先生は、「電車の別れはあじけない。戸がしまればそれっきり、ぐんぐんスピードをだして、遠ざかっていく提灯のゆれるのが窓からみえがくれし、万歳！　という喚声を聞いた」と記録に書いている。悲痛な万歳だ。見送りの親は、いつまでも提灯を揺らしたり、手を振ったりしていた。

学童集団疎開

下北沢駅から疎開に旅立った学童の様子を記事に載せた。これに旭正章さんからまたコメントがあった。最初の質問から、丸一年が経《た》っていた。

長野県東筑摩郡広丘村字郷原に郷福寺というお寺があります。代沢小学校の生徒はしばしここに疎開していました。

私はそこの住人で4歳か5歳のころだと思います。歌の続きです。うろ覚えですが、

広丘の村の友達　黒い顔　肩組んで
僕たちの明るい声を　松林　風が運ぶよ
広丘は僕たちの里　郷福寺　夜の杜

……後思い出せません。作曲者はこの学校の柳沢先生だったと記憶しています。奥様がソプラノの歌声でした。

Posted by 旭　正章　2008年12月07日　19：51

幼いときの忘れられない思い出だったと私は知った。ちょうど代沢小に行く用事もあって、学校で疎開のことを尋ねた。

代沢小に今日うかがいました。副校長先生に聞きました。「学童集団疎開―世田谷代沢小の記録―浜館菊雄」を紹介されました。が、この資料には真正寺学寮歌は載っていますが、おたずねの郷福寺のはありませんでした。それで疎開関係者がおられるとのことで調べてくださることになりました。それでご報告いたします。

Posted by きむらけん　2008年12月17日　22：16

この『学童集団疎開～世田谷代沢小の記録～』という書籍は役立った。これによると下北沢駅で親と別れた子どもたちは、新宿駅から中央線で松本《まつもと》へ向かっていた。町外れの浅間《あさま》温泉に着いて、各旅館に分宿

し、ここで疎開生活を送っている。この温泉全体で二千五百七十名ほど、世田谷区からの疎開学童を受け入れていた。

ところが、昭和二十年（一九四五）になって状況が大きく変わった。太平洋側の諸都市が次々に空襲を受けての影響だ。昭和二十年（一九四五）になって名古屋空襲で工場が松本近辺に疎開してきた。その「生産戦士の寮」が必要になった。次に三月十日の東京大空襲による「帝都の罹災者《りさい》」の受け入れをしなくてはならなくなった（『世田谷区教育史』）。そして、もう一つ、これが一番大きな障害だ。疎開してきた軍需工場が空襲される恐れが出てきた。それで、危険の及ばないところに再疎開することになった。

同著には、学童の不安が書かれている。町の温泉旅館から、田舎の村のお寺へは行きたくない。お寺ではお化けが出てくるかもしれない、村の学校でいじめに遭うかもしれない。一番つらいのは慣れ親しんだ友だちと別れなくてはならないことだった。

が、その再疎開は実施された。昭和二十年四月十日に子どもたちは浅間温泉を出た。代沢小の学童は「中央本線塩尻町《しおじりまち》を中心とした宗賀《そうが》村・洗馬《せば》村・広丘《ひろおか》村・朝日《あさひ》村の五か町村」に分かれ、そこのお寺に分散して疎開生活を送ることになった。『学童集団疎開』を書いた浜館菊雄《はまだてきくお》先生は、そのお寺の一つ真正寺《しんしょうじ》の学童を引率していた。

やがて、子どもたちは村の学校に通うようになるが、「元気盛んな村の子どもたちの間に三、四人とまじっていることはそうとうな精神的負担」だったという。

疎開学童の予感は当たった。意地悪な子がいてそのいじめに遭った。加えて再疎開で仲のよい友達とも別れたこともあり、学童たちは塞ぎ込むことが多くなった。音楽担当の浜館先生は「音楽は人びとの心に愛情の火をともすものだ」という考えを持っていた。それで、子どもたちを元気づけようと「みんな明るいわたしもぼくも」に始まる「真正寺学寮歌」を作った。

浜館先生は「この歌が、村の子どもたちにはやりだした。学寮の子どもたちよりも、村の子どもたちのほうがかえってよく歌った」と書いている。疎開学童を勇気づけるための歌が地元の子どもの心に火を点《とも》してしまった。

これを読んで旭正章さんも勇気づけられたのだと気づいた。「真正寺学寮歌」ならぬ「郷福寺《きょうふくじ》学寮歌」を物陰から聞いているうちに火を点されてしまった。東京から来たお兄さんやお姉さんが爽やかな声で歌った。ハーモニーのそろった歌声は寂しい思いをしていた旭さんの胸に熱く響いた。それが六十数年を過ぎた今でも忘れられないでいる。

神鷲と鉛筆部隊

歌詞探しが始まってすぐの年の暮れ、二〇〇八年十二月、思いがけない出会いへと結びついた。代沢小の副校長の山川先生には寮歌のことについて調べてもらっていた。その返事をもどかしい思いで待っていた。とうとう待ちきれないで学校に電話をかけた。

「私も学校の創立記念誌とか資料とか調べていたのです。それと疎開された方がおられたので電話をかけたんですけどお留守だったんですよ……」

先生の返事を聞いて、その人に会ってみたいと思った。それで、番号を教えてもらい、その方に電話をした。鳴瀬《なるせ》速夫《はやお》さんだった。

「どちらのお寺に疎開しておられたのですか?」

真っ先に聞いたのは疎開先だった。すると聞こえてきたのは「キョウフクジ」だった。

「え！　キョウフクジですか？」

私は聞き返し、その返答も待たず、勢い込んで、「寮歌を歌っていませんでしたか？」と聞いてみた。

「ああ、寮歌は歌っていました。引率の柳内《やなうち》先生は、国語の先生です。作文教育にとても熱心な先生でした。それで疎開先では毎日、日記をつけさせられましてね。それを全部を読んでくださるんです。そして、一言なんか褒めてあるんです。これが今の自分にも生きています。自分が文章を書けるのも疎開のときの経験が大きいです……」

「寮歌は覚えておられますか？」

「寮歌ね、覚えているかな……広丘村の友だち　黒い顔……光る汗　僕たちと　ともに歌えば……松林風が渡るよ……」

鳴瀬さんは、遠い記憶をたぐり寄せるようにして、とぎれとぎれにその歌詞を言われた。が、惜しいことに全部は記憶にないという。

「ええっとね、私は今度の日曜日にコンサートを行います。そこに同じ郷福寺に疎開していた人が来られます。よかったらおいでください。……ああ、郷福寺は再疎開先ですね。最初の疎開先は浅間温泉の千代の湯でした」

代沢小の副校長先生から鳴瀬さんは音楽家だと聞いていた。ハーモニカ奏者だった。十二月二十八日に中目黒《なかめぐろ》ＧＴホールで、「バッハと世界の名曲」というコンサートを催されるという。席はまだあるというので、チケットを申し込んだ。

歌詞探しが、次々に人に繋がっていく。このままいけば歌詞はすぐにでも分かるのではないかと思った。

コンサートが待ち望まれた。それまでに『学童集団疎開』を読み終えようと思った。

ところが、読み進めているうちに意外な事実を知った。鳴瀬さんは浅間温泉では千代の湯にいたという。本にはここで起こった劇的な出会いが記されていた。

この旅館の担当は柳内達雄《やなうちたつお》先生である。彼は自分が率いている学童を鉛筆部隊と名づけていた。この部隊のところへ本物の兵隊が現れた。何と六人の若い特攻兵だった。その彼らも慣れ親しんだ末に子どもたちを鉛筆部隊と言い習わしていた。

特攻隊というのは特別攻撃隊のことである。戦争末期、軍部は不利な戦況から抜け出そうとして新しい戦法を採った。二五〇キロ、ときに五〇〇キロの爆弾を抱えた戦闘機で米軍の艦船に乗機もろとも体当たりしていくというものだ。二十歳前後の若い志願兵によって編成されたのがこの特攻隊だ。その彼らが、浅間温泉の旅館千代の湯にやって来ていた。

それは昭和二十年二月の末のことだった。六人の若い兵隊は突然に現れた。子どもたちには年も近いお兄さんである。彼らは近くの陸軍松本飛行場からやって来た戦闘機乗りの下士官であった。憧れのパイロットが自分たちの宿泊先に思いがけずやって来た。

このときのことは昭和二十年五月六日号『週刊少國民』に「神鷲と鉛筆部隊」と題された記事になっていた。浜館先生はこれを引用している。

記事には、千代の湯に来訪したときの様子が次のように書かれている。


まだ山の北側には雪が残つてゐる二月の末のある日、疎開學寮になつてゐる千代の湯へ六人の兵隊さんが宿泊しました。一人だけが二十五歳くらゐで、あとの五人は二十歳前後の若い航空隊の下士官でした。兵隊さんでなくては夜も日も明けない学童たちは、その日のうちにもう兵隊さんと仲よしになり、お湯へもいつしよに入れば手をつないで散歩もする。學童たちが前に習い覚えたマライの歌を合唱すると、兵隊さんは満州《まんしう》の歌を學童に教えたりして、この學寮では兵隊さんと遊ぶのがまるで日課の一つのやうになりました。

その六人の兵隊の名前は、「出戸《でと》栄吉軍曹、今西修軍曹、嶋田貫《くわん》三郎軍曹、今野《こんの》勝郎軍曹、大平定雄伍長」、それともう一人時枝宏《ときえだひろし》軍曹だった。子どもたちはすぐ兄と弟妹のように慣れ親しんで日々を送っていた。ところが、三月になったある日、時枝軍曹をのぞく五人が「きちんとした軍服姿になり、日本刀を腰にぶちこんで」子どもたちに別れを告げて千代の湯を去っていった。記事は学童の一人が書いたその日の疎開日記の言葉を載せている。

—飛行機のをぢさんが出發された。もう歸つては来ない。兵隊さんたちは日本のために死ぬと決心しながらいつもと變つた緊張《きんちやう》した顔もみせず、にこにことしてゐられた。おひるころ、飛行機が五機、低空で千代の湯の上を旋回して東の空へ消えていつた。

彼らが乗った戦闘機が浅間温泉千代の湯上空に飛来して来て、別れの合図の旋回をし、東の空に消えたという、劇的な場面だ。ところが、日記には、たった一行しか記されていない。そのときの様子はどうだったのだろうか。是非知りたいと思った。

記事は、旅館に一人残っていた時枝軍曹も、二、三日して出撃していったと伝えている。その日から学童たちはラジオから流れる戦況の報道にじっと耳を傾けていた。そんなときに彼らの名前が放送で読み上げられた。

　四月一日の夜、ラジオの小國民シンブンに聞き入つていた学童たちは、「アッ」と思はず声を立てました。それは驚きとも喜びともつかぬ、強い感激の響きでした。

「沖縄《おきなは》の慶良間《けらま》列島沖の敵機動部隊に突入し、十機で敵の大型艦船十隻を撃沈したわが特別攻撃隊の戰果については、三月二十七日に大本營から発表されましたが、これは陸軍特別攻撃隊武剋《ぶこく》隊十勇士のお手柄で、勇士のお名前は廣森達郎大尉、林一満少尉……」

　と次々に讀み上げられる勇士の尊い名前の中に、學童たちは「出戸《でと》榮吉軍曹、今西修軍曹、嶋田貫三郎軍曹、今野《こんの》勝郎軍曹、大平定雄伍長……」

　の五つの名前を聞いたとき、思はずもひそかな叫びをあげ、そして、次の瞬間《しゆんかん》には體中がカーッと熱くなつたのでした。

「やつた、やつた。あの兵隊さんたちがやつたのだ。先生！先生！」

　四、五人の学童が柳内先生のお部屋に駈《か》けこみました。

ドラマは、これで終わったわけではない。記者は次の日に起こった出来事を書き記している。それは、「出撃の直前○○基地から今野、今西の両軍曹が出した訣別《けつべつ》の手紙が學寮にとどきました」というものだ。ここで言う「○○基地」とは熊本健軍飛行場だ。三月二十五日、彼らは熊本市内の司旅館に投宿し、本土最後の夜を過ごした。手紙はこのときに書かれた。

（今野軍曹の手紙）……鉛筆部隊（註＝学童たちは、軍隊式に自分たちのことをかう呼んでゐました）の諸君、お元氣にお暮しのことでありませう。兵隊さんも元氣でいよいよあす出撃であります。必ずや敵艦を轟沈《がうちん》させますよ。皆さんがこの便りを見てゐるころは、兵隊さんはこの世の人ではありません。つぎの世を背負うみなさんががゐるので、喜んで死んでいけます。〇〇に在宿中は、ともに遊び、ともに學んだこともありましたね。ほんとにお世話になりました。厚く御禮申し上げます。敵をやつけるまでは死すとも死せず、必勝を誓ひます。につこり笑って散つていきますよ。では、お元氣でつぎの世をお願ひします。

（今西軍曹の手紙）……戦局は眞に切迫してきました。敵はけさいよいよ沖縄の西にある小さな島に上陸をはじめました。われわれも命令により、只今より沖縄にむかつて出撃します。〇〇では、道ばたにれんげや菜の花が美しく咲き、櫻も咲いています。櫻を一ひら同封しました。戰局に一喜一憂せずに、ひたすら學業にはげんで下さい。大日本帝國は必ず勝ちます。必勝疑ひなし。ではお元氣で。

飛行機に乗って機体ごと敵の船に突っ込んで、そして、あの兵隊たちは死んでしまった。形見として送られてきたのは、「一ひらの桜」だった。ついこの間、近くの本郷《ほんごう》国民学校の運動場で泥んこになって学童たちと一緒に遊んだ。その彼らは自らが兵器となってあっけなく死んでしまった。

劇的な出会いを記している『週刊少國民』は、現物を是非見ておきたいと思った。数少ない所蔵館の一つ東京大学教育学部図書室に行って複写を手に入れた。記事は次のように締めくくられていた。

『兵隊さんは散つても體當りの精神はなくならない』さうだ。その精神は次代を背負ふ少國民の血の中に流れつづけて、米英の息の根を斷ちきらずにはおかないのです。千代の湯の學童たちは朝に晩に、勇士の思い出を語りあひつつ、神鷲につづく決意を固めてゐるのです。

「神鷲と鉛筆部隊」とのふれ合いはあり得そうにもない本当の話だ。スクープ記事である。記者も興奮気味に書いている。「特攻隊の出發をこの目でしかと見とどけたいと願ふ人の多い中に、神鷲のいく人かと一箇月近い日を同じ屋根の下でむつみ合ひ、體當りのつい数日前までいつしょに寝起きしてゐた學童たちは、なんという幸《しあわ》せものでせう」と。少国民全体への熱いメッセージだ。子どもたちが成長して「神鷲」に続いてほしいという思いが込められている。

『週刊少國民』は、「朝日新聞社發行」の児童向けの雑誌だ。これが発行された昭和二十年五月は日本の諸都市が空襲を受け、戦況は不利な状況にあった。そういう中で少国民に奮起を促すような書き方がされている。戦意高揚である。記事のみならず雑誌全体が、戦意を煽《あお》るものになっている。例えば、裏表紙にはビタミン錠「強力　ワカフラビン」の広告が載っている。「身體も心も元氣一杯。さア！　今學年も頑張り抜いて、敵米英撃滅に突進だ！」とある。何もかもが戦争一色に塗りつぶされていた。

記事には、「四月一日の夜、ラジオの小國民シンブン」を聴いていた鉛筆部隊の子どもたちが歓声を上げたと書かれている。ところが、疎開学童の一人は、朝礼で彼らの突撃を聞かされたとき、皆声を上げておいおい泣いたと言っていた。

特攻隊の突撃を聞いて泣いた者もいれば、歓声を上げる者もいた。両方とも事実であろう。しかし、戦争はどうあっても勇ましくなくてはならない。女々しさは排除される。

戦争になると個々人の思いは押さえ込まれる。国民は勇ましくあることが求められた。学童も誰もが軍国少年であり、皇国少女であった。郷福寺で八月十五日の終戦を迎えた男の子の一人は、当時を回想して次のように語っていた。

「終戦を告げる玉音放送は全く意味が分かりませんでした。けれど、アメリカに負けたことを聞かされて、男の子は、必ず仕返しをしようと互いに指切りげんまんをして誓いを立てました」

当時の社会はすべてが戦争一色であった。新聞も戦争への同意、賛嘆に満ちていた。ゆえに「神鷲と鉛筆部隊」を手にした読者の多くは涙を流したであろう。しかしこの記事、冷静に考えると書く方の側《がわ》に作為が働いていなかっただろうか。

この取材に当たったのは二人の記者である。記事末尾に（小口、内田両本誌特派員記）とある。ところが、調べを進めていてもう一人来ていたことが分かった。その三人目はカメラマン、菅野喜勝氏だ。彼は、鉛筆部隊の引率者柳内達雄先生とは親しい間柄にあったようだ。

一九六七年に先生が亡くなったとき仲間の手で『追悼　柳内達雄さん』という文集が出された。この中に菅野喜勝氏が千代の湯取材時の話を載せている。「親元を離れて元気に暮らしている写真を写すためには、子どもたちと仲良しになることだ」と考え、自身が南方で覚えてきた歌「ラササヤ」を教えた。風呂桶を太鼓代わりにして叩いたところ子どもが明るくなったと書いている。鉛筆部隊の鳴瀬さんも思い出を綴《つづ》った文章に「一番楽しかったのは『ラササヤ』であった」と述べている。写真家のねらいは見事に当たり、子どもたちと仲良しになった。

「神鷲と鉛筆部隊」と題された記事のトップには、十四、五人の兵士と学童とが破顔一笑している写真が載っている。物語を証明する最高の絵だ。

「撮るよ、顔が硬いぞ、ほれほれ！　昨日のラササヤだよ！」

写真家は、そうおどけて、そして、シャッターを押したのかもしれない。
記事にはもう一枚写真がある。これも菅野氏が撮ったものだろう。武剋隊の兵隊たちが子どもたちに送った色紙である。キャプションには「武剋隊の勇士から疎開学童におくられた寄せ書」とある。真ん中には「誠」と大きく書かれている、それを囲んで、「忠孝一本」、「悠久大義」などと書いている。「豪気堂々征南海／盡忠一死敵軍」などという辞世の七言絶句も見られる。右上には「贈　鉛筆部隊」とある、特攻兵の六人が学童に遺したものだ。今野軍曹も手紙に「鉛筆部隊の諸君」と書いていた。武剋隊に対しての鉛筆部隊だ。剣で戦う兵士と鉛筆で戦う兵士との出会いを記した証拠の写真である。記事に説得力を持たせる二枚の写真はドラマを盛り立てている
カメラマンと子どもたちとのふれ合いはあった。が取材記者のことは分からない。記者は手順通りだと特攻兵からも話を聞いているはずだ。この記事は特攻兵たちが突撃した後に遺書が届いて見事なまでの物語として完結する。
「あちらに着かれたら是非一言でもいいですから子どもたちに手紙を書いて送ってくださいませんか？」と頼んだのかもしれない。スクープに彩りを添えたいという思いが記者にあったとしても不思議ではない。

元鉛筆部隊の人たち

コンサートが近づくにつれ落ち着かなくなった。もう間もなく鉛筆部隊の人たちとも会える。そうすれば、きっと歌詞の全容も分かるだろうと思った。期待が一層に募ってきた。

これまでの経過を旭正章さんに知らせておこうと考え、メールを送った。すると、すぐに返事がきた。

きむらけん　様

詳しい情報をありがとうございます。

浜館　菊雄さんの「学童集団疎開」の本、一気に読みました。広丘でも同じような状況だったのだろうと、推察しました。自分の記憶はところどころまだらな記憶で、正確なものは何もありませんが、母から聞いた話では、同じように東京から子供の無事を確認に見えた父兄もいらしたそうです。この時期の東京ー広丘はどんなに遠いところであったのかを想像すると、お手紙にありました特攻隊の飛行機のお話とあいまって、胸が熱くなります。

どうしてこの広丘の歌の歌詞を知りたくなったのかと申しますと、住職の興善が亡くなり、あとをその長男である興範が継いだのですが、その興範が亡くなったとき、親戚一同が集まってさまざまな思い出話を交わしました。興範は住職をしておりましたが、大変音楽に秀でておりまして、木魚をたたくよりオルガンを弾くほうが好きでした。本堂の脇に小さな部屋がありまして、そこにドイツ製のオルガンが置いてありました。

そのオルガンで広丘で作られた〝広丘村の歌〟？　のメロディーをよく弾いておりました。皆このメロディーは知っていましたし、いつ歌われたのかも知っていたのですが、誰も歌詞を正確に覚えていませんでした。ばらばらに、知っているところをつなぎ合わせたのが、先日メールで書きました歌詞の一部なのです。

このルーツを探ろうと、私の兄と歌詞探しの道を歩き始めたのでした。でした、としたのは、2年前にその兄も他界いたしまして、この歌詞のルーツ探しも終わるのかな、と思っていたところに、きむらけん様のブログが目に入ってきたのでした。

4歳のころの思い出ではありますが、私にとって、また、思い出を語り合える家族、親戚のみんなにとってますます大切な〝ふるさと〟になると思います。

鳴瀬速夫様のコンサートにはお伺いすることができませんが、お会いする時間がありましたら、よろしくお伝え願えれば幸甚です。

旭　正章

記憶から消えた歌詞を何とかして蘇《よみがえ》らせたい。それは旭さん独りの思いではない。歌は疎開学童がいなくなった後もお寺に響いていた。今もその余韻が尾を引いていて家族や兄弟を繋げている。歌は「大切なふるさと」だった。これを再現しようとして、みんなが「ばらばらに、知っているところをつなぎ合わせ」たという。

郷福寺の寮歌は旭さんたちには音の故郷だ。おぼろげな歌詞の向こうに風景が見え隠れしている。言葉がはっきりすれば焦点が結ばれて、懐かしい故郷に帰っていけるのかもしれない。そう思うと鳴瀬さんのコンサートが余計に待ち遠しく思われた。

そして、その日はやってきた。暮れも押しせまった二十八日、中目黒GTホールへ行った。小ホールは満員だった。

コンサートが始まると細身の男の人が現れた。鳴瀬速夫さんだ。まず軽妙なトークで聴き手を笑わせた後、ハーモニカを手にした。ざわめきが消える。きれいな音色がホール中に響く。高く、そして低く、バッハの曲が流れる。元鉛筆部隊隊員はハーモニカを巧《たく》みに操って音色を奏でた。聴きほれていると、たちまちに時間が過ぎてしまった。

コンサート会場のロビーで、鳴瀬速夫さんは演奏会に来ていた二人の女性、元鉛筆部隊の人を紹介してくださった。一人は松本明美《まつもとあけみ》さん、当時十一歳であり、もう一人は田中幸子《たなかさちこ》さん、当時十二歳であった。

「疎開のときのことですか？」

松本さんは、急に目を上げて、遠くの景色を見るようにした。

「それはね、忘れられないわよ！」と、これは田中さん。

「郷福寺で歌っていた歌ですか、全部は覚えていないんですけど、一部は……」

松本明美さんは、私が持っていたノートを受け取ると、ためらうこともなく、さっとボールペンを走らせた。

広丘は　私たちの里　お炊事のお手伝い
つるべ取る　わたしのほほに
父母の声　風が運ぶよ

書き上がったばかりの歌詞に目が吸い込まれる。旭正章さんのメモにはないものだ。萎んでいた花の蕾《つぼみ》が開きはじめた。

「これは二番なんですよ。一番が男子で、二番が女子だったんです。それで今でもはっきりと覚えているんですよ」

松本さんはそう言って、メロディーを口ずさんでみせてくれた。曲の一部ではあっても全体が想像できる、響きが軽快で明るい。

「男子が歌っていた歌詞は覚えていないんですか？」と、聞いてみた。

「ああ、それはね……あっ、ねえ、ちょっとちょっと」

彼女は、近くにいた男の人に声をかけた。同じ鉛筆部隊の一人だったようだ。

「いやあ、そんな、とんでもない昔のことなんか、覚えているわけないよ……」

彼は首を振っていってしまった。しかし、男の人が言ったことは本当のことである。私たちは、遙か昔、六十三年も前のことを話題にしていた。そのときの二番の歌詞を覚えているというのも奇跡に近いことであった。全部の歌詞を探し出すことはとても難しいことだと思った。

元鉛筆部隊の松本さんと田中さんとは、また連絡を取り合うことを約束して別れた。田中幸子さんはちょうどこのときに封筒に入った資料を持ってきていた。別の人に渡そうと思っていたらしい。ところが、私が鉛筆部隊のことを調べていることを知って、それを別れぎわにくれた。後年彼女はこのときのことを「きむらけん様と不思議なご縁、奇遇」と手紙に書いていた。彼女にとってこれが「ふしぎ」物語の始まりだったようだ。

家に帰ってから封筒を開けてみて驚いた。中には本や新聞や手紙などの資料が数多く入っていた。その中に鳴瀬速夫さんが書いた「欠食児童集団の一年間」という文章もあった。ハーモニカは疎開時代から吹いていたようだ。学童音楽隊員として松本五十連隊などを訪問しては演奏をしていた。特別のごちそうをもらって誇らしげに帰ってきたとか。また、朝早くに起きては、凍える手を温泉で温めて起床ラッパを吹いた、そのご褒美《ほうび》のおにぎりがうまかったなどのエピソードが書かれていた。

特攻隊関係の資料も入っていた。それらを読んでいくうちに分かった。彼女は特攻隊の人たちのことをずっと思い続けている。特にかわいがってくれた今野勝郎軍曹が忘れられないでいる。彼が出撃していった九州《きゅうしゅう》の健軍を訪れたり、特攻平和会館のある知覧に石灯籠を寄贈したり、また、彼の実家のある宮城《みやぎ》県に行ったりしている。このときのことは、平成十八年（二〇〇六）十二月十七日、河北《かほく》新報の記事になっている。

「帰ってきたらお嫁さんになって」

その肩見出しには、「61年前、特攻で散った今野さんの言葉今も」とあり、そして本見出しには、「帰ってきたら、お嫁さんになって」とある。

当時小学生だった田中さんは、東京都世田谷区から集団疎開しており、滞在先の旅館に今野さんらが静養に訪れ、鉄棒などをしてもらった。とりわけ今野さんに言われた、『帰ってきたらお嫁さんになってね』との言葉が強く心に残っていたという。

今野さんの出撃前の様子を遺族に伝えていないことが、長年心に引っかかっていたという田中さん。今月九日、特攻隊の資料について「知覧特攻平和会館」（鹿児島県知覧町）に問い合わせたところ、今野さんの兄義一さん（故人）の息子、妙一さん（68）の連絡先が判明。居ても立ってもいられなくなり一週間後の加美町訪問となった。

筆者の私は、後になって今野妙一さんから田中幸子さんが送った礼状を見せてもらった。彼女が平成十八年十二月二十三日に出したものの一節だ。

戦争がなければ出会えなかった二人ですが、すばらしいお人を特攻で失ったことを改めて感じました。

今までは最後の晩に「帰ってきたらお嫁さんになってね」と一度のキス（六十一年間黙って大事にしてきました）だけが思い出でしたが、ご生家でお写真他色々思い出の品々を見せていただきまして、私の想像の世界が今まで以上に広がり涙ぐむことが多くなりそうです。
勝郎さんの幼少の頃のお写真を見せていただきたかったと残念に思いました。私も出会った小学生の頃は可愛かったものです。勝郎さんに見そめられたことを誇りに思っています。まだ夢のようです。絆、人生は偶然の積み重ねと申しますが、この度のことについては長年の夢でした。それが多くの方々との偶然の出会いで実現しました。

彼女は、今野勝郎軍曹の故郷訪問をずっと心に温めてきた。切ない夢、それがようやっと叶った。想い人は特攻戦死している。が、それでも彼女は彼と出会ったときの少女に戻って生家を訪問した。

甦《よみがえ》った寮歌

年が明けて二〇〇九年になった。戦争が終わって六十四年目を迎える。そんな年始めに旭さんから返事のメールが届いた。

きむらけん様
あけましておめでとうございます。
新しい情報はとても心を弾ませ、うきうきすることばかりでございます。
この年末は、きむらけん様からのメールの件を細かに母に聞かせました。目をつむって静かに、そして時々眼をうるませて聞き入っていました。ある時、郷福寺に土蔵がありまして、夕方その土蔵の横の狭い空き地で、女の子が泣いていたそうです。

〝お母さんに会いたい〟と……、そんな話をしているうちにすっかりその時代になってしまいました。

みやしげ（大根の種類）、きくいも（小さな小川が境内をながれていて、その両岸に生えていた草の根っこ）の甘かった話、初めてとれたお米の話、寒かった冬、何から何までその時になりました。

広丘の思い出は深く、そしてあたたかく、物哀しく、心をゆさぶるようにわき出てきます。何かに残しておきたい、そんな衝動に駆られる、きむらけん様のメールでございます。

同じ歌でありながら、その時々、置かれている状況で、歌詞の文言も変わるものですね。松本明美さまのご記憶はきっと正確なものと思います。わたくしの記憶にある歌詞と比べるとてもよくわかります。

広丘は僕たちの里
青い空光る汗
鍬を振るぼくらのほほに
父母の声　風がはこぶよ

広丘は私たちの里
お炊事のおてつだい
つるべとる私達のほほに
父母の声　風がはこぶよ

きっとこの歌詞は一番なんだよ、と母と歌いました。

松本明美さまはお元気なご様子、ぜひともこの歌詞の続きをお願いします。自分で楽譜を書けませんが、友人が五線譜に書いてくれることになりました。出来上がり次第譜面にして添付いたします。

こんごともよろしくお願い申し上げます。

旭　正章

旭さんからこの一つ前のメールで、お母さんは九十四歳で、やはり寮歌を心待ちにしているとあった。年老いたお母さんも歌に深い思いを寄せている。先の短い母には、「この世の思い出に歌をぜひとも持たせてあげたい」とも書いてあった。これを読んで、何としてでも調べあげて、それをお母さんに伝えたいものだと思った。

歌を見つけ出すための手掛かり、希望はあった。松本明美さんである。暮れに電話をかけたときに、「うちの近くに寮歌の作詞をされた柳内先生の奥さんが住んでおられます。だから、松が取れたら伺ってみますよ。それで覚えていないとおっしゃるかもしれないけれど、駄目だったら作曲した浜館先生の家も近いので行ってみますよ」と言っていた。みな代沢小の近くに住んでいた。

ところが、見つけ出すのは容易ではなかった。あのときから時間があまりにも経ち過ぎていた。作詞者の柳内先生、作曲者の浜館先生も亡くなられていた。松本さんはその娘さんや息子さんを訪ねられたようだ。しかし、家を建て替えて、そのときに過去の資料はほとんど整理してしまったという。歌詞探しは行き詰まってしまった。こうなると、もうほかには探しようがない。がっかりしているところに、旭正章さんからのメールが届いた。なんと歌詞が分かったという。

きむらけん様

広丘村　郷福寺寮歌の歌詞が全部わかりました。2代目の興範和尚の長女が横浜市に在住で自分の母と連絡が取れまして、この話をいたしましたところ、当時13歳だったそうで、全歌詞を覚えていました。

広丘村　郷福寺寮歌

1.
広丘は僕たちの里
青い空光る汗
鍬をふる僕らの頬を
さわやかに風が渡るよ

2.
広丘はわたしらの里
お炊事のお手伝い
つるべとる私の頬に
父母の声風が運ぶよ

3.
広丘の村の友達
黒い顔肩組んで
僕たちと高く歌えば
松林風がわたるよ

4.
広丘のゆかしいお寺
郷福寺夜の杜
僕たちの明るい声を
ふるさとへ風が運ぶよ

以上でございました。

楽譜はまだ出来上がっていませんが、来週中には完成いたします。完成次第添付してお送りする予定です。胸のつかえがやっと取れました。あちらの親戚でも、この歌で昔の苦しい時代の思い出話に花が咲いたそうです。そして、疎開児童が明日帰るという日、送別会でこのきょうだい（5人きょうだい）が児童みんなの前でそれぞれ歌を歌ったそうです。ねんねのおさと、赤い小さなスイトピー、おっぴこひゃらりこ、などなど、でこの歌もねんねのお里を除いては明確な歌詞がやはりわかりません。

歌というのは不思議な奥深さがあるものですね。そのときの情景がつい昨日のように思い出すことができる

のです。ライフワークとして、当時の児童が歌っていた歌はなんだったのか、追いかけてみます。　旭　正章

寮歌探しがきっかけとなって、この話が人から人へと伝わっていった。そして、とうとうこれを覚えている人にたどり着いた。六十四年前の歌の歌詞を全部、そらで覚えていたというのは驚きである。やはり、歌っていた子どもたちよりも、聞いていた子どもの方がよく覚えていた。歌によって心に火をつけられたのだろう。六十四年前のその歌が生き返ったことで、親戚中の話題になって、これがみなを喜ばせている。歌は今でも力を失っていない、人の心に、火をつけ、勇気づけている。

二〇〇九年一月二十三日に、旭正章さんから歌詞が分かったという知らせが届いた。このことを二十五日にブログに書いた。ところが、翌日の二十六日に、今度は全く知らない人からコメントがあった。

聖が丘学寮のうた

1.
廣丘はぼくらのさと
あをい空　ひかる汗
鍬をふるぼくらの頬に
父母の声　風がはこぶよ

2.
廣丘はわたしらのさと
お炊事の　お手つだひ
つるべ取るわたしの頬を
さわやかに　風がわたるよ

3.
廣丘のむらの友だち
くろいかほ　肩くんで

4.
廣丘のゆかしいお寺
郷福寺　夜の森

ぼくたちと高くうたへば　ぼくたちのあかるい声を
松林　風がわたるよ　ふるさとへ　風がはこぶよ

こちらが探している歌詞であった。旭正章さんが聞き出した歌詞とほとんど同じだ、が、ところどころ言い回しや言葉遣いが違う。仮名遣いも昔のもので、言葉の運びが滑らかだ。なぜ、これが分かったのだろうか？　コメントにはその説明があった。

はじめまして　山梨県に住む矢花克己と申します。古物商を営んでおります。昨日地元の骨董市で「鉛筆部隊」と書かれたはがき類を買いました。「立川」さんという女の子が疎開先の浅間温泉千代の湯、広丘郷福寺から北沢の父親へ宛てた19年から20年のものなどです。

きのうの今日のことで未整理ですが　疎開先に着いた時から帰る間際までのことが細かく記されています（お父さんや兵隊さんからのものもあります）。「鉛筆部隊」という言葉が初見でしたので検索いたしましたところ、貴ページにたどり着きました。関連のページ全て読ませていただきました。偶然とは言えあまりにタイムリーなこと「心があわ立ってくるようなスリル」な気持ちを私も感じております。お役に立つことがありましたら協力させていただきます。聖丘学寮のうた、ガリ刷りで歌詞４番まで楽譜もあります。

Ｐｏｓｔｅｄ ｂｙ 矢花　克己　２００９年01月26日　16：22

ブログへのコメントはメールで知らされる。新着メールをクリックしたとたんこの情報が目に入った。これを読んで、思わず、えっ！と叫んだ。六十四年の間眠っていたものがクリック一つで飛び込んできたからだ。

歌詞は、記憶の中に残っているあやふやなものではない。ガリ版で印刷された楽譜もある、その現物が手元にある、これほど確かなものはない。

ドラマが終わったとたんにまた別のドラマが始まった。矢花克己《やばなかつみ》さんは骨董《こっとう》市で古い手紙を手に入れた。その何通かに鉛筆部隊とハンコが捺《お》されている。これは一体何なのだろう？　不思議に思ってネット検索にかけた。とたんに私のブログが引っ掛かった。今野軍曹の手紙を紹介した記事に違いない。彼は出撃前に学童たちに、「鉛筆部隊の諸君」に始まる別れの手紙を書いた。この冒頭四文字が機縁、因縁を作っていた。

矢花さんはこれを読み、当方が歌詞を探していることも知った。

特攻隊員からの手紙

不思議な話である。なぜ、手紙や楽譜が山梨の骨董市に出たのだろうか。矢花克己さんも同じ思いをしていた。ブログのコメントに書き込まれた彼のアドレスにメールを送ったところ、次のような返事がきた。


きむらけん様こんばんは、メールを拝見いたしました。これは単なる偶然でしょうか。ちょっと怖いですね。明日にも楽譜のコピーをお送りしたいと思います。お送り先お教えください。また書簡（百通ほどあります）の主「立川裕子」さんは今どうなさっているのでしょうか。知りたいです。鳴瀬速夫氏や田中幸子さん松本明美さんらからお聞きしたらわかるのではないでしょうか。

探していただけませんか。よろしくお願いいたします。

立川裕子《たちかわひろこ》さんとは一体どういう人なんだろう? 私も興味を持った。それで松本明美さんに電話をかけて聞いてみた。すると当時、彼女は松本さんより一つ上の五年生だったという。彼女は、その立川裕子さんのことが載っている区の広報誌『せたがや』の記事を持っているという。それで私は、世田谷代沢にある松本さんの家を訪れた。

「この二番、私が覚えていた通りですね。このつるべ取るって怖かったんですよ。滑車にひっかけられたロープを引っ張るんです。でも重いから手がもっていかれそうになるんですよ。井戸は深い深い井戸で、底の底の方に丸い光が見えていましたけど、落ちたらどうしようなんて真剣に考えながら水汲みをやっていたんですよ」

松本明美さんは『聖丘学寮のうた』の歌詞を見ながらそういう。

「本当に懐かしいですよ……」

彼女は歌詞を見ながら低くメロディを口ずさんだ。何十年と眠っていたものが目を覚まして息を吹き込まれたように思った。

「ああ、立川裕子さんのことですね、この間、鳴瀬さんのコンサートに来ておられたでしょう。田中幸子さん、あの方が同級でよく知っておられるんですよ。彼女は重い病気を患っていて病院に入院されているようなことを聞きましたね……立川さんと田中さん、そして鳴瀬さんのことが書かれている記事がありますよ」

松本明美さんは区の広報誌『せたがや』(1998年8月15日号)を取り出した。「還《かえ》らざる青春」という見出しが大きく載っている。ここにも特攻の武剋隊と鉛筆部隊との交流のことが書かれていた。次の記事には目を惹《ひ》き付けられた。

立川さんのもとには特攻隊員たちの形見が残っています。いよいよ出撃の前の3月5日、絹の布に達筆で、国のために死ぬ勇ましい決意や、立川さんたちの健やかな成長を願う言葉を書いたものです。「ときどき取り出してみるたびに、国を守って命を燃やした彼らのことを思い出しますね」(立川さん)

彼女も田中幸子さんと同じように特攻隊の人にかわいがられた。しかも彼らに形見までもらっていた。
「私も、じつは持っているのですよ」
松本明美さんは手紙の束を持ってきた。その中から一枚のハガキをそっと取り出して見せてくれた。日に焼けて茶色くなっている。皆黄ばんでいる。日付がはっきりと読める。「三月二十八日」となっていて、時枝宏と書いてある。一人だけ遅れて千代の湯を出て行った特攻隊員だった。彼は、この七日後の四月三日に特攻機に乗って出撃し、沖縄沖で戦死している。

今日、突然出発することになって、こちらへ来ました。今日は岐阜泊まりです。元気な明ちゃん達とお別れして急にさびしくなってしまいました。皆さんと一緒に楽しく過ごした浅間での事をなつかしく思ひ出しています。もう近く再疎開ですが、どこへ行っても元気にしっかりべんきょうしてください。さようなら

この手紙は松本明美さん個人に送られてきたものだ。荒鷲と言われた特攻隊員の手紙には荒々しさはな

い。小学四年生だった彼女に優しく自分の気持ちを伝えていた。

これが時枝軍曹の最期の手紙だ。記録としても貴重だ。彼が所属した武剋隊は二班に分かれて陸軍松本飛行場を出発していた。まず、千代の湯にいた出戸軍曹、今西軍曹、嶋田軍曹、今野軍曹、大平伍長の五名は、他の旅館にいた四名とともに九機で三月十八日に発っている。次は時枝軍曹を含む六機が松本飛行場から各務原《かがみはら》飛行場へ飛び立っていた。その記録はない、これがそれを証明するものとなる。

この時枝軍曹は、松本さんたち、鉛筆部隊に仲間を通じて伝言を残していた。そのことが先に引いた「荒鷲と鉛筆部隊」に書き残されている。

五来軍曹の手紙
……みなさまといつしよに山登りをし、お話して楽しく遊んだ出戸・今西・大平・嶋田・今野らは、すでに敵艦に體當りをして、勇ましく花と散つていきました。
時枝軍曹も本日（四月三日）十五時三十分、にくい米英を撃たんがために勇ましく基地を飛び立ちました。新聞をよくみてゐて下さい。必ずや大戦果をあげることでせう。時枝は出發の際までみなさんと楽しく遊んだことを非常にうれしく、千代の湯の鉛筆部隊のみなさんに元氣でいつたとお傳へしてくれとたのまれて、おたよりをさしあげた次第です。
自分は同じ任務についている武揚隊の五来軍曹です。富貴の湯にとまつていました。みなさんはいつしよに遊んだ兵隊さんの精神をうけついで、いよいよ元氣にがんばってください。兵隊さんは散つても、魂はいつもみなさんの幸福を祈ってゐます。さやうなら。

これを書いた五来軍曹《ごらいぐんそう》も九州の新田原《にゅうたばる》飛行場で時枝軍曹を見送った後、自身も武揚隊《ぶようたい》の一員として出撃した。台湾《たいわん》から飛び立って五月十七日に沖縄沖で戦死をしている。十九歳だった。みな若くして死んでいる。時枝軍曹も二十歳だった。

「時枝さんは特攻に行くまで時間があって、私のこの東京の家をわざわざ訪ねに来ておられるのです。家からことづかったものを私に持ってこられて、その後に出撃されました」

この時枝軍曹来訪時のことは、兄が明美さん宛てに出した葉書に書かれていた。「時枝さんは三時半ごろいらつしやつて家に入ってお父さんとお話して夕食をして八時半ごろにお帰りになりました」とあった。

今日學校から歸つてみると千代の湯に御いでになる時枝《ときえだ》さん（兵隊さん）がいらつしやつて居りました。おいそがしい所をわざわざ御とゞけになる荷物はないかとご親切によつて下さつたのです。色々とお話してからお荷物をお頼みしました。明美のは帳面、糸、クレヨン、カミソリなどをお願ひしましたからよくお禮を申しなさい。それからフトン袋と大きなフロシキもお願いしました。

三月八日付で出された明美さん宛てのお父さんの手紙である。特攻に出撃する前の最後の休暇に時枝軍曹は、故郷の大阪を経由して、わざわざ彼女の東京の実家を訪れている。

こういう経緯を知ると松本明美さん宛ての手紙にあった「さびしい」の意味が分かってくる。側《そば》にいてほしい人がいないということさす言葉だ。彼は勇ましい言葉は残さなかったが、その代わり本当の気持ちを松本さんにそっと伝えていた。

この手紙を見てふっと思ったことがある。時枝軍曹も手紙を子どもたちに出すように頼まれていたのかもしれないと。ところが、手紙は松本さんに出すだけで十分だった。しかし出撃間際になって、一言だけは伝えておきたいと思って、居合わせた武揚隊の五来軍曹に言づてを頼んだのではないかと思った。

「この手紙には励まされましたね。悲しいことがあったときに読み返すと元気が出てくることもありました。特攻隊の人たちのことは忘れられません。特に時枝さんは……」

あのときの言葉が今も温《ぬく》もりを持って生きているように思った。見終わったハガキを返すと、彼女はそれを大切に箱にしまった。

「たくさんあるんですね」

「いえ、これはほんの一部なんですよ。疎開していたときは家には三日に一度は書いていましたから。その他、兵隊さんへの慰問の手紙。ああ、それから特攻隊の御遺族にはみんなで手分けしてお悔やみの手紙を書きました。私は今野さんのお家に書いたんですけどね、戦争中で食料がなかったときに今野さんの御遺族からお礼のお米が届いたって家ではびっくりしていましたよ……そんな手紙全部だと段ボール箱いっぱいぐらいなるかもしれませんね。本当によく書きましたよ」

彼女の話を聞いて、本当に学童たちは鉛筆を握って戦っていたと知った。指導をしていたのは柳内先生だ。著書の『作文がすきになる本』には、作文がうまくなるには「さくぶんをどしどし書くこと」だと言っている。「へたくそだって　かまやしない。書きなれることだ。ほら自転車だって乗りなれると　すいすいと走れるでしょう」と。

先生は、何よりも書き慣れることが一番大切だと考えていた。そのために子どもたちに鉛筆を持たせて、「さくぶんをどしどし書」かせていた。「ペンは剣より強し」、「鉛筆は剣より強し」だ。ペンの代わりに鉛筆を握って戦っていたのが鉛筆部隊である。この四文字は、どうも人の心を惹き付ける何かがある。次々にエピソードを生んでいく。事実、それは果てもなく続いた……。

松本明美さんと出会って二、三日後に、矢花克己さんから宅配便が届いた。鉛筆で戦った証拠の品だ。「聖が丘寮歌のうた」の楽譜、立川裕子さんの手紙、それら全部のコピーが入っていた。

その荷物を手にしたとたん奇妙な感覚が走った。パソコンのキータッチから物語は始まった。ところが、今はその指が本物の物語を触っている。ぎっしりと詰まった手紙の束と手書きの楽譜であった。

千代の湯鉛筆部隊立川裕子様

立川裕子さんの手紙は不思議な運命をたどって、手元に届いた。しかし、なぜこの手紙が骨董市に出されたのだろうか？

矢花克己さんも同じ思いだったのだろう。彼女の手紙を骨董市に出した業者に当たって調べた。そのことから思いがけないことが分かった。

八王子《はちおうじ》のマンションで一人暮らしをしていた女性がいて、その彼女が救急車で病院に運ばれて入院をした。かなり重い病気を患い助かる見込みもないと思ったのかマンションを処分したそうである。その片付けを任された業者が彼女の部屋に入り荷物の整理をした。その中に古い手紙があった。普通だったら捨てられるところだが、彼女の手紙には価値があった。矢花克己さんのメールにはこうあった。


これらの郵便物はご存知かとは思いますがエンタイアーといいまして、いつの時代にどこの郵便局から出したものか貼ってある切手の種類、スタンプの日付などで金額が左右されるものです。それを商っているわけです。

特に戦前の終戦間際のものなどは、数が少なく珍重されてコレクターも大勢います。

その手紙こそ立川裕子さんが、疎開先から「東京都世田谷区北澤四丁目三五三番地」の家に宛てた手紙だった。昭和十九年から二十年にかけてのもので、マニアには人気がある。そのことからゴミにならず骨董市に出された。手紙の内容よりも日付が重要だった。終戦前後の消印のついた切手つきの封筒やハガキ、つまり、時代が明白な郵趣品としての値打ちがあったからだ。

これを矢花さんは手に入れた。ところが、その手紙に捺されている鉛筆部隊というハンコが気になったという。実際に送られてきた手紙を調べると、そのハガキが何枚も見つかった。真四角の判は一字一字が丁寧に彫り込まれている。柳内達雄先生の手によるものに違いない。

鉛筆部隊の小さな兵隊は、鉛筆で手紙を書いて書いて書きまくった。その一人が立川裕子さんだ。当時、小学校五年生だった彼女の熱い思いがこれには詰まっている。

お父さん、今日こつちへ着きました。着いた時間はわかりません。なんだか向ふの午前中は、こちらの午後の光と同じやうな氣がしてしかたがありませんでした。

夜はなかなか汽車の中で寝つきませんでした。私が目をさましたのは四時すぎでした。

どこの驛だか暗くてわかりませんでした。ときどき汽車がとまりましたが、ほとんどとまりません。とまるたんびにおこされました。だんだんに日がさして行くにつれてそこらの景色がはつきりとして来ました。

(こうふ) に着くと、うすうすとそこらの景色が見えました。いくつもいくつもとんねるをこしました。大きな山もありました。すわ湖も見えました。すわ湖のまはりに家がいつぱいありました。東京とちがつて山ばかりありました。

わたしたちのとまってゐる旅館からも山が見えます。

着いたのは十時か十一時ごろだと思います。こちらの方ではゆうだちが降りました。やど屋ではみな一家のやうに楽しくくらしてゐます。なんだかうれしくなりました。

さやうなら　お父様へ　裕子

昭和十九年八月十二日夜、下北沢駅で父母に見送られた学童たちは、新宿駅十一時五十分発の中央線本線経由の列車に乗って松本駅へ向かった。取材過程で手に入れた到着時の記念写真には、鉛筆部隊の面々が「疎開学童専用車」と記された列車の窓に鈴なりになって顔を覗《のぞ》かせている。鳴瀬さん、松本さん、田中さんの顔が見える。その木造客車のボディには「ホハ12093」とある。これに乗っての道中を描いたのがこの手紙だ。

寝つけないままじっと車窓を凝視している彼女が思われた。甲府《こうふ》あたりからしらしらと夜が明けてきた。けれども外に見えるのは山、どこまで行っても山だ。着いた旅館のまわりも山ばかりだ。東京から遠く隔たった遠さが肌身に感じられる。余計にさびしく、心ぼそい。が、それは書けない。宿での生活を「みな一家のように楽しくくらしてゐます」と締めくくって親を安心させている。

手紙には父親からのものが多く交じっている。それには、「ボン」とか「ネジ公」とかの愛称で呼びかけている。父の繁《しげる》さんは一人娘のことが心配でならなかったようだ。

浅間温泉から出された手紙の中で、鉛筆部隊のハンコが捺された最初のは八月二十二日の消印のものだ。これによって学童たちは、疎開生活の初めから鉛筆部隊と名づけられて指導されていたことが分かる。

鉛筆で闘う小学五年生の手紙は勇ましい。まず、「お母様私は毎日元氣で暮らしてゐます」と始まる。

そして、「私は家のことなんか朝がた思ふきりです。でも、米英げきめつですからさびしくありません。お國のために疎開して来たのですもの。うんと体をきたへてみちがへるやうにします。さやうなら」と締めくくっている。

米英撃滅、敵であるアメリカやイギリスと戦って滅ぼすということだ。しかし、学童戦士はまだ戦えない。それで、彼女は、お国のために役立つように体を今のうちから鍛えておきたいと勇ましく誓っている。ところが、本音も書いている、「ときどき家のことお父さんのお顔お母さんのお顔が頭に浮かびますがすぐ歯をくひしばってがまんします」と。

ハンコのある次のハガキは九月十三日付のものだ。冬に向けての準備が始まった。起床は六時半、鳴瀬さんが総員起床のラッパを鳴らす。「起しょうラッパがなるとすぐとびおきてずろうす一枚になります。そしてとこの上にきちんとすわります。それで手ぬぐひでかんぷまさつをします。冬に風をひかないやうにするためです」この後、布団をたたみ、洗面に歯みがき、そして、すぐに六時四十五分に宿を出る。五百メートト離れた野球場で朝礼、皇居遙拝《ようはい》が行われる。ここへはみんなと『若鷲の歌』を歌いながら行った。すると気持ちが勇ましくなってきたという。

続いて三日後、九月十五日のハガキにも鉛筆部隊と捺されている。「手紙が来るとみんな手紙のところへ集まつて行きます。手紙が来るのがたのしみです」、家からの便りが心の頼りだった。「十二日夜送りに来て下さつたことを思ひ出すともつと一生けんめいに勉強しようと思ひます。」とある。八月十二日は忘れられない夜だった、駅まで見送りに来た父と母を思い浮かべては、「勉強をし、体を鍛えよう」と考え、また、鉛筆部隊の一員として「手紙もいっぱい書こう」と思ったことだろう。しかし、「一日に一通ですからずいぶん書く手紙がたまっているのでなかなか出せません」と十月二十九日付には書かれている。一人一日一通と決められていて、手紙も自由に出せない。鉛筆部隊は武器を使い惜しみするしかなかった。
翌年四月、部隊は広丘村郷原《ひろおかむらごうはら》の郷福寺へ再疎開する。その寺から四月二十五日に出されたハガキには、「私達はこのごろづつときんろうほうしです。とても暑いですが楽しいです。麦の土入れをしたり土はこびをしたりしました」とある。勤労奉仕は、体を使って仕事をして国に尽くすことだ。四月二十一日付のハガキには「この間十五日十七日は飛行場のきんらうほうしで私達は土はこびをしました」とある。近くにある笹賀《ささが》の陸軍松本飛行場である。開かれたばかりででこぼこだ。その整地作業に学童たちはかり出された。つい先月、武剋隊の青年たちが飛び立っていった飛行場である。

五月十三日の手紙には、「週刊少國民の五月六日號に特攻隊の兵隊さんと私達の記事が出てゐます。写真も出てゐますが、私は一番はじの方なのでぼやけてゐます。毎日毎日楽しくおもしろく暮らしてゐます」と記している。

手紙の束には親からのものだけではなく、先生、友達、そして、兵隊から来たものもある。次のはその礼状だ。

裕子ちゃん昨日は慰問状ありがとう。皆さんの元気な、そして力強い御便を拝見して皆さんの立派な心掛けに涙が出る程感激しました。日本の小国民はみんな皆さんと同じ様な心掛けで毎日勉強されて居られることと思ひます。

松本市東部第五十部隊稲妻隊《いなずまたい》の小池軍曹からの手紙だ。もう一つ、五十部隊猪隊《いのししたい》の吉沢寛さんからの返事には達筆で「千代の湯鉛筆部隊立川裕子様」と書いてある。

彼女の手紙は疎開学童の様子を伝える記録だ。ただの古びた資料ではない。戦後、昭和二十一年一月六日に、友達の木村みどりさん宛ての手紙を書いている。ここにある一節は、私たち日本人が記憶しておかなければならないことだ。

木村さん、戦は負けたけれど、私達は力をおとさないで、私達がおとなになつたころ、父や母の後をついで科学をもつともつとすすめなければなりません。

日本は科学がおくれていたのとあまり日本の人がゆだんしていたからだと思ひました。私達がおとなになつたころは、日本を平和なそしてリッパな国に、また一等国にしなくてはなりません。

天皇陛下様がおいでになることほど有りがたい幸福なことはありませんもの。

手紙には、「去年の十一月七日に東京へ帰りました」とある。昭和十九年八月十二日から始まった疎開生活が次の年、十一月七日で終わった。一年と三ヶ月の疎開生活、その間、彼女はどしどし手紙を書きまくって、鉛筆部隊としての務めを果たした。

戦争には負けた。しかし、この部隊には考える学童が育った。彼女は戦争の敗因を二つ挙げている。一つは、日本の国は自分の大きさを知らないで油断をしていたこと、もう一つは科学の進歩が遅れていたことだという。彼女の批評力を示している文章だ。

鉛筆部隊は書いて書いて書きまくった。主体的に書くことで言葉の力は高まり、物事の本質を捉える力がついてくる。子どもにとってもっとも大事なのは書くことによる成長だ。国語教育者の先生は、どしどし書けば自然と子どもは伸びていく、洞察力も、表現力もついていくことを知っていた。

立川裕子さんは分厚い手紙の束を残した。これは、一人の少女の成長を描いた一編の物語である。私は、これを書いた彼女はどんな人なのだろうと思った。

父からの手紙

その立川さんは、救急車で病院に運ばれて入院している。危篤状態にあるという。そのように聞いていたところに思いがけない知らせがあった。

「彼女ね、渋谷《しぶや》の日赤病院に入院しているんですよ。手術もうまくいって、大分元気になったようです。近々、親戚のいる岐阜《ぎふ》の各務原に退院していかれると聞きました。面会ですか？　できますよ。世話をしておられる方に電話をして伝えておきます」

田中幸子さんが知らせてくれた。私は彼女に会いたいと思った。

三月三日のことだ。花束を持って、渋谷の日本赤十字社医療センター七階の病室を訪れた。彼女に会ったことはない。が、手紙を通して知っていた。ベットに横たわったその人の目に柔らかさと強さとが光っている。手紙にあった優しさと芯の強さが重なるように思った。

「私は救急車で病院に運ばれたのです。だから自分のマンションの部屋の後片付けをするヒマもありませんでした。それで古道具屋さんにお願いしたのです。私に荷物を整理する時間があったら古い手紙などはきっと処分していたでしょう。私がほったらかしにしたことで、それが人に知られて何かのお役に立っているとすれば幸運ですね。いい人に行き着いたのですね……」

その私信は、既に記録としてもう立派に役立っている。

「父はとても筆まめな人です。それで次々に手紙が来るものだから返事を書かないわけにはいかなかったということもあります。それでたくさんになってしまったんです。私が一人娘だったから余計に心配だったんでしょう……父は、大学出ではないんです。たたき上げで苦労してきた人です。高等文官試験《こうとうぶんかんしけん》に合格して役所に出ていました。戦時中は羽田《はねだ》空港の支所長を努めていました」

彼女は父が手紙をくれたから自分も返事を出したという。けれどもそれは照れ隠しのようだった。彼女がベット脇から取り出したものを見て分かった。黒いファイルだった。透明のビニールには一枚一枚手紙が入れられていた。それは、疎開のときに父親が彼女に出した全部の手紙だった。例えばその一枚、昭和二十年七月二十七日に彼女に出した手紙にはこうあった。

ネジ公が真黒になつてとても熱心に勤労をしてゐるといふことで父も母も嬉しくなつてゐる。しかし勉強の方も怠つてはいけませんよ。平生より学力がつきそれをすぐ実行する習慣をつけなさい。子供の時はよい習慣をつければ体の習慣や体力と同じにいくらでもよい習慣がついて来てとても立派な人になれます。大人より優れた点はここにあるのです。

娘に一語一語、優しく語りかけている父の姿が言葉の向こうに見える。「何にせよ、来るハガキも来るハガキも元気なことの書いてあるのだから、ともかく嬉しいよ」と別の手紙にはあった。また、戦争が終わって、娘が帰ってくることになったとき、「疎開が解散で家に戻《もど》れるので一層嬉しい。お前の手紙も字が綺麗《きれい》になっただけでなく文句の端《はじ》が飛び立って喜んでいるように、張りがあるようにおもわれる」と書いている。鉛筆部隊は鍛えられて字が美しくなっただけではない、表現力までもが豊かになっていた。

立川さんは救急車で病院に運ばれた。それでも身の回りの大事なものを取り出す間はあったようだ。そのときに彼女が選んだのは自分が出したものではなく、自分宛てにきた父の手紙だった。六十四年も前のその手紙を身近においていまも大切にしている。「ネジ公、病気なんかに負けるなよ！」と言って手紙が彼女を励ましたのではないか。父の言葉が彼女の手術を助け、彼女の命をも支えたのだろうと思った。

特攻隊員の形見

「退院されたら岐阜の各務原に行かれるとか聞きましたが？」

「ええ、そうなんですよ。特攻の武剋隊の人たちが、松本飛行場から岐阜の各務原に行ったことは初めて知ったのですよ」

田中幸子さんからの電話でこのことを知ったという。

「あれは、三月の初めですね。武剋隊の皆さんが出て行くところを私たち千代の湯の玄関でお送りしたのですよ。そのとき今西さんはまっ青な顔をしておられましたね」

このときのことは、松本明美さんからも聞いていた。「玄関に行くと、武剋隊の五人の兵隊さんがちゃんと並んでいるんですよ。それがいつもの平服ではなくて、カーキ色のきちんとした制服に制帽をかぶって腰には刀をつけておられました。ふだんはにこにこ顔で私たちはじゃれついていたりしていたんですが、その日はまるで別人のようになって、そろって真顔でした。それで私たちにさっと敬礼をして出ていかれたんですよ」と。

「立川さんは、武剋隊の人に記念の言葉を書いた形見をもらったそうですが、それはどうされたんですか？」

「あれは武剋隊の今西さんが私と田中幸子さんに書いてくださったものです。満州国の皇帝から頂いたタバコを包んでいた布だと聞いています。大平伍長さんから頂いた白い布はパイロットが首に巻くものだったと思います。ええ、今西さんは筆がたつお方でしたね。きれいな字を書いてくださいました。あの人たちみんな志願兵ですよね……その形見は、世田谷区に資料として寄贈したんです」

彼らは、満州国皇帝からの恩賜のタバコをもらっている。それを包んだ布きれに言葉を書いてくれたという。このことは田中幸子さんからも聞いていた。しかし、なぜここに満州国皇帝が出てくるのか、自分には、この理由が全く分からなかった。

私は、立川さんのお見舞いから帰ってきて、彼女が教えてくれたこと、そしてまた、疑問に思ったことを資料に当たって確かめた。

まず一つは、満州国皇帝からもらったという恩賜のタバコのことである。満州と松本はとんでもなく離れている。なぜ彼らがそんなものを持っていたのか、全く理解できない大きな疑問だった。しかし、調べていくうちに分かってきた。

武剋隊は満州の新京で編成された隊だった。そのことが、沖縄『読谷村《よみたんそん》史』、戦時記録の下巻、証言記録に載っていた。昭和二十年（一九四五）一月二十六日、大本営の命令に基づき、在満州の「第二航空軍より特攻隊四個隊の編成下命」があって、二月十日「新京にて特攻隊四隊の編成及集結完了。満州国皇帝に拝謁、記帳、恩賜品の下賜、建国神廟の参拝等行う。関東軍、第二航空軍主催の編成及出陣式並びに特攻四隊の全員出席して盛大な壮行会を開催」したとある。

二月十一日「新京飛行場に於いて特攻隊の命名式」が行われた。この「特攻四隊」の名称は、次のように記されている。

扶揺隊——と号第四十一飛行隊寺山大尉以下　一五名　機種・九七戦
蒼龍隊——と号第三十九飛行隊笹川大尉以下　一五名　機種・一式戦
武克隊——と号第三十二飛行隊廣森中尉以下　一五名　機種・九九襲
武揚隊——と号第三十一飛行隊山本中尉以下　一五名　機種・九九襲

「と号」は特攻を意味する符合だ。この彼ら特攻隊は、満州国皇帝溥儀《ふぎ》に拝謁して、「恩賜品の下賜」を受けている。これがタバコだろうと思われる。

この特攻隊の「配属先は四隊共、第八飛行師団」である。この師団の司令部は台北《たいほく》にあった。ここに向かう途中、四隊のうち二隊、「武克隊」と「武揚隊」とが陸軍松本飛行場に飛来してきた。それはどうしてだろうか。大きな疑問であった。

次に、当たったのは、一九九八年八月十五日の広報『せたがや』の記事だ。これを見ると立川裕子さんが武剋隊の遺品として提供したものが特別展で確かに展示されていた。

もう一つ、彼女の疎開時代の手紙を調べ直した。東京の親に形見のことは手紙で知らせたと言っていたからだ。一つ一つ見ていくと、五月二十一日夜に、広丘村郷福寺から出されたものの中に確かにあった。

それからまだ書くのをわすれましたが、千代の湯にいた時、生活をともにした特攻隊武こく隊、廣森隊の今西さん出戸さん今野さん嶋田さん大平さんがかしこくも上聞に達したことを十七日の朝の六時のニュースで聞いた時、とてもうれしくてたまらなくなるといっしょに日本を背おつて立てるりっぱな少国民になろうと思いました。今西さんのお書きになった歌はわたしのたから物として大平さんのお書きになったものもとつてあります。満州の皇帝陛下から今西さんがいただいた黄色なきれにりっぱな歌が書いてあります。それは帰るまでとつておきます。とてもりつぱな歌です。お父様お母様お体を大切にしてください。

立川裕子さんは、千代の湯で、武剋隊の兵士と出会ったことは一生忘れられないことだと言っていた。ところが、手紙には彼らのことはあまり書かれていない。その理由は推測できる。彼女の手紙の何枚かに「検閲済」という判が捺してある。手紙の内容がチェックされていたということだ。特に特攻隊のことは軍事機密になるので書いてはいけなかったのではないだろうか。ところが、彼らの活躍がラジオで放送されたり、『週刊少國民』に記事が載ったりして一般に知られるようになった。それで手紙に書いてもかまわないということになったのだろう。

立川さんは武剋隊の兵士、今西軍曹と大平伍長《ごちょう》の二人に、お別れのサインをしてもらっている。兵士たちが疎開学童に宛てた色紙はあるが、個人宛てに二つも書いてもらった子はいない。格別に彼女はかわいがられたようだ。彼女も彼らのことが忘れられなかった。この年八月十五日に終戦を迎えたが、月末の三十一日、父親に出したハガキには「特攻隊の方々もずいぶん神様になられました。ときどき今西さんやその方々の、特攻隊の方々のお顔が浮かんできます」と書いている。

特別攻撃隊に加わって敵艦に体当たりして死んだ者は神様になると学童たちは教えられていた。彼女は戦争が終わってもその青年たちのことを忘れることができなかった。ときどき形見を取り出して見てもいただろう。その実物を見てみたいと思った。

立川裕子さんが世田谷区に寄贈したという形見の品は、世田谷区中町《なかまち》の「せたがや平和資料室」にあることが分かった。私はさっそくにここを訪れた。

「寄贈された方は、立川裕子さんですか?」

係の人は資料ファイルをめくりながら言った。

「一九九八年八月十五日の広報『せたがや』に、ここの『せたがや平和資料室』が特別展を開いているとが載っています。そのときの展示品として、彼女が寄贈した特攻隊の形見が出されています。だから間違いないと思うのです」

私は係の人にそう伝えた。ところが、それは見つからない。

「書類が見あたらないのですよ。それで調べてみますので、少しお時間をください」

帰るしかなかった。勇んでいったが目当てのものはなかった。もしかしたらそれはなくなってしまったのではないかと思った。ところが二、三日経って、電話があった。「見つかりました!」という知らせだ。私は、次の日に資料室に行った。

「これですよ」

渡されたのは茶封筒だった。立川裕子さんが武剋隊の二人にもらった形見は、ありきたりの袋に入れてしまわれていた。中に入っているものをそっと取り出した。まず出てきたのは白い三十センチほどの布きれである。広げると文字が現れた。

正しく伸びよ健やかに　　陸軍伍長　大平定雄

布地いっぱいに大きく墨で書かれている。当時、十九歳の彼は思いをぶつけるように一気に筆を走らせている。流れるような文字に青年の熱い命が宿っているように思えた。
「私はお国のために死んでいくが、あなたはまっすぐに生きて元気に成長していってほしい。自分の分まで生きてほしい」、十一歳の少女にそう思いを伝えていると思った。
次のものは黄色の布地で、四つに折りたたまれていた。広げると多くの文字が書かれていた。漢字ばかりの難しいものだ。

男兒一期の快。
生還もとより期せず、
唯壯絶雄大
未だ嘗てかくの如きはなかりき。

征くぞ大空　白雲わけて
翼に日の丸美しく
目指す彼方　仇なす敵地、

征くぞ大空　南の空へ
軍神の後に續きて
東亜の空を守りて散らん。

中根東里曰く
忠臣は國あるを知りて 家あるを
知らず、孝子は 親あるを知りて
己あるを知らず。

昭和二十年三月五日　陸軍軍曹　今西修

贈　立川裕子様

一字一字がとても丁寧に書かれている。今西修軍曹の真面目さがこれから伝わってくる。立川さん個人に宛てたものだが、内容は、人々に宛てたメッセージだ。このおおよそを意訳してみる。

私は男児としてこの世に生まれたことを嬉《うれ》しく思っている。これから出撃していくがもう生きて帰ることはない。そうはいっても私がすることは無駄なことではない。勇ましく堂々としている、今まで生きてきてこんな勇壮なことは全くなかった。これから大空を飛んでいくぞ、白い雲をかき分けて、日の丸が翼に美しく描かれた飛行機に乗って、目指すのは彼方《かなた》にいる憎らしい敵、そのまっただ中だ。これから大空を飛んでいくぞ、先に神風特攻隊として散って行かれた方々、その軍神の後に続いて、東アジアの日本の空を守るためにいさぎよく散っていくぞ。

中根東里《なかねとうり》という人が言うには、真心を尽くして主君に仕える者は国家全体がどうあったらいいかを考えていて、個人の家がどうあるべきかは考えていない。父母や祖先によく仕える者は自分を生んでくれた親のことは考えるが、自分自身のことは考えないという。

今西修軍曹が、沖縄に飛び立つ直前に、千代の湯にいる鉛筆部隊の学童に宛てて書いた手紙には、「桜を一ひら同封しました」とあって、本当に花びらが一枚入っていた。それを見て学童たちの誰もが目に涙を浮かべた。今西軍曹は、武剋隊の中でもっとも若い十八歳だった。人一倍柔らかい心を持っていた。形見の言葉にも感性がよく滲《にじ》み出ている。

その布を手に持つと、柔らかい、絹のようである。今西軍曹の思いが布に包まれているように思われた。

「これは借り出すことができますか？」

私はある考えが閃《ひらめ》いて係の人に聞いてみた。

「きちんとした理由があれば、できますよ」

「戦争経験を聴く会を開いて、これを展示してみんなに見てもらおうと思うんです」

「ああ、そういうことでしたら全く問題はありませんよ」

係の人は、頷《うなず》いた。私も頷いた。

特攻隊員の生まれ変わり

郷福寺寮歌を巡る一連の出来事については、インターネットのブログに書いて掲載していた。誰でもどこからでも見られた。古物商の矢花さんも、ネット検索で私の記事にたどり着いたものだ。そういう一つの事例があれば二つ目もある。

二〇〇九年四月十九日になって全く見知らぬ人からのメールが届いた。

こんにちは。初めまして。Iと申します。今回「出戸栄吉さん」で検索した際にこちらのブログと出会いました。これからお話する事はとても信じ難い事だと思いますが最後までお読み頂けたらと思います。文章が長いので二つに分けて送信します。

私は現在、Y県で夫と二人の息子と暮らしているごく普通の主婦です。そんな私と出戸栄吉さんとの出会いはひょんな事から生まれました。

今から一年半程前の事です。通勤電車の中で不思議な体験をしました。目をつむって少しウトウトしていると突然「あの山に向かって飛んでいけばいいんだ」という男の人の声がしたのです。驚いて目を開けると電車の中の光景に戻りまるで夢を見ていたかのような出来事でした。

私の友人にスピリチュアルな人がいてこの事を話すと彼女には男の人がパニック状態で飛行機を操縦している姿が見えたそうです。私はもしかしたら特攻隊だったかもしれない……なぜか直感的にそう思いました。私は以前から太平洋戦争について特別な関心を持っていて殊に沖縄戦についてはどういうわけか心にひっかかる物があり関係する本を読んだりビデオを繰り返し観たりしていました。

彼女からそう告げられた夜にも目をつむると様々な光景が浮かんできました。赤い着物姿の女性が「エイキチ、エイキチ」と呼んでいる姿や「出撃まではまだ時間がある」と言う男性の声。私は何かに導かれるかの様に知覧の「特攻平和会館」宛てに今までの体験と「エイキチ」という人が特攻隊員の中にいるかどうかの手紙を送りました。

数日後、館長さんから返信のメールが届きました。会館に祀ってある1000人余りの隊員の中にたった一人だけ「エイキチ」という名前の人がいると言う事でした。それも私がイメージしていた「栄吉」という字でした。どうしてもこの人に会いたくて昨年2月、特攻平和会館を訪れました。ドキドキしながら私は栄吉さんを探しました。そしてとうとう見つけたのです。写真を見た瞬間私は思わずふっと笑ってしまいました。それはまさしく「私」だったからです。男と女の違いはあってもこれは自分だと確信しました。館内では館長さんや語り部さんから栄吉さんについての話を聞いたり遺書や写真等を探し回りました。

帰ってからもパソコンや本で沖縄戦や彼がいた部隊について調べました。もっと彼のことを知りたい……次に思いついたのは彼の生まれ故郷の金沢に行く事でした。身内の人に会うなんて全く無謀な考えですが、せめて何かの手がかりがあるのでは。ただそれだけの思いでした。そしてとうとう金沢滞在3時間というバスツアーを利用し昨年7月、金沢へ向かいました。3時間という限られた時間内でどこを回るか、行く場所をいくつか絞りました。一つは平和会館内の手紙から知った栄吉さんの実家のある場所です。行ってみるとそこには家はなくて現在は観光バスの駐車場に変わっていました。それから戦時中に出征した兵士の写真が納めてあるお寺にも行きましたが残念ながら栄吉さんらしき写真は見当たりませんでした。

最後に行った場所は護国神社です。行った時はちょうど「みたままつり」が行われていて入口から道の左右にあんどんがずらりと飾られていました。その中を歩き大きな戦没者の慰霊碑にたどり着きました。この中に栄吉さんの名前を探しましたが、どこにも見当たりません。ただ仮に名前を見つけてもそれ以上の手がかりを見つけることはできません。終わった……そう心に呟いて帰る決心をしました。

長い手紙の第一信《しん》である。武剋隊の一人に出戸栄吉軍曹がいた。ひょうきんで子どもたちをよく笑わせていたという二十歳の青年だ。この手紙、二信にはこうある。

その時、どういうわけか足が2、3歩お寺の境内の中に進んでいました。境内の中にもあんどんがたくさん飾られていましたがふと目の前のあんどんに目をやるとそこに「出戸栄吉」という名前があったのです。私は吸い寄せられるように近づきました。出戸栄吉。その横に女性の名前と番地まで書かれた住所が。私は夢中で名前と住所を書き取りました。この女性がどんな人なのかはわからないが、きっと何かつながりのある人に違いない。真っ黒な中に小さな光を見つけたようでした。後になってわかった事ですが、このみたままつりも7月14、15、16日の3日間だけで私が行ったのはまさに最終日でした。家に帰りさっそく手紙を書きました。いきなり見ず知らずの人からこんな手紙をもらったらきっとびっくりするだろう。不審者だと思われて警察に通報されるかもしれない。でもたった一つの手がかり。そう心に言い聞かせて手紙を出しました（手紙には生まれ変わりという言葉は省きましたが）。

その方から電話があったのはそれから二日後のことです。電話の向こうは優しい女の人の声です。何とその人は栄吉さんの妹さんだったのです。私はこの妹さんと翌8月、会うことができました。彼女は見ず知らずの私を受け入れて下さり、いろいろと栄吉さんの話をして下さいました。そしてお墓参りまでさせてもらいました。

以上が私の身の上に起こった出来事です。私はいつか沖縄に行き、できればもっと調べて戦死した場所まで足を運び、栄吉さんの霊を弔いたいと思っていました。そしてそこで一つの終止符をうつつもりでいたのです。沖縄に行く機会がなかなか作れず数ヶ月たったつい先日何を思ったのか「出戸栄吉」で検索したらこちらのブログにたどり着いたのです。ずっと読んでいくうちに私の知らなかった最後に過ごした一ヶ月がそこにありました。遺書には書けなかった本当の気持ちが伝わってきた気がします。私が本当に栄吉さんの生まれ変わりかどうかの証拠はどこにもありません。ただこうやって何かの力によりここまで導いてもらったことは事実です。

来月、千代の湯で一緒に過ごした方のお話があるそうですがもし都合がつけばお会いして話を聞きたいと思います。また、他の人も岐阜にいらっしゃるということですが、もし出来ればその方ともお会いしたいと思います。長々と書き綴ってしまい申し訳ありません。本当に不思議な出来事ですが、栄吉さんを始め特攻隊の皆さんの思いを少しでも感じとってあげることが私のすべき事だと思います。最後まで読んでくださってありがとうございました。もし出来ればお返事お待ちしております。

突然に舞い込んできたメールだった。ついこの間は、矢花克己さんから、そして今度はIさんからだった。ネット検索を介しての繋《つな》がりである。億万と飛び交っている情報の海からまたもう一つ、出戸栄吉という名前をすくい上げた人がいた。

このメールを読み終わったとたん、異空間に連れ込まれるように思った。人は死ねばそれで終わりだ。生まれ変わるなど思ってもいないことだった。が、相手は武剋隊、出戸栄吉軍曹の生まれ変わりだという。狐《きつね》につままれるという言葉があるが、こういうときのことを言うのだと思った。その率直な感想、気づきを含めて、返事を書いた。

人の価値観はそれぞれだが、誰もが自分を意義づけて生きているということ、ゆえに一人の特攻兵を不思議な機縁によって知ったことを大事にしていることは理解できることだ。かつての鉛筆部隊だった女性の一人も特攻兵が今も忘れられずにいる、その人と通じるものがあると伝えた。

言うまでもなくそれは田中幸子さんである。「戦争経験を聴く会、語る会」に彼女が出てくることをIさんは知っていて、中部地方のY県から上京したいと希望を伝えてきた。怖いような気もしたが、どうぞおいでくださいと伝えた。

代澤国民学校疎開出発の日

代沢国民学校の疎開に関して印象深い証言が寄せられた。昭和九年生まれの小貫《おぬき》雅子さんからだ。

疎開学童と特攻隊の不思議な交流誠に興味深く読みました。二日間で熟読致しました。この本の広告を新聞で見た時、世田谷代澤国民学校疎開学童の文字が目に飛び込んで来ました。と同時に夏のある日の夕方の事をはっきりと思い出しました。幼な友だちのミナ子ちゃんが白いレースのワンピースを着て、「これから学童疎開で出発します」と我が家の玄関に現れ、お別れに来たのです。燈火管制の薄暗い中に立つ、白いワンピースの彼女の姿は今もはっきり思い出せます。その時、私が何を云ったのかは、全く記憶にありません。この本を読んで、その日が昭和十九年八月十二日（土）だと分かりました。そして、代澤の児童達は、先生の持つ提灯を先頭に下北沢駅まで行ったのですね、何か夢か幻のように、あの通りを歩く姿が見えます。

小貫さんの手紙は印象的だ。ミナ子ちゃんは疎開に行くのに精一杯のおめかしをして出かけた。修学旅行にでも行くような気持ちだったようだ。松本行きの夜行列車は甲府から先は蒸気機関車が牽引していく。トンネルに入ればたちまちに黒い煙が閉めたドアの隙間から入りこんでくる。白いシャツやワンピースは黒くなった。が、疎開学童は旅がそんなものだとは分からない。ぐったりして翌日昼に松本に着き、本郷国民学校で受け入れ式が行われた。身だしなみのよい坊ちゃんや嬢ちゃんが来て、地元の人はびっくりした。特に同学年の地元の男の子は、ミナ子ちゃんのような白いワンピースを着て、そして肌の色も白いその姿を見て度肝を抜かれたという。

第二章　下北沢

戦争経験を聴く会、語る会での筆者

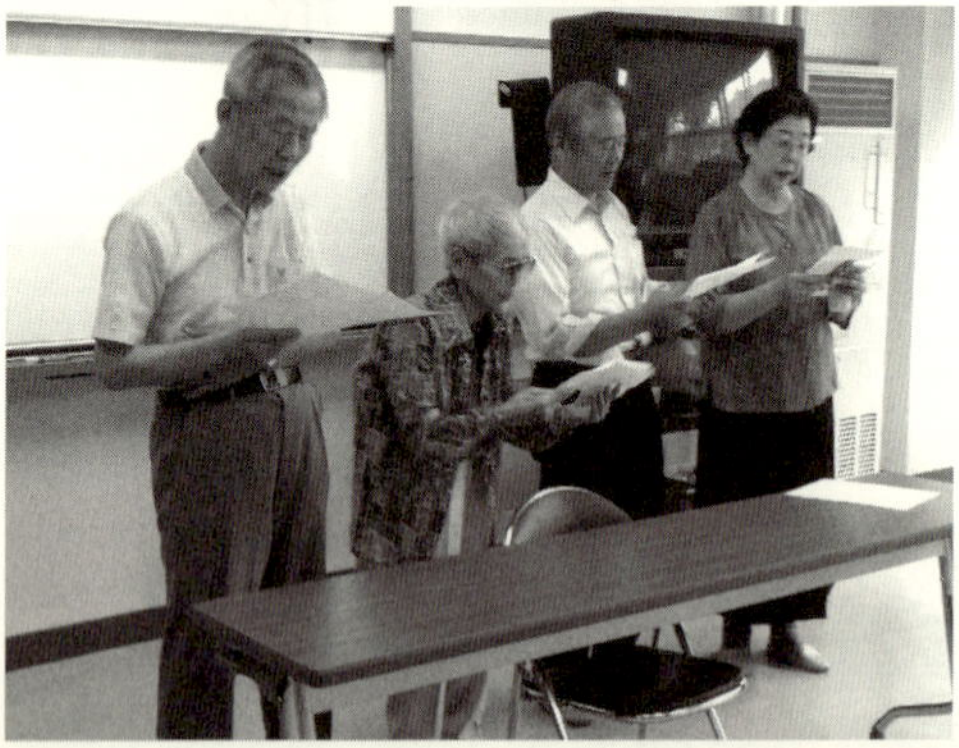

「聖が丘学寮のうた」を歌う四人

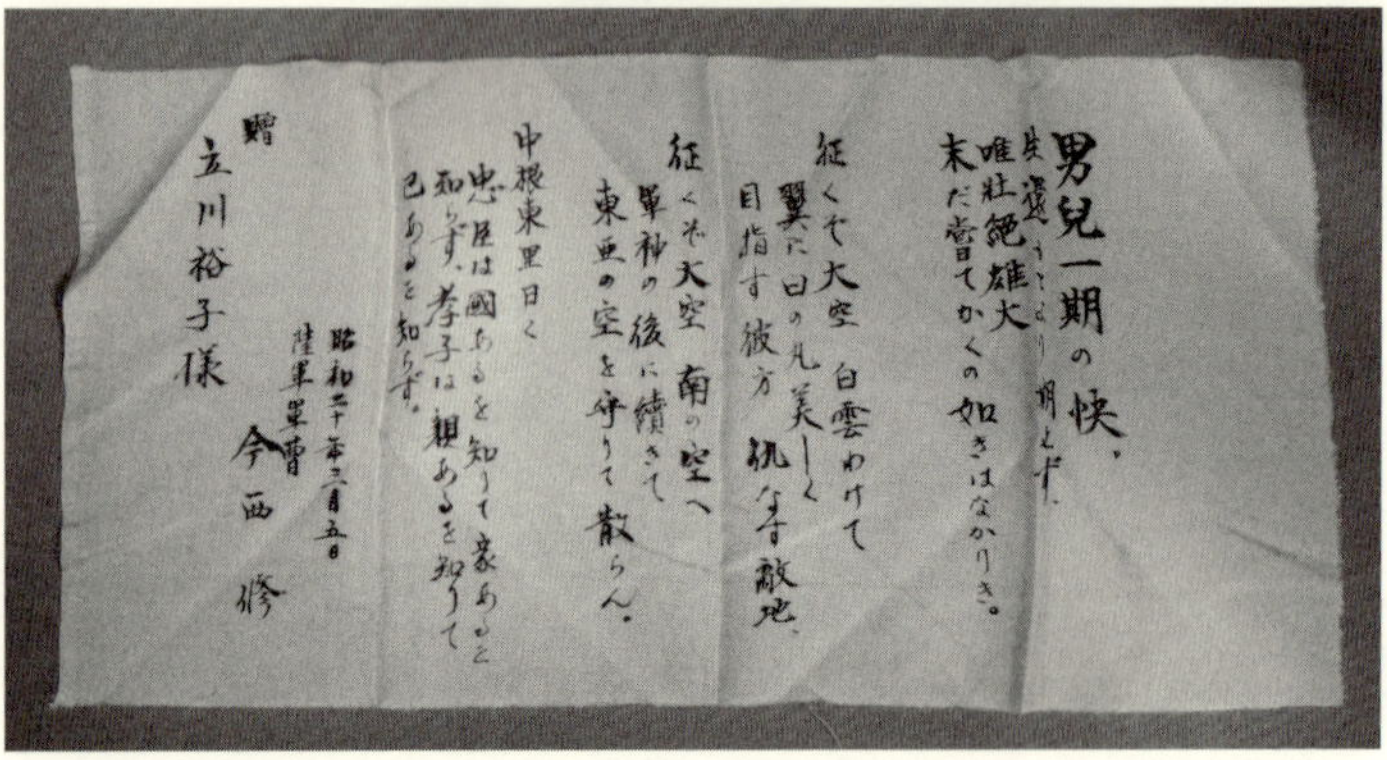

今西軍曹が立川裕子さんに贈った遺墨

北沢川文化遺産保存の会

「戦争経験を聴く会、語る会」を主催したのは、「北沢川文化遺産保存の会」である。北沢川の沿岸に眠っている歴史や文化を掘り起こし、これを広く伝えようと二〇〇四年に発足した。私は活動の基盤をここにおいていた。

この「保存の会」が立ち上がったのもネットが機縁、やはりブログがきっかけだった。鉛筆部隊は鉛筆で書きまくっていたが、私はキーボードを叩《たた》きまくって書いていた。どうやらどしどし書くことでドラマが生まれるようだ。鉛筆部隊のドラマが第二幕とするならば、キーボードが作り出したドラマは第一幕である。

この第一幕の発端は、鉛筆部隊が出発していった下北沢に深く関係している。話は二〇〇四年に遡《さかのぼ》る。当時、私は目黒の自宅から中野の学校まで自転車通勤をしていた。ちょうどその中間に下北沢があった。小田急線と井の頭線とが交差するこの地域には踏切が多くあった。名にし負う開かずの踏切だ。時に十数分も待つこともあった。ぼんやりと街を眺めるしかない。が、そのうちに「おや?」と思うようになった。電車のブレーキシューから飛散する鉄粉の臭う町、迷路のような路地の続く町、どこからともなくドブが臭う町、楽器を抱えた若者が行き交う町、そういう他の町にはない固有性に気づいてきた。おもしろがればおもしろくなる。私はとうとうこの町に取り憑かれてしまった。

ちょうどこの頃に、ブログを書き始めていた。自転車での行き帰りに下北沢辺りで目にしたことを書いた。そのうちに街の裏側に潜むものも記し始めた。ブログのタイトルを「下北沢X物語」と名づけて発信し始めたのが二〇〇四年九月十三日である。

以来ずっと書き続けた。二〇〇八年四月二十五日には、ネットの「下北沢経済新聞」が、これを「下北沢近辺の地理と歴史を探るブログ、三年半で一千エントリー突破！」と取り上げもした。

書くことは掘る、耕すことに繋がる。調べたり、聞いたりして分かってきたのは、この鉄道交差部一帯には様々な秘められた価値が集まっていたことだ。演劇、映画、音楽、文学、芸術などだ。そればかりか近現代史の歴史の密《ひそ》かなかけらまでもが埋まっていた。元帥などの枢要な軍首脳、また歴代首相が住んでいたりもした。ここに核密約文書が眠っていたとかの事実もあった。掘れば、探せば幾らでも物語が掘り起こせる。あちこちに未知のものが底知れないほどに埋まっているX空間にすっかり魅せられてしまった。

その様々な価値の中で、とりわけ文学には深い興味があった。思いの外、この一帯には多くの作家、詩人、俳人、歌人が住んでいた。これを片っ端から調べ始めた。一人、二人と調べていくうちに、芋づる式に芋ならぬ、名人級の文士たちが次々に引っ掛かってきた。レベルも質も極めて高い人たちである。

横光利一に始まって、萩原朔太郎、その娘、萩原葉子、森茉莉、斎藤茂吉、三好達治、中村汀女、加藤楸邨、宇野千代、田中英光、石川淳、坂口安吾、田村泰次郎、大岡昇平、安岡章太郎、中村草田男、大谷藤子、福田正夫、尾山篤二郎、宇田零雨、中山義秀、渡辺順三など続々と見つかった。

これらの経過をブログに書き記して伝えているとコメントでの応答があった。地元の人からの情報である。具体的な居住場所についてのやりとりはネットではもどかしい。その人に直接会って話をする方が分かりやすい。ちょうど北沢川近くの裏路地に「邪宗門」という喫茶店があった。森茉莉が書斎代わりに使っていたところだ。ここに折々に立ち寄って人と話すようになった。すると同じ興味を持つ人が集まり始めた。一番手は東盛太郎《ひがしせいたろう》さんだった。喫茶店のマスターの作道明《さくみちあきら》さんも「森茉莉の他にこんなに作家がいるとは知らなかった」と面白がり始めた。

集まるうちに、あるとき「会でも作りましょうか?」と冗談で言った。ところが、「いいですね」と応じる人がいて、発足に向けて人が動き始めた。そして、あれよあれよという間に話がまとまった。すぐに地域の人たちにも呼びかけ、住民を集めての設立総会が行われることになった。ここでの趣旨説明は誰が行うのかと思ったら自分だった。もう居直るしかなかった。「当地に眠る文化は地域遺産であると同時に日本の文化遺産だ!」と熱っぽく訴えたところ、最後にみんなが大拍手で呼応して、たちまちに、「北沢川文化遺産保存の会」が発足してしまった。

ネットを抜け出て会が作られたことでフェース・ツー・フェースの関係が生まれてきた。これが文化発掘の大きな力となった。著名な詩人が住んでいたがその具体的な場所が分からない。ところが地元人脈がものを言うようになる。「昭和期を代表する最大の抒情《じょじょう》詩人」三好達治《みよしたつじ》の居住地は半年経ってようやっと分かった。詩人の姿を見ていた人が知らせてくれた。口コミも大きい。いつも立ち寄る下北沢一番街の大月菓子店の文子お婆ちゃんが、今度は「日本近代詩の生みの親」萩原朔太郎の下北沢旧居を聞き込んできてくれた。ブログではその経過については記していた。これを読んだ人が新しい情報を寄せてきた。若い頃の小田実《おだまこと》は代田《だいた》何丁目のどこそこに住んでいてなどというものだ。

下北沢は沢や谷のある街だ。そこここに文化が潜んでいる。固有の土の臭いだ。古い寺社があって稲荷《いなり》社、地蔵尊、庚申《こうしん》塔もある。一方では新しい教会が幾つもあり、しゃれた洋館もあった。新旧の文化が混在していた。それらも文化の一つとして隈《くま》なく調べあげた。

私が丹念に調べたその一つ一つを、東盛太郎さんが地図に落としてくれた。行政からの助成を受けて地図と作家のエピソードまとめた『北沢川文学の小路物語』を二〇〇五年に発行した。記事を私が書き、デザインを彼が担当した。加藤楸邨《かとうしゅうそん》の息子さんの穂高さんに送ったところ、「各地によくある地誌、郷土史の趣味的愛好の風を斥《しりぞ》けた格調の高さには目を瞠《みは》るばかり」と評された。新聞も、「朝日」と「毎日」とが東京版で大きく取り上げ、二千部刷ったそれはたちまちになくなってしまった。

ところが翌年の九月に東盛太郎さんは、くも膜下出血で急死してしまった。ゆかりの街下北沢で「東盛太郎を偲ぶ会」が行われた。ここで知ったのは彼が雑誌『アエラ』などを手がけたプロのデザイナーだったことだ。細かな注文を一つ一つ書き手の私にしていたことの理由がようやっと分かった。彼のこだわりだった。

代沢小の安吾文学碑

彼は亡くなった。しかし、描いた地図は、『下北沢文士町文化地図』の原型となっていまもなお、改訂が何度も続けられている。改訂版七版は行政もその価値を認め、今では世田谷区のホームページに掲載され、ここで紹介されている。

彼が遺《のこ》した冊子の趣旨は、北沢川沿岸に眠る文化を、文学碑に刻んで遺そうというものだった。彼は代沢小の出身者だ。その彼と私は、学校に文学碑を建てようと活動をしていたところであった。

作家の坂口安吾はかつて代沢小で代用教員を務めていた。そのときの経験を書き表したのが『風と光と二十歳の私と』である。子どもにどう向き合うかという問題を描いた作品だ。夏目漱石の『坊ちゃん』の向こうを張った小説である。坊っちゃんとは正反対の不良少年が教師になって子どもらとふれ合うという話だ。漱石のが娯楽文学だとすれば、安吾のは教養文学だとも言える。教育の在り方への鋭い問題提起をしているこの作品は案外知られていない。そのことから会の発足以来、これを記念した文学碑を建てようと行政や学校に働きかけてきた。

この運動の過程で、坂口安吾の旧居の門柱が長い間放置されていることを知った。それでこの保存を兼ねた碑を造ろうと考えついた。大田区安方町《おおたくやすかた》にあった門柱は「新潟日報社」所有のものだった。同社に碑としての保存をと何度も訴えた。

大田区の方でもこれを遺そうという動きはあったようだ。そのことから願いは絶望的であるように思えた。ところが、何度も要望を出しているうちに、願いは通じて、日報側がついに門柱移転に同意した。これが大きな弾みとなった。代沢小や世田谷区教育委員会も動いた。そして、地元の東邦薬品株式会社の協賛も得られた。それで計画は一気に具体化した。とうとう二〇〇七年十一月に文学碑は校地の一角に建った。これには作品の一節、「人間の尊さは自分を苦しめるところにある」を刻んだ。

自身に負荷を与えることで人は成長する。鉛筆でどしどし書くというのも考えようによっては負荷である。自分を苦しめることで人は成長する。この考えは柳内達雄にも繋がるものである。その鉛筆部隊の母校はこの代沢小学校に他ならない。

戦争経験を聴く会、語る会

私たちは、文学だけではなく広く戦争のことまで調べていた。その活動の一環としてこの代沢小で二〇〇八年から「戦争経験を聴く会、語る会」を開いていた。前の年の五月に代沢小で第一回目を行っている。戦争はどんどん遠くなるばかりで、人の記憶から忘れられつつあった。「戦争は二度と起こしてはならない」、そのためには戦争の経験を今のうちに聴いて記録しておくことが大事である。そういう理由から始めたことであった。

「私は九州の目達原《めたばるきち》基地に飛行機の整備員として働いていました。八月六日の広島、八月九日の長崎、両方とも大きな爆発音を聞きました」

参加した人の証言だ。広島、長崎の原爆は別々のこととして知っていたが、これを聞いて両方の都市が空気で繋がっていたことに気づいた。聞かなければ分からない。それで二回目も開こうということで日にちも決まっていた。五月二十三日だ。

五月開催には意味があった。昭和二十年三月十日の東京大空襲はよく知られている。しかし、五月二十四、二十五日の二日にわたって東京の山の手《やまのて》が空襲を受けたことは知られていない。これによって東京はすっかり燃え尽き、日本の首都東京は壊滅《かいめつ》してしまった。米軍記録によるとこれによって「東京は焼夷弾攻撃のリストから外された」と。首都は陥落したのだ。

「せたがや平和資料室」にある特攻兵の形見を借りて展示ができる。このことから思いついたことは、第二回目の「戦争経験を聴く会、語る会」を疎開の話に絞ろうということだ。これを開いて関係者に集まってもらったらどうだろう？

鉛筆部隊の人たち、松本明美さん、田中幸子さん、鳴瀬速夫さん、それと寮歌発掘のきっかけを作った旭正章さん、この人たちに集まってもらう。

「そうだ！　六十四年ぶりに見つかった寮歌をみんなで歌ってもらったらいい！」

私の思いは膨らんだ。

旭正章さんには矢花克己さんが送ってこられた楽譜を郵便で届けていた。熱く感激したとの返事を頂いていた。九十四歳になるお母さんも、とても喜んでおられるとのことだった。最後は、こうしめくくられていた。

当時、引率の先生が弾いたオルガンがまだ広丘に住む末娘の家にあることもわかりました。音が出るかどうかまだ不明ですが、このオルガンでこの歌を歌いたい、とすでに心は広丘に飛んでおります。

山梨にお住まいの矢花様にも感謝しております。なんという運命をもった歌なんだろうと、のど元にこみ上げるものがあります。

いつの日にかお目にかかれることを願っております。ありがとうございました。


楽譜がみつかったことは親戚中に伝えられたようだ。広丘の郷福寺にみんなで集まり、合唱したいとも書かれていた。ずっと眠っていたものが目を覚まして、歌声になったとき、どんな音が本堂に響くのだろうか？

埼玉県川口市に住んでいる旭正章さんも、機会があれば東京に出て来てもいいと言っておられた。こんなチャンスはもう二度と巡っては来ないだろうと思った。それで、「会においでになりませんか」と旭さんに伝えた。するとすぐに返事がきた。


ご無沙汰いたしております。メールありがとうございました。

5月23日の代沢小学校での行事、ぜひとも出席させていただきます。実はこの件、私の母に話しましたところ、もし状況が許せば出席したいと申しまして、郷福寺の和尚の娘たちにも声を掛けたいと、興奮しております。

昭和21年になってからだと思うのですが、児童が東京に帰る日に、送る歌をそれぞれが歌ったそうです。自分はその時の情景を覚えておりませんが、皆ははっきりと覚えているとのことです。ご迷惑にならないように連れて参りますので、隅のほうで結構でございます、出席させてください。

5月の連休に広丘の郷福寺に母と行ってまいります。きむら様とのいままでのやり取りを亡き和尚にも報告に行ってまいります。

歌が好きで、オルガンを弾き、御経よりも歌を歌うことが大好きだった叔父にこの話を聞かせます。

六十四年前に歌われていた歌が今を生きている人に火をつけている。燃え上がる火のように人から人へと伝わって、人を力づけ勇気づけている。これらの経緯はブログに記していた。読者の何人かはこれに深い関心を寄せて見守り続けていた。そういう人の中から、フィナーレには是非山梨の矢花克己さんに出ていただきたい、その往復の交通費は負担しますからという申し入れまでもがあった。木村孝《きむらたかし》さんからだ。私自身、その大切な人への連絡を怠っていた。すぐに矢花克己さんに招待のメールを送った。世田谷区の広報誌には「元鉛筆部隊　疎開学童の話を聴く」ということで案内を出してもらったが、どれだけの人が集まるのか心配だった。話す人がいても聴く人がいないと会は成り立たない。やきもきしながら五月二十三日を待った。

元鉛筆部隊　疎開学童の話を聴く

いよいよその日、五月二十三日がきた。五月晴れの明るい日だった。開式は午後からだが、運営を手伝ってくださる人たちが早くに集まってきてくれた。受付設置、展示、会場づくりが始まった。ボランティアのピアノ演奏者菅裕子《すがゆうこ》さんも見え、音合わせをされる。

会場となったのは代沢小の視聴覚教室である。最大限六十名は入るということだった。椅子を多く並べて、人が来ないと寂しい。とりあえず三十ほど並べた。展示コーナーも作って、そこには武剋隊の兵士の形見の遺筆も並べた。鉛筆部隊の母校はこの代沢小だ。形見も思いがけなく里帰りした。訳《わけ》を知っているボランティアの人は「ああ、これなんだ!」と言って展示品をじっと見ていた。

開式は一時だった。十二時半頃になって人が集まり出した。松本明美さん、それに田中幸子さん、鉛筆部隊がそろってきた。骨折したとかで参加が危ぶまれていた鳴瀬速夫さんも現れた。が、少し残念なことに生まれ変わりさんは来ない。「息子のバレーの大会と重なってしまい、今回は出席できなくなってしまいました」とメールがあった。

「きむらさんですか?」

年老いた女の人を連れたワイシャツ姿の人が、私に声をかけてきた。旭正章さんだった。一緒におられるのは九十四歳のお母さんだった。「大変お世話になりまして」と旭さん、「歌が全部分かるなんて思っていなかったんですよ……」とお母さん。

そこへ、もう一人、銀髪の男の人が現れた。手にはファイルを持っている。これは山梨から来られた矢花克己さんだ。彼に出したメールの返事がなかなか来なかった。それで参加されないのかもしれないと諦めかけていたら、つい数日前に返事があった。資料を持って駆けつけるとのことだった。彼は、持参のファイルを展示机に並べた。「聖が丘寮歌のうた」の楽譜が机に広げられるとフラッシュが光った。いきさつを知っている人が写真を撮っていた。立川裕子さんの手紙の現物も置かれた。鉛筆部隊とハンコが捺されたハガキが出てくると、シャッター音が続けて響いた。

三十ほど出した椅子は足りなかった。ボランティアの人たちが素早く並べてくれた。会が始まるころには、部屋は参加者でほぼ埋まっていた。四十数名の参加者だ。

会が始まった。鉛筆部隊の話を掘り起こすきっかけを作った旭正章さん、そのお母さんの旭章子さん、ドラマをもたらした矢花克己さん、鉛筆部隊の松本明美さん、田中幸子さん、そして、鳴瀬速夫さん、みんなそろっている。

「あれって映画になりますよね。何かずっとインターネットでこの話がどうなるかを見ていたんですよ。はらはらしましたよ。いろんな場面が絵で浮かんでくるんですよ……」

偶然に出会ったブログの読者の音楽家明石隼汰さんがそんな感想を私に話してくれた。立川さんが救急車で病院に運ばれる、武剋隊の青年たちが浅間温泉上空を飛行機で旋回する、矢花克己さんが鉛筆部隊をパソコンで検索する、私もその場面を想像したことだ。ところがそのドラマが今は目の前で進行している。

トップバッターは鉛筆部隊の松本明美さんだった。

「あの寒さというのもつらかったですね。本当に寒いんですよ。コタツがあるのですけどね、全員が入れないのですよ。そういう中でいじめって起こりましたね。口では言えないほどにひどいんですよ。一人一人を前にみんな欠点を言うのですよ。色が黒いとか、不細工だとか、頭が悪いとか、それで自分に番が回ってくるものだから、結局尻馬に乗って自分でも、その人の欠点を言うんですよね。あることないこと言っていじめるんですよね。それで袋だたきにあって仲間外れにされた子は、コタツに入れないで、壁のところで泣いているんですよね……」

松本明美さんは女子のいじめの陰湿さをしんみりと語った。

「二十年の四月になって、小さな一、二年生まで疎開してやってきたんですよ。その子たちが夜になると、帰りたいと言ってみんな泣くのですよ。それで私たちはみんなでその子たちの背中をなでさすってやりましたね……」

「疎開生活は、つらいものでした。十一月になってようやく家に帰れることになって、汽車に乗って、松本を離れ、そして、なつかしい下北沢駅に着くと、親が改札口に待っていまして、父親が『よくがんばってきたね』と一声かけてきました。そのときは、嬉しくて嬉しくて涙が出てしかたなかったですね。でも、私が助けられたのは手紙です。親が送ってくる手紙です。私も返事を書きました。三日に一度ぐらいです。だから二百通ぐらいは出しましたね。手紙の言葉にどんなに勇気づけられ、元気づけられたか分かりません。戦争では多く人が死にました。今は平和ですが、あの戦争のことは忘れてはならないことです……」

松本さんは手紙の束を今も持っている。鉛筆部隊の彼女には今でも思い出の宝だ。が、鉛筆部隊には、一方で楽器を持って戦った人がいる。一番バッターの鳴瀬速夫さんだ。小学校二年でハーモニカを手にし、今も奏者として活躍されている。武剋隊を送る会では得意のハーモニカで『ラバウル航空隊』を吹き、兵士たちに大喝采を受けたという。

鉛筆で戦う鉛筆部隊

「鉛筆部隊というのは柳内先生がつけられたと思うのです。特攻隊の武剋隊は本当に戦うわけですが、子どもはそうはできない。学生はペンで戦うみたいなことがありましたからね。それで鉛筆で戦うということで鉛筆部隊と名づけたと思うのですよ。ハンコは消しゴムに彫って柳内先生が作られたのですよ」

なぜ鉛筆部隊なのか、当事者の説明は明快だ。

「私は松本明美さんのお話しを聞いてびっくりしましたね。同じ所にいたのに全く違う経験をしているのだと思いました。私なんか東京に帰ろうなどとは思いませんでしたね。食糧はないし、空襲はあるし、帰ってもいいことはないと……」

鳴瀬さんは肋骨を折ってあまり話せないといいながらも力強く語られた。疎開生活も、女子と男子とでは大分印象が違っていたようだ。

「本当に、不思議ですよね」

三番目に田中幸子さんが出てきた。

「疎開に出発するときにこの校庭で、旅館ごとに並んだのです。私は千代の湯ではなかったんです。ところが私と妹の高島姉妹、そして立川裕子さんの三人が偶然、空《す》いているということでこの鉛筆部隊に入ってしまったんです。不思議よね」

彼女の旧姓は高島であった。

「満州の皇帝からもらった恩賜のタバコを包んだ布に今西さんは言葉を書いて、私と立川さんにくれたのですよ。時枝さんにも木彫りの鳥をもらったのです。だけど、それは東京に帰ってきてからかまどで燃してしまったのですね。申し訳ないことをしました。でも、六十四年経って、話がこういうふうにわき起こって、ほんとに不思議……」

「不思議不思議」と彼女は何度も言う。不思議の田中さんになってしまった。鉛筆部隊と武剋隊が千代の湯で会ったことがきっかけとなって今、それぞれが話をしている。人と人との繋がりの不思議さである。

この話の始まりを作ったのが旭正章さんだ。

「どうも旭でございます。この度はここにお呼びいただいて大変嬉しく思っております。私は当時四歳でございました。実は郷福寺は父の実家でございまして、そこへ疎開をいたしまして、皆さん、疎開児童のみなさんを遠くで見ながら、毎日の生活を見てまいりました。私は敷地内の外れのですね、馬小屋というか、牛小屋のすぐわきの掘っ立て小屋に家族とともに住んでおりました。そのときに正確には覚えていなかったのですが、私の母が毎日歌ってくれていたのがこの広丘の歌でございまして、当時は学寮の歌ということは知りませんで、広丘の歌というふうに私は覚えておりましてですね。一番だけを正確に覚えていたんですが、あと、どうしても思い出せなくて、親戚その他にも大分手紙を書いたりして、その全容を知りたいと皆さんに話したのですが、なかなか楽譜もない、歌詞も正確には覚えていないのです。そんなところからインターネットできむら先生にお話しを差し上げたところ、突然、こういう楽譜が先生から送られてまいりました」

「……本当に嬉しかったです。それで、一番だけでなく、何番まであるのかということが分からなかったのです。それがこういうふうに分かって感謝いたしております。私の知人というか親戚、これはみんな鼻歌ではみんな知っておりました。が、正確な歌詞については誰も知らなかったのは事実でございます。これが盛んに歌われていたということも聞きました。他の歌は、当時あったのは、赤いリンゴにという歌ですね、それと、昔々その昔というのがありました。この三つは本当に忘れられない歌です。ご覧のように私の母は今は九十四歳ですが、疎開児童の皆さん、あの当時土蔵があったんですけどね、皆さん、寂しくなると、土蔵の裏に来て泣いていたそうです。今皆さんの話をずっと聞いてきてですね、この歌を通して、みんながみんなつながってるのだなあと思いまして、非常にうらやましく思っております。……まあ、以上でございます」

旭正章さんは、最後になって思いがこみ上げてきたようで瞬《まばた》きを何度もして、そして、話を終えた。

言葉にできない感動があって何も言えなくなったと後で言っておられた。

「私はお寺にいて、歌をよく口ずさんでいました。忘れられない歌です。私たちを勇気づけてくれた歌です。そのときは三十でしたがいつの間にか九十四にもなってしまいました。でも、あのときは悪い時代でした。戦争はいけません。戦争はやってはいけません」

旭さんのお母さんが息子さんの言葉につけくわえて大きな声で言われた。その言葉に会場のみんなは大きくうなずいていた。

証言者の最後は山梨から駆けつけた矢花克己さんだった。

「私は郵便の消印を商売にしている者でして、たまたまこの手紙が手に入ったのです。戦争末期の手紙類は数が少なくて貴重で高く売れるのです。ところが手に入った、これを見ると鉛筆部隊というハンコが捺してあるんです。何だろうかと疑問に思いまして、ネット検索したらきむらさんのブログに行き着いて、これがどういうものか知ったのです。ほんと、たまたまなんですね。それでみなさんが探しておられる楽譜が手紙の束に入っていたんですよ。びっくりしました。それで、これを一枚数千円で売ってはいけないなと思ったんです。ここにこうしていることが不思議議で、何かこう感動を覚えています……」

言葉に表そうにも表せない、もどかしい思いを矢花さんは表情で語っていた。

六十四年ぶりに蘇った寮歌

六十四年間も眠っていた歌が、目を覚ましていよいよ息を吹き返そうとしている。まず二人の歌い手が前に立った。鉛筆部隊の松本明美さん、鳴瀬速夫さんだ。そこに旭正章さんが加わった。と、それに続いて旭さんのお母さんが出て来られた。拍手がわき起こる。

管裕子さんがピアノに指を触れる。すると音が生き返って響いた。

広丘はぼくたちの里
あおい空　ひかる汗
鍬をふるぼくらの頬に
父母の声　風が運ぶよ……

鉛筆部隊と旭さん親子の合唱である。歌は少しバラバラだった。しかし、「あおい空　ひかる汗」のところでは音が合ってきた。

皆、口を大きく開けて歌っている、体と思いとが揺れている。遠い昔、六十四年前に戻っているのかもしれない。お堂でピアノが鳴り響いている。鍬を持つあの子や釣瓶《つるべ》を取るこの子が浮かんでくる。広丘村の青い空に、白い雲、そして、屛風《びょうぶ》のように連なる山々、懐かしい風景や人が思い起こされてくる。歌声が濡《ぬ》れていくように思われた。

あのときは三十歳だったのにたちまちのうちに九十四歳になってしまった。そう言っていた旭さんのお母さんは曲がった腰をすっくと伸ばして歌っている。

旭正章さんは目に涙を浮かべているようだった。山々に囲まれた松本平の郷福寺を思い出しているのかもしれない。

松本さんは大きな声で歌っている。お寺の井戸が深くて、釣瓶の綱は引いても引いてもなかなか桶《おけ》は上がってこない。汗をかいたところでやっと水がくめた。そこに爽やかに風が吹きぬける、そんな情景を思い起こしているのだろうか。

肋骨《ろっこつ》を折ったという鳴瀬速夫さんは胸を手でかばいながらも大きな声を出している。あの当時いつもお腹をすかせていて腹一杯食べる夢ばかり見ていたという。それで武剋隊の兵士に「卵の黄身を固めた航空食を食べさせてもらったときのおいしさには、特に感激し」たという。けれども出撃の日が来て彼らは宿を出て行き、その「彼らが乗った飛行機が浅間温泉の上を、二、三度旋回して飛んでい」ったと手記に書いている。

松本浅間温泉を後にして飛んでいった特攻兵、その遠い昔の別れの言葉がきっかけとなって六十四年後になってまた新たな出会いを生んだ。時間と空間とを超えて人から人へと言葉が繋がって寮歌が発見された。その歌を、みんなが歌っている。四人が歌っているが、六人の若者の魂もここに来ていて、一緒に歌っているのかもしれない。鉛筆部隊と武剋隊との合唱を聴いているように思った。が、たちまちに時が経って四番になった。

廣丘のゆかしいお寺
郷福寺　夜の森
ぼくたちのあかるい声を
ふるさとへ　風がはこぶよ

皆年老いてしまった。が、歌声は若やいでいる。四人の「あかるい声」が爽やかな風を私たちに運んできた。そして、歌は終わって、ピアノも鳴りやんだ。とたんに、空気に穴が開いたように思った。ほんの二秒か三秒経ったときに、みんなが一斉に手を打って拍手した。そして、声がかかる。「アンコール！」と。旭さんは恥ずかしそうにして、お母さんと一緒に退場していかれた。が、席に着かないうちに、「歌詞がぼんやりしていましたけどね、今皆さんと歌ってはっきりしましたよ！」と大きな声で言われた。九十四歳のお母さんは興奮が収まらないでいる。彼女はほかの人と一緒に歌声を響かせることで、記憶が戻ったようだ。歌っているうちに六十四年前の記憶がはっきりと呼び戻されたのだろう。

合唱は終わった。歌の終わりは物語の終わりである。歌を聞いて温《ぬく》もったその温もりが教室にはまだ残っていた。参加者は、帰り際に立川裕子さんの手紙、特攻兵の今西修軍曹、大平伍長の形見を、改めて眺めたり、そっと触ったりした。そして、うなずいては教室を出て行った。

鉛筆部隊の鳴瀬速夫さん、松本明美さん、田中幸子さん、そして、矢花克己さんが教室を出て行かれる。旭さんは老いた母をいたわるようにして、ゆっくりと歩いて行き、戸口でそっと一礼して出て行かれた。私は教室に独り取り残されたように思った。

会を終えて、小学校を出るときに、建物の壁に大きな文字で書かれている校歌が目についた。作詞は柳内達雄とある。鉛筆部隊の隊長である。あの寮歌は今も人の心に残っていて温もりを与えている。この校歌は今育っている児童を元気づけている。歌詞の末尾にはこうあった。

しっかり　力をたくわえて
あらしにまけぬ　にっぽんの
強い木になろう　たくましく

ぼくたちみんなの　代沢小学校

どしどし書いて、どしどし歌う、そうするうちに子どもは大きく成長する。嵐《あらし》に負けない日本の強い子どもになれる。もう四十年ほど前に亡くなられた先生の伝言だ。彼は「ヤナさん」の愛称《あいしょう》で親しまれていた。

「戦争経験を聴く会、語る会」が終わって、しばらく経った六月の初めに、旭正章さんからのメールと、彼のお母さんからの手紙とが届いた。


先日は大変ありがとうございました。

一生の思い出ができました。感動という言葉を思い切りかみしめました。思いの余り、皆さまの前で話そうと思った十分の一もお話しできませんでした。

皆様のお話を聞いているうちにまるでその時間に自分がいるような錯覚に陥りました。お寺の昔の景色が目の前に浮かんでいました。そして、涙でかすんで見えました。

一緒に広丘の歌を歌うことができたことは、自分のみならず、母の最高の思い出になることでしょう。戦争を語る会であるはずが、私と母にとっては、苦しかった生活の思い出と、懐かしい思い出のはざまの、言いようのない事実の確認とでもいいましょうか、奥歯をかみしめ、眼がしらの熱さを楽しませていただきました。

目をつむるたびにその余韻にまだ浸っております。

きむら様、今回のお誘いに母ともども心から感謝申し上げます。

母は、申しておりました、生きていてよかった、こんな感動は生まれて初めてです、と。

今日は娘の家にでかけました。みんなにこの感動を伝えるのだと、あれこれ写真を探しておりました。言葉には言い尽くせませんが、ひょんなことからの、きむら様へのご連絡で、こんな不思議物語の中に入ることができたことを感謝いたします。本当にありがとうございました。

旭　正章

おかげさまで六十五年間わからなかった歌詞がはっきりしました。その私共の願いはまことに小さなことで広丘村郷原寮歌の柳内先生の作詞が知りたかったのですが、それ以外にあの時代、幼かった方々がどんなに心を痛めて戦争時代を過ごしてこられたかをじかにお話を伺って戦争のおろかさを一層思い知ることでした。その戦争をくいとめることの出来なかったことも大人の責任です。生めよ殖やせよの時代自分の立場を考えると唯幼い児を空襲から守ることに必死の思いでした。心ある人が反対をすればたちまち牢獄《ろうごく》に入れられる時代でした。世田谷代沢小学校が懐かしく思われるのはあの一年近く、幼いみなさまと一緒に広丘村郷原寺院境内で過ごした日々があったからだと思います。

旭　章子　九十四才

第三章　浅間温泉

浅間温泉入口に架かる浅間橋

「井筒の湯」で座学を受ける代沢国民学校五年女児

浅間温泉を歩く疎開学童たち（玉の湯を背に。右はきりの湯）

広丘郷福寺へ

五月の「戦争経験を聴く会語る会」は終わった。以来、寮歌が何かの拍子に想い出されるようになった。そして、いつの間にかこのメロディにすっかり馴染んでいた。

歌では「広丘のゆかしいお寺郷福寺」と歌われた。「ゆかしい」は古語に出てくる「見たい、聞きたい、知りたい」という意味だ。私は、その寺を見てみたい。そして歌が響いた様子を想像してみたく思った。

調べてみると立川裕子さんが再疎開して初めて出した手紙があった。

お父様お母様お變りありませんか。お手紙を上げないですみません。私達はきのふ浅間の地をはなれて前と同じ郡ですが廣丘村の郷福寺といふお寺に再疎開しました。廣丘へ来たのは千代の湯と桐の湯の一部分が廣丘の郷福寺へ来たのです。とても大きなお寺でお部屋に入るとまるでお寺のやうではありません。

明治天皇のおとまりになつたお部屋もあります。

村の方々もとても親切です。ほんとのゐなかです。今日廣丘国民學校へも入學しました。これからはゐなかの子供たちといつしょにべんきやうしたり運動をしたりするのです。負けないやうにしやうと思ひます。井戸で口をゆすいだりするのです。あたたかいお湯なんかではなくつめたい井戸の方があとがあたたかいです。

さやうなら

手紙を読むと、「広丘は僕たちの里／あおい空　光る汗」という歌の文言が浮かんでくると同時にその光景も浮かんで来た。その現場に行ってみたいと思った。

「広丘村の郷福寺の裏に線路が通っていたんですよ。夕暮れになって上りの汽車がもの悲しい汽笛を鳴らして通るんですよ。そうしたらもう切なくなって……」

鉛筆部隊の松本明美さんが言っていた。地形によって汽笛、そして、歌声の響き方も違ってくる。土地の空気を肌で感じることは大切である。

二〇〇九年八月、私は新宿駅から電車に乗った。六十五年前の八月十二日深夜、鉛筆部隊の子どもたちは心細い思いでこの駅を発《た》った。彼らにとっては、遥《はる》かな旅路だった。立川裕子さんは「東京とちがって山ばかりありました」と途中の車窓を手紙に書いて送っている。東京と疎開先とを阻むものがこの山だった。中央本線はトンネルばかりだ。特に甲府から先の電化していない区間では苦労した。トンネルに入ると蒸気機関車の煙が車内に充満して苦しかった。うとうとするばかりで満足な睡眠は取れなかった。

「駅に停《と》まると突然に汽車がバックし始めて怖かった」と疎開学童が書き残している。山岳路線の中央線は、かつては数多くスイッチバック式の駅があった。急勾配を上るために、一旦戻って、また上るという方式だ。が、今はそれも改善されてなくなり、短時間で目的地に行けるようになった。

私は広丘駅の一つ手前の塩尻駅で降りた。この橋上駅舎からは松本平の四周がよく見えた。山ばかりだ。遠くには、切り立った鋸刃の尾根も見える、穂高連峰だ。

駅からは広丘郷原へ歩いた。途中、高原の畑にはブドウや梨が実っていた。その間の小道を抜けて郷福寺を目指したが道に迷ってしまった。ところが歩いていくうちに送電鉄塔の向こうに見覚えのある建物が見えてきた。赤いトタン葺《ぶ》きのお寺だ。山梨の矢花克己さんがここを訪れて写真を撮って送ってくれていた。

あの寺で歌われていたのが『聖丘学寮のうた』だった。ヒルトップにあると思っていたら、塩尻側からは見下ろす景色の中にあった。松本平の南端にあって、北に緩やかに傾斜している土地だった。

寺に向かっていくうちに町並みが現れた。北国西街道沿いに連なった郷原宿であった。道沿いに整然と並んだ家、その一軒一軒の玄関に屋号札がかかっている。

街道の路地奥に神社が見えた。立ち寄ると、日露戦争の「戦利兵器」がある。大砲の弾が四つ台座に載せられて「奉納」されている。鉛筆部隊の学童も見たろう。この稲荷社の名は何というのだろうか？　すぐ側《そば》の家の人に聞いてみる。

「諏訪《すわ》神社といいますね。ああ、郷福寺はすぐそこですよ。疎開児童がその寺にいたんですか。私はここにお嫁に来たから分からないですけど主人は知っていますよ」

彼女は主人を呼んでくれた。

「ええ、広丘国民学校の六年生でした。代沢小の生徒のことはよく覚えていますよ。郷福寺にはよく遊びに行きましたよ。本堂の床下にもぐり込んでみんなとよく遊んでいましたね。ええ、そうです、あっちの方が勉強がよくできたっていうのはありますね。ケンカすると、こっちのことを田舎っぺといって馬鹿にしていましたからね。そう女の子はとてもさばけていました。こっちの男の子たちと遊んでいましたからね」

東京の女の子はませていたと言っては笑う。その人は、昭和七年生まれの七十七歳の清沢恒春《きよさわつねはる》さんである。

飛行場の整地

「ああ、飛行場の整地ですか。行きましたよ、行きました……」

清沢さんも思い出したようだ。立川裕子さんの手紙で、その期日まで分かる。昭和二十年四月十五日と十七日であった。このときのことは松本明美さんもよく覚えていた。

「あの勤労奉仕、覚えていますよ。飛行場まで二里半ぐらいあるとか言いましたね。あれはもう終戦前の五月頃だったように覚えています。とても暑かったですね。だだっ広いところで木陰というものがないんですよ。飛行場の整地をするというので二日ぐらい行かされましたよ。向こうの松林の中に飛行機が見えましたけど行ってはいけませんと言われました。そこは桑畑だったのでしょうかね。木の根《きね》を掘ったり、石ころを掘り出したりするんですよ。それをモッコに担いで二人ばかりで持っていくのですよ。飛行場だから広いんですよ。置き場までえっさか、えっさか担いでいきましたけどなかなか着かなかったですね。作業が終わって郷福寺まで帰るのですけど、もう足がへとへとで動かなかったですよ」

これは四月のことだ。特攻隊が飛び去った後だった。

「ああ、特攻隊のことですか。覚えていますよ。広丘国民学校にも数十人ぐらいの若い人が来ていて寝泊まりしていました。その若い人たちとはボールで遊んだりしていました……家からお米を持って行くと、パンに代えてくれたんで持っていきました」

兵隊はパンでは腹がもたない。村の子どもに言って米と取り替えた。パン食が珍しいことから取引は成立したのではないかと思った。が、この兵隊たちは何だったのだろうか。

「飛行場の近くに松林がありました。現在の、菅野小近くですね。そこに飛行機が隠されているということを人から聞いたんですよ。それで、こっそりとみんなで見に行ったんですよ。怖かったですよ、憲兵に捕まるかもしれないという恐ろしさはありましたよ。行ってみると本当にあったんですよ。三機が隠されていました。『隼《はやぶさ》』だとかいうもののようでした。びっくりしましたね。もうドキドキでしたよ。それで、もう夢中になって飛行機の胴体とか羽とかプロペラとかあちこちを全部触りまくりましたね。その間にも憲兵が来るんじゃないかとひやひやでしたね……」

清沢恒春さんは六十四年前の出来事を思い出してそう語った。笹賀の陸軍松本飛行場には数多くの特攻機が飛来してきている。空襲から守るための掩体壕《えんたいごう》の設備は十分ではなかった。それで付近の松林の中に飛行機を秘匿していた。こっそりと見に行ったら、それが隠してあった。松林にあった本物の飛行機に出会った清沢さんは驚いた。鉛筆部隊の愛唱歌に、『荒鷲の歌』がある。「見たか銀翼この勇姿」に始まるものだ。土地のいたずらっ子たちは、「見たよ銀翼その勇姿」、思いがけずそれに出会って機体を触りまくった。

「私は広丘国民学校の年長で、六年生でした。高等科ですよね。だから率先して言われたことはやらなくてはいけませんでした。終戦になって、やらされたことがあります。それは、飛行機のタイヤとかゴムチューブを焼くという仕事です。米軍に見つかったらまずいということですよね……それとね、今だから言えるんだけどね、当時は、ものがなかった時代でしょう。それで、ゴムのチューブで草履を作って履いていたんですよ。見つかったらまずいのでひやひやしていたことを覚えています」

武剋隊や武揚隊の松本飛行場飛来は機体を整備するためでもあった。タイヤやチューブも取り替えたであろう。残ったそれらを広丘国民学校の清沢さんらが戦後になって始末した。そして、一部は履き物に使っていた。現地に来て、彼に会わなければ分からなかったろう。

私は、『聖丘学寮のうた』の歌詞を思い出した。「廣丘のむらの友だちくろいかほ　肩くんで」というフレーズだ。清沢さんも日焼けしている。その人なつっこい彼と、あたかも肩を組むように、しばし疎開時代の思い出に耽《ふけ》ったことだ。名残惜しくもあったが、その彼に別れを告げ、郷福寺へと向かった。

ゆかしく慕わしく思っていた郷福寺だ。樹木が生い茂る中に古い本堂があると思っていた。ところが、そのたたずまいは整然としていた。がっしりした石門があり、敷石の向こうにはどっしりとした本堂があった。疎開学童が釣瓶を取ったという井戸もなかった。

寮歌の四番は、「廣丘のゆかしいお寺／郷福寺　夜の森／ぼくたちのあかるい声を／ふるさとへ　風がはこぶよ」だった。歌詞には郷愁を感じていたが、現実の風景にはゆかしさが感じられない。六十五年という月日の隔たりを思った。

静寂が境内に満ちていた。こういう静けさの中で、歌が歌われたとすると声は大きく響いていたろう。本堂から聞こえてくる爽やかな歌声は、幼い旭さんの耳の奥深くに刻まれたのだろうと思った。

目を遣《や》ると松本平を囲む山々が夏空の下にくっきりと見える。この空を武剋隊を乗せた特攻機が南へ向けて飛び立っていった。今はそこには青い虚空があるだけだった。

今回は、浅間温泉は予定してなかった。が、彼らが飛び立つ直前に過ごしたという浅間温泉には是非来てみようと思った。

浅間温泉へ

秋となった。読書の秋。私は本ではなく手紙を読みふけった。立川裕子さんの手紙だ。消印順に並べられたこれは物語である。心ときめく小さな真実がそこここにちりばめられている。例えば十月十四日消印の手紙だ、東京世田谷の父親に出したものだ。

お父様ご無事でそちらへお着きになりましたか。私達はあれから病人もへつて毎日元気で楽しく暮らしてゐます。あの日の夕方から元気がついて来てあの晩はとても愉快でした。きのふは夕方井筒屋のにわでひょうご県の（たからづか）げき場の方々が井筒におとまりになりました。さいわいに私達にゐもんの歌をうたってくださいました。私はとてもうまいと思ひました。

今日からうんとよい子になるとけつしんしました。今度のめん会までもつともつと見違へるほどよい子になります。

これから山の木の葉が赤くなつてきれいになります。櫻ヶ丘の木の葉はとてもきれいです。だんだん寒くなります。ますます元気にくらします。

父親の繁さんが娘の面会にきた。沢山のお土産を抱えてきたのだろう。学童たちも本人も皆元気になった。実は彼女は強がりだ。決して寂しくはないと手紙には書く。が、本当はたまらなく寂しい。ゆえに父の来訪は嬉しかった。元気がこれで一気に回復した。ところが父が帰った後は寂しい。しかし、折良く宝塚歌劇団の少女慰問隊がやってきて歌を披露した。彼女らの歌声にうっとりした。まるで夢を見ているようだった。

幸せに触れていい子になろうと彼女は固く決意する。ひもじかったりいじめられたり、本当は苦しいことがあった。が、父親を心配させてはならぬ。「見違えるほどによい子」になろうと決意を語った。子どもたちの内面ドラマは他にも数々あった。が、時は移り行く、青い木々の葉が次第に黄ばみ、そして赤くなっていった。

彼女も含めて学童等は約半年間、移り行く季節を感じながら浅間温泉で疎開生活を送った。特攻隊の若者と出会って別れたのもここであった。私はこの温泉へ関心をいっそう深めた、そこへ行ってみたい、見ておきたいと思った。そんなときにチャンスが巡ってきた。

暮れの十二月になって、元鉛筆部隊鳴瀬速夫さんのハーモニカコンサートが中目黒で開かれた。これに松本明美さん、田中幸子さんも来ていて、半年ぶりに再会した。演奏会が終わった後に会場近くのカフェに入って話をした。広丘郷原を訪ね、村の子どもだった清沢恒春さんに会ったこと、郷福寺を訪れたことを話した。

「年明けには浅間温泉には行こうと思っているんですよ」

「あら、私、案内しますよ」

特攻兵を慰霊するために関係各地を歩いている田中幸子さんが申し出てくれた。鉛筆部隊が宿泊していたのは旅館、千代の湯だった。彼女は、ここのご主人だった小林修《こばやしおさむ》さん、女将《おかみ》さんだった梅恵さんとも親しい。頼もしい助っ人である。

年が明けての一月二十二日、私は廻《まわ》り道をして長野経由で松本駅に着いた。改札前に行くと中央線特急で来た田中さんが既に待っていた。

「浅間温泉行きのバスは、毎時五十分ですって……今出たところです」

「えっ、一時間にたった一本ですか?」

当時の絵ハガキには木造の二階建てや三階建ての温泉旅館が軒を連ねてひしめいている様が写っていた。繁華な温泉町を想像していたゆえに驚きだった。与謝野晶子、若山牧水などの多くの歌人が誉《ほ》め讃《たた》えていた名湯もすっかり寂れてしまったようだ。

「疎開したときは、浅間温泉までは電車だったんですけどね」

その松本電気鉄道浅間線の電車はとっくに廃止されていた。私と田中さんはバスで温泉を目指した。途中、車窓を眺めていると、白いアルプスの山並みの下に松本の街がだんだんに沈んでいくのが分かった。やがて、バスは停《と》まった。中浅間だった。

代沢国民学校の学童ら四百五十五名は、この浅間温泉の六つの旅館に分宿して疎開生活を送った。井筒の湯、湯本屋、玉の湯、桐の湯、千代の湯、つたの湯だ。柳内達雄率いる鉛筆部隊がいたのは千代の湯だ。その女将さんだった小林梅恵さんがバス停で待っていてくれた。

さっそくに彼女が家へ案内してくれた。元の旅館は全て取り壊してしまい今は駐車場になっていた。当時を偲《しの》ぶものは何もない。が、見渡すと「立てまはす高嶺は雪の銀屏風中に墨絵の松本の里」と「讀人不知」が歌った通りの景色があった。遥《はる》か遠くの連山は雪を戴《いただ》いている、下手には黒々と家の塊が見える、松本平である。

「温泉も寂れてしまいましたね。うちも古くからの旅館だったのですよ。善光寺《ぜんこうじ》参りの講の定宿だったのです。ご先祖さまに申し訳ないのですがやっていけなくて止めたのです」

温泉客、湯治客が減って平成九年三月に廃業されたとのことだった。そんな話を奥さんから聞いていると、小林修さんが現れた。二年ほど前に脳梗塞で倒れたという。学童から修さん、修さんと慕われていた彼も八十三歳、返答も不自由のようであった。この修さんに連れられて「たいまつ祭り」を見学したことが立川裕子さんの手紙にあった。

十月六日のことだ。「夕食後五、六年男女は宿屋の修さんに連れられて見物に行きました。中浅間の駅のそばで見てゐると」、「向かふの道の上が赤くなつてゐたと思ふと大さわぎの声がきこえたかと思ふと大きなたいまつがいつぱい来ました。」、驚いている間もなく、「するとこつちのたいまつを大人が二、三人で持って行ってたいまつとたいまつをくっつけて火をつけてふりまわしたりなげつけたりするのでみんながにげました。」とある。

鉛筆文字の行間から燃えさかる松明が見えたり、火のはぜる音、子どもたちが逃げ回って、きゃあきゃあと騒ぎ立てる声までもが聞こえてくるようだった。

田中さんが疎開時代の思い出話をしていると、修さんがそれに刺激されたのか、一つの場面を、ひょいと思い出したようだ。

「子どもたちがみんなでね、中浅間の駅まで見送りに来てくれたんですよ。そのときは嬉しかったですね……」

修さんは一月に出征した。彼は松本から金沢に行き、そこで憲兵隊に配属されたという。当時中学を出たばかりの十八歳だ。前の年、十一月二十四日にB29による東京への最初の空襲があった。彼は、立川裕子さんが世田谷の自宅へ出した手紙の片隅に「敵機いよいよ来襲！　頑張って下さい。小生実にくやしくてくやしくて。然し如何ともするあたはず。早くあの特攻精神を……」と添え書きしている。

戦争の緒戦、真珠湾《しんじゅわん》攻撃で味方は大戦果を挙げ、日本中が沸き返った。ところが、次第に戦況は不利になり、今や重爆撃機が日本の空を悠々と飛んでは爆弾を落としていく。悔しさ、そして、焦り、誰もが抱いた思いだろう。あの特攻精神を発揮して巻き返しを図ろうと。その特攻隊が、まさに千代の湯にやってくる。ところが、それはこの修さんが出征した後のことだ。

「年が明けて修さんは出征していかれました。みんなから兄のように慕われていた人ですからいなくなった後は、とても寂しくしていました。そして、二月になって、武剋隊の兵隊六人がやって来たんですよ」

松本明美さんから聞いた話である。修さんが出征した後に、武剋隊の若者たちがやって来た。頼りになる修さんがいなくなった。穴の空《あ》いた学童の心を埋めたのは彼らだった。

小林修さんは、話の途中で、何度も、「かんにんな」と言われた。私と田中さんが何のために来ているか、本人は分かっている。けれども口が不自由で、それに応えることができない。もどかしく、はがゆい思いからだろう、とうとう席を立っていかれた。それで残った梅恵さんが懸命に応対された。

祝賀飛行

そんなときに、この千代の湯で撮った大きな写真が知覧《ちらん》特攻平和会館に飾ってあるという話になった。特攻兵士と鉛筆部隊の子どもたちが一緒に写ったものだ。この話がきっかけになって、梅恵さんが、ふと思い出したことがあった。

「それが卒業式の日でしたよ。昭和二十年三月だったと思うのです。日にちは分からないのです。式の真っ最中に、講堂の上で音がして私たちは窓のところに駆け寄っていきました。飛行機だったんですね。二、三機いたと思うのです。その飛行機が低空で二、三回学校のまわりを旋回していって飛び去ってしまいました。確か、教頭先生が『卒業のお祝いに特攻機で空を飛んでくださる』というようなことを言っていたように思います」

彼女は終戦の年に松本高女を卒業している。

「どうして飛行機が飛んできたかはよく分かりません。噂みたいなものはありましたけれどね……私たち松本高女生は勤労動員されていました。それが二箇所ありました。体が弱い人の方は小岩井《こいわい》製作所にあった軍需工場に行っていました。私たち体の丈夫な方は豊科《とよしな》の呉羽《くれは》紡績に行って軍服を作っていました。……その小岩井さんところのお嬢さんが小岩井《こいわい》幸《みゆき》さんと言うのです。芸大を出てオペラ歌手となられた方なんです。『蝶々夫人』などを歌っておられた方です。去年亡くなられてお葬式に伺いましたけど、もっとお話を聞いておけばよかったですけどね……とても体が大きくておきれいな方でした。背もすらっとした方でした。当時、うわさ話をしていましたね。将校さんと恋仲になって、その二人は結婚するのじゃないかというようなことを……その関係でお別れに飛んできたんではないかと……日にちですか。それは覚えていません。卒業証書を見れば分かると思いますが……」

興味深い事実だった。なぜ特攻機が祝賀飛行をしたのか、また、それが何時だったのか新たな疑問が湧いてきた。

「卒業証書が家のどこかあるはずです。それを見れば日付は分かります」

彼女は、それを捜してくれると言った。

私と田中さんは小林さんに紹介してもらった宿に泊まった。その窓からは浅間温泉の灯《あか》りが夕映えの中に見えた。西南の、雪の積もったアルプスの山並みがうす明るい。特攻機が飛び立っていった方の空を長い間、私は眺めていた。

翌日、田中さんと浅間温泉を歩いた。学童が宿泊していた湯本屋、井筒の湯、つたの湯、玉の湯などを見に行った。なくなったり、建て替えられていたりして、昔の面影はほとんどない。わずかに飯田屋別館、目之湯旅館はそのまま残っていた。前者は太子堂《たいしどう》国民学校、後者は駒繋《こまつなぎ》国民学校が疎開していた。この旅館街を巡って、裏手の桜ヶ丘にも登った。樹木が生い茂ってはいたが、それでも松の木々の間に温泉全体が見下ろされた。

歩きに歩いたが七十六歳の田中さんは元気だ。彼女が心身両面ともにタフだということを知った。特攻兵を思い続ける熱情が彼女を老いさせないのだろう。その彼女と松本浅間温泉をたっぷりと歩いた。そして、松本駅から特急に乗って中央線で帰った。疎開引き上げは一昼夜かかったが、私たちは三時間ほどで新宿に着いてしまった。

浅間温泉の特攻隊

松本から帰って、数日して、小林梅恵さんから手紙が届いた。方々に問い合わせたようだ。特攻機が飛来したのは事実だった。教頭先生が、「特攻隊機が今日の皆さんの卒業式を祝って空中旋回をこれからしてくださるとの電話が入りました」と言ったという。そして、「卒業証書は私の嫁入り箪笥《だんす》をさがしました所出てまいりまして、三月二十九日でございました」とあった。

特攻機が飛んだのが昭和二十年三月二十九日だと分かった。これで、記録との照合ができる。陸軍松本飛行場から飛び立った特攻機は多くはない。浅間温泉千代の湯に泊まっていたのは武剋隊だ。彼らは第一班、第二班と別れて松本飛行場を飛び立っている。日にちが重なりそうなのは後者である。しかし、後発隊の時枝軍曹が松本明美さんに各務原から三月二十八日にハガキを出している。

可能性は、もう一つの特攻隊、誠三十一飛行隊、武揚隊である。

時枝軍曹が新田原飛行場から出撃するときに、鉛筆部隊への言づてを五来末義軍曹に頼んだことを紹介した。この中に「自分は同じ任務についてゐる武揚隊の五来軍曹です。富貴の湯にとまつてゐました」とあった。
この武揚隊は、山本薫中尉率いる十五機の特攻隊だ。この彼らは浅間温泉の富貴之湯に宿泊していた。武揚隊の特攻出撃は遅かった。第一陣の三名が五月十三日に、第二陣の二名が五月十七日にそれぞれ特攻攻撃をしている。沖縄攻撃の緒戦では、武剋隊の十五名全員が特攻戦死した。武揚隊は特攻攻撃が常態化した五月に出撃していて、記録に残る特攻戦死者は十五名のうち六名しか載っていない。武剋隊は戦史にも残っているが、武揚隊の記録は少なく、その足取りもよくは分からない。しかし、松本高女の卒業式を祝って飛んだ特攻機は、後に残ったこの武揚隊ではなかったかと推測される。この彼らと小岩井幸さんとの間に何かの物語があったのだろうか?

旅から帰っても落ち着かない。浅間温泉で聞き込んできた具体的な日付は想像を刺激した。一体、誰が飛んだのだろうと。

私は、『週刊少國民』を取り出した。これに載っている「神鷲と鉛筆部隊」の写真を眺めた。そのキャプションには、「疎開學童寮になつてゐる千代の湯に来た兵隊さんと學童は、たちまちに仲よしになりました」とあった。兵隊も学童も顔を綻ばせて笑っている。荒鷲が鳩のようだった。

生身の体を武器にして飛行機もろとも敵艦に体当たりしたのが特攻隊だ。それで荒鷲と呼ばれていた。ところが、聞く話、見る話、松本平では荒鷲が穏やかで、優しかった。田中幸子さん、松本明美さんなどが覚えている、出戸栄吉軍曹は茶目っ気のある青年、今野軍曹は礼儀に篤《あつ》い人、今西修軍曹は言葉豊かな詩人、時枝宏軍曹は美男子などと一人一人のことを覚えている。

前に、元鉛筆部隊の男子に、松本さんが疎開時代の寮歌を覚えていないかと聞いたところ、「そんな昔のこと覚えているわけがない」と一蹴していたことを思い出した。男子は忘れているが、女子は往事を鮮明に覚えている。ある直感が働いた。特攻兵士のことは今も彼女らの記憶の中に生きているのではないか。そんな思いを持った。この予感は当たっていた。

浅間温泉富貴之湯にも特攻隊が滞在していた。ここには武揚隊の五来末義軍曹がいた。この特攻隊が泊まっていた旅館に深い興味が湧いてきた。どんな旅館なのかと思っていたら、私たち文化遺産保存の会の仲間の木村孝氏が戦前に出された古いパンフレットを見つけてくれた。「新館三層楼四棟をもちて、眺望極めてよろしく、内湯豊富にして、大広間、玉突場、貸切湯、温泉プール、踊舞台、ラヂオ、応接室……」と説明がある。浅間温泉でもっとも大きい旅館だった。記録によると東大原校の百八十七名がここに疎開していた。現在の世田谷区立下北沢小学校である。

ここの疎開学童に話を聞きたいと思っていた。卒業生の何人かに当たっていたが当事者には行き着けないでいた。そんなときに知人の紹介で別件の取材に行った家があった。下北沢のそのお宅、篠山《ささやま》さんの家には古い家賃の控え帳が残っている。それには硫黄島で玉砕した陸軍中将栗林忠道《くりばやしただみち》、俳人の中村草田男《なかむらくさたお》など著名人の自筆の名があった。それを見せてもらいながら話をしているときに、ご主人から意外な話を聞いた。

「うちの妹は、東大原で、浅間温泉に疎開していて、特攻隊の話もしていました」

筋違いからの朗報だ。私は篠山さんに「疎開のときの話を是非聞かせてほしい」と妹さんへの伝言を頼んだ。すると、「連絡します」と快く引き受けてくださった。その返事を待っているときにまたもや意外な人に出会ってしまった。今度は生きている元特攻兵である。

生きて帰った特攻兵

毎年、北沢川文化遺産保存の会では、桜の盛りに、代沢小安吾文学碑の前で活動をしている。『下北沢文士町文化地図』を配りながら、多くの人から昔のことを聞き出していた。このとき偶然声を掛けた人が元海軍の特攻兵士だった。鉛筆部隊の先輩、代沢小出身者だ。が、昭和二年生まれの八十三歳は口が重い。彼は予科練に志願し、特攻兵となった、奄美《あまみ》群島の加計呂麻島《かけろまじま》にいた、そんなことをやっと聞き出せた。

「島に海軍の特攻基地があった。そこで『震洋《しんよう》』に乗っての訓練をしていた、それで突撃するはずだったけどな……」

水上特攻艇「震洋」は人間魚雷である。これに搭乗しての出撃が決まっていたが、終戦を迎えて中止になったという。

「おれは戦争のことは言いたくない。名前も言いたくない。けれども、自分が持っていた戦争関係のものは中町の資料室に寄付した。短剣とか履歴書も行けば分かる。それをあなたが調べるのは構わない。公表していることだから……」

戦争の話は嫌な思い出に結びついていたようだ。戦争から帰ってきて、「おまえらが特攻に行かなかったから日本は負けたんだよ!」と言われ、本当に死ぬ気であったかとも疑われたようだ。生きて帰った特攻兵は冷遇された。そういう世の動向を見かねて批判したのが坂口安吾であった。彼は「特攻隊に捧《ささ》ぐ」というエッセイを書いている。

私は文学者であり、生れついての懐疑家であり、人間を人性を死に至るまで疑いつづける者であるが、然し、特攻隊員の心情だけは疑らぬ方がいいと思っている。なぜなら、疑ったところで、タカが知れており、分りきっているからだ。要するに、死にたくない本能との格闘、それだけのことだ。疑るな。そッとしておけ。そして、卑怯だの女々しいだの、又はあべこべに人間的であったなどと言うなかれ。

戦後、人々が特攻帰りに向けた疑念が彼らをいじけさせた。自暴自棄になった者も少なくない。「特攻くずれ」と蔑《さげす》まれもした。その彼らを擁護したのが安吾である。ところが、彼のような発言をした者は少ない。生きて帰った英霊は、生きている場所がなかった。戦後は耐えるしかない人生だった。

世田谷区下馬《しもうま》に特攻兵の霊を祀《まつ》った特攻観音がある。毎月十八日が月例参拝日とされている。彼は人のいない早朝に行って、お参りをしているという。黙ってことをなす人だ。「戦争経験を聴く会、語る会」には続けて参加していたようだ。聞きはするが決して発言はしない。「戦争は語ってこそ伝わる」と言う。が、語らない、語れない人も世に大勢いる。口を閉じたまま死んでいった人の方が圧倒的に多いのではないだろうか。

私は、彼が寄贈したという海軍時代の物品を「せたがや平和資料室」に見に行った。確かにあった。資料室の陳列ケースに、肩章、襟章、袖章が飾ってあった。

鉛筆部隊は、『若鷲の歌』を友と、そして、兵隊と度々歌っていた。「若い血潮の／予科練の／七つボタンは／桜に錨《いかり》」という歌詞である。その「桜に錨」の記章も二つ寄贈されていた。また、「連合艦隊司令長官豊田副武の署名入りの自決用短刀」も展示してあった。これを寄贈した元海軍一等飛行兵曹の名は、斎藤秀雄と記されている。

立川裕子さんが今西軍曹と大平伍長にもらった墨書もここにある。代沢小の海軍特攻兵、そして、代沢小の鉛筆部隊の戦争遺品もひっそりと眠っている。

曲芸飛行

首都近郊、下北沢鉄道交差部の南に位置するのが代沢小だ、この北にあるのが東大原小である。交通の利便性から一帯にアッパーミドル階級が集まった。後者は、地元の人は第三荏原と言ってそのステータスを誇りにしているほどだった。

その東大原小の元疎開学童から連絡があった。世田谷区下馬の太田幸子さんだ。四月一日に、太田さんの家を訪ねた。

「私は八月十二日の出発のときは具合を悪くしていて、第二次で行ったのです。富貴之湯でした。ここは女子ばかりでしたね」

東大原校は浅間温泉の七つの旅館に分かれて疎開していた。彼女が口にした名は知りたいと思っていた旅館である。

「特攻隊のことは、あまり記憶に残っていないんですよ。確か特攻隊の人たちが出ていかれる前の日あたりに壮行会を開いたように思うのです……それから、次の日だったと思うのです。ちょうど寝入りばなだったんです。起こされましてね。兵隊さんたちが挨拶をされたんです。『自分たちはこれから戦場へ行くけど、きっと敵を打ち破って勝ちます。後のことは頼みますよ』というようなことを言われたのは漠然と覚えているんですね。どんな格好をしていたかは覚えていませんね。私たちのところは大部屋でした。その兵隊さんからお菓子をもらったという覚えはあります。少人数の部屋ではその兵隊さんと仲良くなったということはあるみたいです」

その太田幸子さんは疎開時の写真を持っていた。その一枚に富貴之湯の特攻兵と東大原の女子学童が写っていた。裏には、「昭和二十年二月　浅間温泉疎開地ニ於テ特攻隊ノ兵隊サン達ト」とある。兵士が六人と女児が三十数人ほど写っている。一人は飛行帽と飛行眼鏡を頭に載せている。兵隊たちは若い、特攻隊の連中に違いない。武揚隊なのか、武剋隊なのかは分からない。

「特攻の人たちと一緒に写っているこの写真は全員ではありません。写真を撮るよと言われて集まったのがこの人数なのです。……それで、私が書いた手紙を調べていたら三月二十八日に、富貴之湯の上空を宙返りした特攻機があったんですよ……」

太田幸子さんは分厚いファイルを取り出した。疎開のときの親との往復書簡の全部である。彼女も手紙を書きまくっていた一人だ。浅間温泉には多くの鉛筆戦士がいた。

手紙類は、日付順に整理されている。彼女はそれらの一つ一つを丹念に調べたようだ。その中に三月の記録があった。三十日に「世田谷区北沢三ノ八九三」の実家に手紙を送っている。疎開日記の形で手紙が書かれていた。


三月二十六日(月)今日は久しぶりで九時から座学をした。私達は書取をした。午後はお八つにうすやきが出た。それを持って桜ヶ丘にのぼった。夜体重をはかった。

三月二十七日（火）今日は朝から山をいくつもこえて山の向ふのみさやまといふ所へ行った。かへりは平な道を通ってかへったのでらくだった。

三月二十八日（水）今日は午前中整理整頓があって荷物をきちんとした。午後吉原さんが飛行機で富貴の湯の上を飛んだ。ちゅうかへりもした。

三月二十九日（木）今日は食事の後で映画に行く人を調べた。私も行く事にした。午後佐藤寮母につれられて行った。とてもおもしろかった。日記終

自分が知りたいと思っていたことがここに書かれていた。富貴之湯の旅館の上で特攻隊の吉原さんが宙返り飛行をした。日常の出来事として綴《つづ》られている。「吉原さん」という言い方は、顔見知りの間柄だということだろう。その彼が子どもたちを驚かせようと曲芸飛行をした。これが二十八日、この翌日が松本高女の卒業式だ。吉原さんが属する特攻隊の連中が卒業祝賀飛行を試みたのだろうか？

特攻機が富貴之湯の上を飛んだことをよく覚えている人がいるということを太田幸子さんから聞いた。中野区南台《みなみだい》に住んでいる秋元佳子さんである。さっそくに電話をかけて話を聞いた。

「山本中尉という方がおられてこの方が隊長さんでした。厳しい人で部下には、『心が後に残ってはいけないから、子どもたちとあんまり親しくするな』と言っておられました。長谷川少尉さんという方がおられました。丸顔で、私たちには人気のある人だったですね。あるとき私たちが上空を飛んで見せてとせがんだんですよ。それで『じゃあ飛んでやろう』ということになったので私たちは旅館の屋上のもの干し場で待っていたんです。そしたら桜ヶ丘の方から低空で飛行機が飛んできて旅館の上を旋回したんです。それで物干し竿《ざお》に風呂敷を巻いたものを振ったんですよ。もうお顔が見えるぐらいの低空で飛んで来たんですよ。羽を左右に振って合図していましたよ。ところが、帰ってきてから『しぼられちゃったよ』と言っていました。山本中尉さんに怒られたのですね」

彼女の電話での肉声が当時の様子をありあり浮かび上がらせる。

「……太田幸子さんは大部屋にいましたけど、私たちは玄関上の二階の小部屋だったから長谷川さんも来やすかったんでしょうね。キャラメルとかのお菓子をもらいましたよ。それから勉強も見てもらいました。そうそう算数なんかすらすらとけちゃうんですよ。……でもね、私らと長谷川さんとのつきあいが先生方の間で問題になったことがあります。山本中尉も叱っていたと思うのです。それでも長谷川さんはドテラにくるまって、こっそりと来ておられましたね……」

秋元佳子さんの記憶には驚く、微細で、リアルだ。彼女らと接していた兵隊たちの名前が具体的に明かされた。山本中尉、長谷川少尉、そして、ズーズー弁を話していたというエビナ伍長である。武剋隊のメンバーには見あたらない。もう一つの隊の武揚隊ではないだろうかと思った。

「私は、前に疎開のときの思い出を書いて投稿したことがあります。『8月15日の子どもたち』という本に載っています」

秋元さんに教わったその本を、さっそくに図書館に行って調べた。確かにそれはあった。彼女は旧姓の南雲で書いていた。

十一月の終り頃、松本五十連隊の兵隊さんが別館に入って来たのです。もちろん私達はすぐにお友達になれたのです。その方々が特攻隊の、というより大学生のお兄さん、私達の勉強も見てくれました。

毎日松本飛行場に出掛け、夕方、食事の済んだ頃に部屋に遊びに来て、トランプやら故郷のお母さんの話やら、時に上官に内緒でキャラメルやらお菓子とかそっと手ににぎらせてくれました。

彼女から聞いたことがここには書かれていた。浅間温泉の近くに松本五十連隊があって温泉に多くの兵隊が出入りしていたことは事実だ。しかし、特攻隊はこの隊とは無関係だ。武剋隊や武揚隊は二月から三月にかけての滞在である。期日、及び部隊名は記憶違いだろう。が、特攻隊の印象、彼らの生活の様子については間違いのないことだ。

血判の日の丸

太田幸子さんが所持していた写真から思いがけないことが分かった。この複写を武剋隊の遺族に田中幸子さんが送ったところ二人の名前が判明した。一人は時枝宏軍曹であり、もう一人は古屋《ふるや》吾朗《ごろう》伍長である。前者は妹さんが、後者は弟さんが確認したという。鮮明に写った遺影を見て思いを新たにしたと聞いた。仏壇に掲げたという。

写真発見が機縁となって四月の末に、古屋吾朗伍長の弟、古屋七郎さんのお宅に話を伺いに行くことができた。居住地は世田谷区下馬、写真が眠っていた太田幸子さんの家から遠くない、間に特攻観音堂（世田谷観音）を挟んでの至近距離にあった。

「浅間温泉に兄がいるときに、札幌の自宅に軍から連絡があり両親でそろって来てほしいということでした。前の年に父が亡くなったものですから、長男とお袋とが浅間温泉に行ったのですよ。そのときに長兄だけが、隊長のいる別の旅館に呼び出されたんですね。隊長がこれから特攻に行くということを話されました。そのときに隊長と吾朗兄とが小指にカミソリで傷をつけて白い鉢巻きに血でもって日の丸を描いたんですよ。それに隊長が墨で武剋隊と入れたのです。それを二枚作って、一枚を長兄にくれたんです。特攻に行くということはお母さんには話さないでくれと言われました。それで札幌に着いたときに、大本営発表があって、兄は弟が逝ったことを知ったんですよ……」

古屋伍長は、武剋隊の第二陣である。これを率いていたのは結城《ゆうき》尚弼《なおすけ》少尉だ。この彼をテーマにした『特攻に散った朝鮮人』という本がある。ここには、こうある。


　四月三日、結城少尉と一緒に新田原を飛び立ったのは、幹部候補生出身の小林勇少尉、予備士官出身の時枝宏軍曹、少年飛行兵十四期の古屋五郎伍長、同じく十五期の佐藤正伍長、佐藤英実伍長で、計六名だった。武剋隊十五名のうちに、少年飛行兵出身者は四名だが、結城少尉率いる五名のうち三名までが、少年飛行兵出身である。


古屋吾朗伍長は、他の五名と特攻出撃し亡くなっている。その命日は、昭和二十年四月三日である。

古屋伍長は梅の湯にいた。将校は、目之湯に泊まっている。同著に「目之湯旅館には、廣森中尉、林少尉、小林少尉、清宗少尉、結城少尉の五人の将校が泊まった」とある。ゆえに血判日の丸を描いたのはこの旅館でのことだろう。話から伺われる気合いといい人柄といい、その人は隊長の廣森達郎中尉だと思われる。

古屋七郎さんは、縁《ゆかり》の品を二つ出してこられた。一つは、精巧に造られた「九九式襲撃機」の模型だ。武剋隊乗機のこの形を目にするのは初めてだった。複座機で、その両翼に塗られた日の丸が目に鮮やかだった。知人が造ってくれたものだという。

もう一つは、古屋伍長の「六郎、七郎君」宛ての手紙である。その日付は、「昭和二十年三月二十四日」となっている。浅間温泉から出したものだ。「未だ高地に居る。何しろ天候と機械とを相手故延びて終つた。然し明日は全機出動だ。高地は山に囲まれた土地であるが暖かになりつつある。日本アルプスの連峯にも雪が去り出した。桜も咲き出しそうに芽が大きくなつて居る」と出撃が差し迫っていることを記している。そのためか二十一日に「松本市弥生町坂田写真館」で記念写真を撮って家に送ったとも述べている。今後の予定として「亦、九州新田原で暇があったら便りを出す」と書いている。

手紙の三枚目は辞世の句である。

無駄には投ぜじ　此の命
敵艦頭上に　笑みて投ぜん
何の憂なし　若桜
日本晴れの　体當り
兄作

「何の憂なし若桜」というその彼はこのとき十八歳であった。

「満州国皇帝から戴いたという恩賜のタバコですか。それは家にも送ってきました。その包みの色ですか。黄色です、黄色でした」

「やっぱり、黄色だったんですか」

満州新京で編成された武剋隊、このときに皇帝に謁見している。下賜されたのがタバコだった。立川裕子さんが今西修軍曹に揮毫《きごう》してもらったのがそれを包んだ布きれだった。黄色の絹である。色と話とが符合する。

「浅間温泉の旅館で、兄の長靴が盗まれたことがあって騒ぎになったと聞きましたよ。『特攻兵士の長靴を盗むのは郷土の恥』みたいなことが新聞に載ったみたいなことを聞いたことがあるんですよ……兄は弟思いでしたね。兄は五男です。私は七男ですから七郎。かわいがられました。お小遣いなんか自分で使わないで私にくれたんですよ。飛行兵のお菓子は操縦しているときに眠気覚ましなるようにハッカが入っていました。朝鮮《ちょうせん》、満州などからそれを送ってくれました。あるとき箱は着いたんですよ。ところが中身は空っぽでした。箱の隅に穴が開けられていて誰かが運ぶ途中に盗み食いしたんでしょう」

弟の兄に対する思い出は尽きない。

「特攻観音のあることを知らないでここに家を建てたんですけど、直《す》ぐ近くでした。縁を感じましたね。ここで行われる年次法要のときのことです。そのときにそれぞれ名札をつけていたのです。これを見て呼びかけてきた人がいるのです。満州にいたときの吾朗についていた整備兵だったんですよ。『お兄さんは時計を持っていらしたんですけど、私は頼まれたのですよ。日本に帰ったときはこの時計を弟に渡してくれと言われまして、それを預かったんですよ。ところがしばらく経って取り返しにこられました。隊に帰って話をしたら、古屋お前は生きて帰ろうと思っているのかと仲間に言われたそうなんですよ。それを渡せなくて残念です』と言っておられました……」

特攻隊の隊員は古屋吾朗伍長の弟思いを知らなかった。「こいつ生還して帰って弟から時計を取り戻す気でいるのだ」と誤解したようである。

太田幸子さんが持っていた写真が機縁となって古屋七郎さんから話を伺うことができた。この写真には時枝宏軍曹も写っている。六名のうち二名が武剋隊だ、すると残り四名も同じ隊員ではないかと類推される。人数も後発部隊の数と一致する。武剋隊に間違いないだろう。四人のうち二人は将校だ。結城尚弼少尉であり、小林勇少尉であるはずだが。

富貴之湯の特攻隊

記念写真に写っている兵士は武剋隊だと推理された。ところが、太田幸子さんや秋元佳子さんが覚えている名前はメンバーの中にはない。彼女らが覚えているエピソードはもう一つの隊の、武揚隊ではないかと推測できた。このことを田中幸子さんに話したら、彼女が、「知覧特攻平和会館」から武揚隊の資料を取り寄せてくれた。それが四月末になって届いた。

特攻隊、各隊の来歴を記したものだ。既に「誠第32飛行隊（武剋隊）」の記録は持っていた。届いたのは、「誠第31飛行隊（武揚隊）九九襲」と見出しにあるものだ。昭和二十年二月十日満州新京で武剋隊とともに編成された特攻隊だ。「九九襲」は、彼らの乗機、単発、複座の九九式襲撃機だ。

資料を見ていくと、「あった！」、思わず声を上げた。山本薫中尉、長谷川信少尉、吉原香軍曹、海老根重信伍長である。

富貴之湯に滞在していて、東大原国民学校の女子学童とふれ合っていたのは武揚隊であった。秋元佳子さんの記憶では、彼らが発《た》って行く前に、壮行会が開かれ、そこで歌われていた歌があったという。その幾つかの、フレーズを彼女は覚えていた。「飛行服脱げば、かわいい皆さんのお人形」とか、「皆さんの人形乗せて、私しゃ征きます○○へ」とか、「私しゃ行きます富貴の湯へ」などという文句だ。それは女子学童への情愛と浅間温泉への郷愁に溢《あふ》れていた。荒鷲とは思えない、直情的な感情のほとばしりが、それらの歌の断片に感じられた。

「よく覚えておられますね。それは記録としても大事ですね。是非全部を思い出してください。そして、私に送って頂けませんか」

そのようにお願いしていた。秋元さんは同意してくれていたが、それはなかなか来なかった。

武揚隊と学童の歌

六月、梅雨に入ってようやく手紙が届いた。秋元佳子さんからだ。「桜の頃に電話を頂いてもう梅雨の時期になりました。遅くなりましたが歌詞をお送り致します」とあって、別紙にそれが記されていた。冒頭には「昭和20年3月、この唄は特攻隊兵士の壮行会で兵士達が疎開児童（世田谷区立東大原国民学校）へ贈りました。長野県浅間温泉富貴之湯の大広間にて」と説明があって、歌詞が次のように書かれていた。

1. 広い飛行場に黄昏れ迫る
今日の飛行も無事済んで
塵にまみれた飛行服脱げば
かわいい皆さんのお人形

2. 明日はお発ちか松本飛行場
さぁっと飛び立つ我が愛機
かわいいみなさんの人形乗せて
わたしゃ行きます〇〇へ

3. 世界平和が来ましたならば
いとしなつかし日の本へ
帰りゃまっさき浅間をめがけ
わたしゃ行きます富貴の湯へ

またこの歌は同時に疎開児童から特攻隊兵士へ贈りました。

白い雲湧く鉢伏山の
峰の高さに目を上げりゃ
きらり光つた「いで雪」越して
母の瞳のなつかしや

武揚隊の松本滞在は、四十日あまりだった。彼らの中で詩心を持った誰かがいて、この間に作詞をしたものだろう。語調や響きに切ない哀愁が漂っている。松本浅間温泉を去り難く思っている彼らの心情がここに率直に歌に歌われている。この富貴之湯にいたのは女子ばかりだった。都会育ちの女児たちは実際に愛くるしくお人形のようにかわいい。彼らは、操縦席に「かわいいみなさんの人形乗せて」行きたいと歌った。愛らしいあなた方を連れて行きたいが、それは叶《かな》わないので、せめて代わりの人形を乗せて行きたい。
特攻兵は九州の各基地から飛び立つ直前に、多くが遺書を書いた。特攻への熱い熱い決意が「御楯《みたて》となって散る」、「鉄艦屠《ほふ》らん」などと書かれている。が、この歌詞には勇躍する言葉はなく、個別の心情が熱くほとばしっている。

末尾に添えられていた疎開学童が贈ったという歌は大人の手が加えられたものだ。引率の先生が作詞したのかもしれない。鉢伏山《はちぶせ》は、浅間温泉の南東に聳《そび》える山だ。雪に光る山並みの向こうに飛び去っていった特攻機への哀愁を言うものであろうか?

六十五年が経過しているのにこれを覚えているという秋元佳子さんの記憶力にも驚かされる。富貴之湯の大広間で、女子学童を前に彼らは懸命に声を張り上げて歌った。そのときの思いが強くあって忘れないで覚えていたのだろう。

浅間温泉、富貴之湯で、彼女らに強い印象を残していた武揚隊のことは気にかかってはいた。十五名のうち、特攻攻撃をした者は、六名だった。後はどうしたのだろうか?

時間が経っていくさまを北原白秋は、「時は逝く、何時知らず柔らかに影してぞゆく」(『思ひ出』)と述べている。気づかないうちに物事はそっと変化していく。手紙を通してすっかり慣れ親しんでいたのは立川裕子さんだ。その彼女が三月二十日に亡くなっていたことを知った。鉛筆部隊の話が日の目を見ることを心待ちにしていたのに……。

その彼女が目黒の羅漢寺に葬られていることを聞いて墓参りに行った。父の繁さんと一緒に眠っていた。その墓前に私は手を合わせた。彼女に揮毫《きごう》した今西軍曹や大平伍長が思い出された。若い特攻兵にかわいがられた彼女も逝ってしまった。位牌《いはい》を見ているうちに思いが湧いてきた。鉛筆部隊の子どもの一人が七十六年の命を生きた。年老い、病を患い、そして亡くなった。末期までの慌ただしい中で彼女の手紙が偶然に拾われた。これによって鉛筆部隊の存在が明らかになった。のみならず、子どもらとふれ合っていた特攻隊のことも分かってきた。武剋隊や武揚隊である。松本浅間温泉に滞在していた彼らのことをあぶり出す結果ともなった。

しかし、この特攻隊のことについて、資料的に十分に分かっていたかというと、そうではない。この二隊は満州、新京で編成された特攻隊だ。武剋隊の場合は、緒戦で「十機よく十艦を屠《ほふ》る」という華々しい戦果も挙げ、「十五機十五名すべて突入戦死」している。そのために戦史などには記録が多く見出される。一方、武揚隊の場合は少ない。特攻戦死の記録があるのは六名だけである。その彼らはどうなったのだろうか？　行く末が気になっていた。

物語エピソード　富貴之湯での壮行会の歌

特攻兵が浅間温泉「富貴之湯」の壮行会で歌った歌は極めて特異である。滅私奉公、自身の命は国家に捧げて個別は省みないという役目を負っていた彼らがそれとは対極にある歌を歌っていた。彼らがお人形のように可愛い女児への思いを叫び、また強く平和を希求していたことがこれから窺える。なぜこの歌詞を覚えていたのか非常に興味深く思っていた。秋元佳子さんにその事情を聞く機会があった。分かったことは彼女は過去事象のエンサイクロペディアだった。話をしていると友人知人の名前、また歌の歌詞などが次々とあふれ出て出てくる。その記憶力には驚嘆したことだ。彼女はこんな証言もしてくれた。

「壮行会で特攻兵が歌った一節で覚えているのは『きらら飛行帽に菜の花挿して空は男の征《い》くところ』ですね。他にも『桃太郎』を歌っていました。『昔、昔、その昔、爺さんと婆さんがあったとさ……よいやさー、来たさー、爺さんは山に柴刈りに、婆さんは川に洗濯に……ここでまた『よいやさー、来たさー』と掛け声を互いに掛け合うのですよ。また別の歌もあって、兵隊さんが『前から来るやつは上手投げ、後ろから来るやつは背負い投げ、よいやさー、来たさー』と歌うと、私達が『よいやさー、来たさー』と声を張り上げていました。この『よいやさー、来たさー』は兵隊さんが居なくなっても流行っていましたね。それと、ズーズー弁の海老根伍長が歌ったのを覚えていますね。『八紘一宇《はっこういちう》の八重一重』という歌がありましてね、『明日は初陣、軍刀を月にかざせば散る桜、征きて咲け桜花、八紘一宇の八重桜』という歌詞です。そこのところ征きて咲けなのに、えけて咲けとなって、そして、八紘一宇の八重桜も、はっこうえちうの八重桜となるんですよ。みんな笑っていましたね」

「富貴之湯の舞台は一段と高くなっていて兵隊さん（武揚隊）が並んで、歌っていました。私達は、それを聞いてときどき、合いの手を入れたり、掛け声を掛けたりしました。忘れられない場面です……」

第四章　特攻隊

長谷川信肖像写真
（わだつみのこえ記念館蔵）

猪苗代湖畔に建つ「長谷川信 碑」

『きけ わだつみのこえ』

この武揚隊の行方への関心が思いがけない発見に結びついた。それは八月末のことだった。戦争記録を調べようと図書館に立ち寄ったときに、書棚にあった戦没学生の手記、『きけ わだつみのこえ』を手にした。この書の存在は知っていた。が、私は天のじゃくである。人が皆読むものは読まない。「きけ」という命令形にも抵抗があった。「わだつみのこえ」は聞きたくないという思いである。特攻賛美が描かれているのではないかという先入観もあった。が、このときは何かの手掛かりがつかめるかもしれないと思って借りた。ところが、読んでいくうちに引き込まれてしまった。死を前にして苦闘する若い彼らの叫びや怨念が綴られていた。

その一つに、私を突き刺してくる評語があった。戦争の本質、人間の本性を鋭く衝いている言葉だ。この手記の最末尾にはこうあった。

人間は、人間がこの世を創《つく》った時以来、少しも進歩していないのだ。
今次の戦争には、もはや正義云々《うんぬん》の問題はなく、ただただ民族間の憎悪の爆発あるのみだ。
敵対し合う民族は各々《おのおの》その滅亡まで戦を止めることはないであろう。
恐しき哉《かな》、浅ましき哉《かな》
人類よ、猿の親類よ。

（『新版 きけ わだつみのこえ』岩波文庫より引用）

一読して、言葉の鉄槌《てっつい》を喰《く》らった。憤怒《ふんぬ》が行間からあふれて読み手に迫ってくる。書き手は長谷川信少尉だった。その彼が昭和二十年一月十八日に記した手記だ。読むときに誰という疑問もなく読んでいて、読み終わってふと気になった。ページを戻すと、手記冒頭に注があった。「昭和二十年四月十二日武揚隊特別攻撃隊員として沖縄にて戦死、陸軍少尉、二十三歳」とあった。武揚隊隊員とあることに驚いた。

私は、手元資料の「誠第31飛行隊（武揚隊）」を見た。すると「二〇年四月十二日長谷川信少尉（大正十二年四月十二日福島生）……以上三名上海より台湾へ前進中、与那国島で交戦戦死」とある。松本浅間温泉にいた長谷川信少尉のようである。秋元佳子さんらが頼んで富貴之湯上空を低空飛行してくれと言ったら、それに応えてくれたという彼だ。

しかし、秋元佳子さんに聞いた長谷川さんと、『きけ　わだつみのこえ』に載っている長谷川信少尉は本当に同じ人物であるのだろうか？　突然湧いてきた大きな疑問である。これをはっきりさせるにはどうしたらいいか？　考えあぐねていた。そんなときに、この本に遺族の住所が載っていることに気づいた。「ワイド版　岩波文庫」の奥付を見ると発刊は一九九四年となっていた。もう大分時間が経過している。それでもと思って、この会津若松《あいづわかまつ》の住所を頼りに、電話番号案内にかけてみた。すると、係の女性は、名前が違うが同住所に「長谷川姓」の方が住んでいると教えてくれた。

恐る恐る電話をかけると通じた。ご遺族の甥御《おいご》さんだった。私はその方に二つ質問をした。一つは手記の他の部分は残っているかということだ。手記は一部しか掲載されていない。もしかしたら富貴之湯滞在時の思いなどが載っているかもしれないと思ったからだ。応対された甥御さんの返答では、関係資料については両国国技館の側《そば》にある「わだつみのこえ記念館」に寄贈したとのことだった。もう一つは、親御さんが浅間温泉に最後の別れに行っていなかったかということである。はっきりとは覚えていないが浅間に行ったようなことは聞いていますという返答だった。

「記念館」にはさっそくに電話をした。が、通じない。それで、長谷川信に関してのこれまでの調べの経緯を記し、彼に関する資料にどんなものがあるのかを手紙で問い合わせた。すると数日経って、高橋武智館長から丁寧なお手紙を頂いた。数点に亘《わた》って、資料を保管しているとのことだった。私はさっそくにここを訪れることにした。

わだつみのこえ記念館

九月二十二日、本郷東大赤門前近くの「わだつみのこえ記念館」を訪れた。

「ああ、両国というのは、きっと江戸東京博物館のことでしょう。毎年、『戦没学生遺稿展』を行っていますからね。手記はこの館にはないのですよ。つい先だって、ご遺族の方に連絡を差し上げたところ新しいものが出てきたというのですけどね。それが手記だとするといいんですけどね……」

「わだつみのこえ記念館」館長の高橋武智氏が応対してくださった。関係の資料は既に数点用意されてあった。中でも記述の丹念さに驚いたのは、『明治学院百年史』である。長谷川信は明治学院からの学徒出陣兵だ。この「第六章　学徒出陣と明治学院」は、彼の生い立ちや思想遍歴などを中心に百ページも割いてあり、その末尾には、「この悲劇を抜きにして明治学院百年史を論ずることはできない」と記されていた。

「二階の展示室には、彼の手紙とか写真とかが展示してありますよ」

高橋館長に言われて、二階へ上がるとそれはあった。柔らかな字体が彼の人柄を想像させた。どうやら手紙は女性に宛てたもののようだった。

写真は、他の戦没学生のものと一緒に壁に飾ってあった。手記からは神経質で悲憤に満ちた顔を想像していた。が、写真はまるで違っていた。穏やかで優しい顔立ちの、着物姿の青年が写っていた。「この写真を秋元さんに見てもらえば本人かどうか確認できる」と思いついて、私は高橋館長に写真撮影の許可を得て撮らせてもらった。

家に帰って、さっそくに写真を印刷した。手紙を添えて秋元佳子さんに送った。富貴之湯にいた学童たちと仲良くなった長谷川と、記念館に飾ってあった長谷川信少尉とが一致すれば、埋もれていた史実が日の目を見ることになる、返事が待たれた。

『明治学院百年史』

「記念館」で複写してきた『明治学院百年史』は、長谷川信の生い立ちから特攻にいたるまでが克明に書かれていた。執筆者は熱意を持って丹念に資料に当たっている。彼の手記に関する記述があったが「長谷川の日記」は、週刊誌発行元のK社に貸し出されたまま「現在行方不明」となっているとのことだ。これは「記念館」でも聞かされたことだった。

『百年史』は彼の浅間温泉滞在、そして旅館名について明確に触れている。

二月下旬には長野県松本に到着、以後約四十日をそこで過ごした。信たちが宿泊したのは浅間温泉「富貴湯」旅館であった。

この待機の期間に、当時の例にならって、信の最後の帰郷が許されている。三月（二十年）の初めの頃と思われるが、かれは当時結婚することが決まっていた妹ヒロへの祝いの品を携えて会津若松の家に帰った。

武揚隊　長谷川　信　少尉

武剋隊が新京から松本飛行場に着いたのは二月二十日だ。兄弟部隊の武揚隊もほぼ同じ頃に着いたと思われる。そして、四月三日に新田原を出撃した武剋隊後発部隊を武揚隊の五来軍曹が見送っている。この経過からすると武揚隊は三月末日には松本飛行場を発ったと思われる。信たちの浅間滞在は確かに四十日ほどとなる。この間に、長谷川信は会津若松に帰郷している。『百年史』は、更に母親のシゲが後を追って松本飛行場まで来たと述べ、「結局信にあうことができず、ただかれが泊まっていた宿の人から、他の飛行隊員が酒と女で楽しんでいる間も、かれが静かに近所の子供たちを相手に遊んでやっていたという話しを聞いたとのことである」と記述している。この子どもたちこそ浅間温泉富貴之湯の東大原国民学校の女児に他ならない。特に玄関上の小部屋にいた秋元佳子さんを始めとする数名とは親しかった。これを知って一層に、秋元さんからの連絡が待たれた。そして、待ちに待った返答が手紙を出してから四日後にあった。

「最初は、分からなかったんですよ。でもね、写真を見ているうちに口元だとか、目元なんかになんか覚えがあるんです……何か、ジグソーパズルがどんどん解けていくような感じでした……」

富貴之湯にいたとき彼は二十二歳だ。が、写真はもう一回り若い、童顔である。

「それで、見ているうちに、私の記憶も戻ってきたんです。ああ、これ、これこの人だった。丸顔で優しい目をしていた。ああ、この人だった！」

これを聞いて、彼女が言っていた長谷川さんと手記にある長谷川信少尉とが重なった。目鼻立ちのはっきりしなかった像が結ばれて彼がにわかに具体的存在となった。

「私たちは、旅館の二階の小部屋にいました。みなとても彼になついていました。当時、国民学校五年生、みんな子どもですよ。だけど人によってませていたり、そうでなかったりってあるでしょう。この写真が来てから思い出すことがあったのですよ。Sさんという方でこの長谷川さんの写真を持っていたはずですよ。それで電話をかけてみたんですよ。経堂に住んでおられて前に行ったこともあります。そしたら、今取り込み中だと言われたんですよ。病院に入っていてもう危ないみたいなことを家族の方が言っておられましたね……このSさんという人、長谷川さんを好きだったんです。どういうわけか富貴之湯に見えたお母さんに会っているんです。彼女前に言っていましたね。長谷川さんが初恋の人だっていうことを……」

秋元佳子さんは、ジグソーパズルのピースがだんだんに当てはまっていくに連れ、当時の思い出が次々に蘇《よみがえ》ってきたようだ。

「山本中尉さんが隊長でした。下の学年の四年の女の子が、遊んでくれるものと思って、『勉強なんかしないで遊ぼうよ』と寄っていったら、『こんな非常時にとんでもないことを言う』と叱りながらその子に往復ビンタを食わせたことがありましたね」

武揚隊の山本薫中尉、彼は陸士五十六期生のプロフェッショナルである。子どもたちに情が移るからあまり親しくするなと長谷川少尉には注意していた。

「山本さんは、隊長らしく武骨な人で、ごつごつした身体つきをしていました。長谷川さんは反対に、穏やかで、優しい雰囲気がありましたね……この写真を見て思い出したことがあるんですよ。ほら、飛行機の操縦士というのは首に白いマフラーを巻いているでしょう。いつでしたか、長谷川さんが部屋に来られたときにそれを巻いているんですよ。その隅っこの方に赤い糸が見えたので見せてもらうと、『長谷川』と漢字で刺繍《ししゅう》がしてあったんですよ。『お袋が縫ってくれたんだ』と恥ずかしそうに言っていましたね……長谷川さんが私たちの部屋にこられるときはどてら姿でしたね。それでも一度ですが、飛行服を着たままで来られたときがありましたね。いつもとは違って見違えるようでした……不思議なもので、写真を見ていると、だんだんに当時が思い出されてきますね。よく遊んでもらいましたよ。桜ヶ丘の山道脇の清水《しみず》が凍っているところへ行って、スケートをしました。私たちはゲタを履いて、長谷川さんは軍靴を履いておられましたね。ああ、そういえば、そうそう、こんなことがありました……ほら、兵隊さんたちは、すれ違うときに敬礼をするでしょう。私たちは長谷川さんの腕にぶら下がって道を歩いていたんですよ。そのときに大部屋の子を引き連れた海老根伍長が向こうからやってきたんです。彼が子どもの手をふりほどいて敬礼したんですよ。すると、長谷川さんは『いいよ、いいよ、こんなときは敬礼しなくていいんだよ』と彼に言っていました」

秋元佳子さんは、多くのエピソードを覚えていた。彼の優しい面ばかりだ。長谷川信の手記からは伺えないものである。が、子どもが腕にぶら下がっているときは欠礼してもかまわないというのは彼独自の考えだ。手記と実像とが重なっていくように思えた。

「私が書いた『8月15日の子どもたち』の文章は、もっと長かったのです。大分削られてしまったんですね。そこに書いたのはあれは長谷川信さんのことだったんですよ」

私は複数の特攻兵のことを書いたと思っていたが、そうではないという。そのことを聞いて、彼女にとっては忘れられない存在だったことを知った。富貴之湯の大広間で武揚隊は、彼女らを恋慕う歌を、あらん限りの声で歌った。その壮行会での長谷川信少尉の姿は光って見えたものだろう。

私は改めて歌詞を見てみた。「浅間温泉望郷の歌」（名がないので私がつけた）だ。二番には「明日はお発ちか松本飛行場」とある、日を置かず即興的に創られたものだろう。富貴之湯への郷愁と女児たちへの熱い思いが詞《ことば》に織り込まれている。これを短時間で編み上げられる者はそう多くはなかったように思われる。彼らの多くは、航養（航空養成所）や少飛（少年飛行兵学校）出身の若者がほとんどだ。そういう中で出陣学徒の特操（特別操縦見習士官）の長谷川信は際だった言語感性を身につけていた。

昭和二十年一月二日の手記は「ただ一人生れ、死ぬるもただ一人」に始まり、「弱きもの、哀れなるもの、汝の名は人類」と結んでいる。一例を出したが彼の手記の全体の表現は、詩的であり、韻文的である。

また、昭和十九年四月二十六日には「俺は、人間、特に現代日本人の人間性に絶望を感じている。恐らく今の人間ほど神から遠くかけはなれた時代はないと思う」と率直で鋭い社会批判をしている。手記に漏らされているこの本音は歌詞からも伺える。自己を滅して悠久の大義に生きるとされる彼らである。が、ここに歌われているのは疎開女児たちへの熱い恋情であり、慕情である。そんなところから、もしかしたら作詞者として彼が関わったのではないかと思った。

第八飛行師団

浅間温泉に滞在していたのは武剋隊と武揚隊だ。昭和二十年二月十日、大本営の命を受けて満州新京の第二航空軍で、特攻隊四隊が編成された。このうちの二隊が飛来してきた。

満州新京で編成された特攻隊がなぜ松本飛行場に飛来してきたのか。『戦史叢書』にはその経緯が書かれている。「大本営陸軍部は二月六日、近く予期される敵の東シナ海周辺要域の来航に備え、これに対する航空作戦要領を各方面に指示したが、その要点は次のとおりだった」とあり、関東軍を含む「航空機部隊ヲ夫々他軍司令官ノ指揮下ニ入ラシムベシ」と指令している。米軍の日本本土への攻撃の危険性が高まっている。ゆえにこの阻止に当たる第八飛行師団の指揮下に航空機部隊を入れよとの命令だ。武揚隊は誠第三十一、武剋隊は誠三十二というように「誠」が付与されているが、これは第八飛行師団の通称号である。

この師団の司令部は台北にあり、南西諸島の航空作戦を担当していた。そのために武揚隊、武剋隊を含む第二航空軍で編成された特攻隊は、「当初全部臺湾に前進させる計画」だったという。普通に考えれば、満州新京からならば台北へ直行させればいいと思う。が、飛行機は、機器を取り外したり、付け替えたりして、特攻機用に改装する必要があった。これを爆装という。武剋隊も武揚隊も当初、「岐阜の航空廠」各務原で行う予定だった。

満州新京から各務原へ、そしてまた、松本へ、なぜ彼らが飛来してきたのだろうか。特攻のことについては分からないことが多くあった。

「特攻のことについては、知覧特攻平和会館の初代館長の板津忠正さんに聞くと分かりますよ」

田中幸子さんは板津氏のことをよく知っていた。それで彼女に電話番号を教わってかけた。

「今野、嶋田、時枝、出戸などと同じ米子の航空隊乗員養成所の十四期生です……それだけに関心が深く代沢小、金子町子校長時代に訪れて伺ったことがあります」

元特攻兵士であった氏は全国の遺族を隈《くま》なく巡って、仏壇やお墓にお参りしては霊を弔った。そして、彼らの記録を後世に残そうと、遺影や遺書などを集められた。よく知られている事実だ。その過程で学童と特攻兵たちが一緒に写っているものを見つけられた。ところがどこで撮ったものか分からない。それを三十年の長きに亘って探していて、ようやく代沢小学童だと分かり、鉛筆部隊の母校を訪ねられたようだ。

「特攻兵と学童とのふれ合いはあまり例がないです」

板津氏は言われた。これを知って私は手持ちの、学童と特攻兵の交流を示す写真を送った。今西修軍曹と大平定雄伍長が立川裕子さんに贈った言葉である。二人の遺筆である。

するとすぐに返事がきた。「双方とも初めて拝見するもの」「知覧にも無い貴重な資料」だとあった。そして次のようなことが記されていた。

通常特攻隊は武剋隊の様な行動は他には皆無。多くは原隊から知覧、万世へ、そして三角兵舎にて二、三泊して出撃なされたものです。

小犬をだいた五人の少年兵の第七十二振武隊、そして誠三十二飛行隊の二隊は一般住民や学童等と交流する事となり学期間で最高の幸を得て散ってゆかれたと語る人もありました。

その双方の機種は九九式襲撃機で岐阜の川崎航空機製作所で造られた飛行機で戦闘機の隊は随分整備が行き届かず苦労なされたと思います。

「小犬をだいた五人の少年兵」は、特攻隊を象徴する写真としてつとに知られている。犬を抱いた一人の少年兵を中心に飛行帽を被った彼らが写真に収まっている。皆笑顔を湛《たた》えている。九州佐賀の目達原基地で出撃までの一時を過ごした。そのときに住民や学童とふれ合ったようだ。これが極めてまれな例だということを知った。それが第七十二振武隊と武剋隊だ。これにもう一つ武揚隊が加わると思った。

板津氏の、この証言は貴重である。が、文脈の中で「学期間の最高の幸」がよく分からず、問い合わせの手紙を出した。すると丁寧な返事を頂いた。

誠第三十二飛行隊にしても岐阜県各務原飛行場に着陸した日、その際米軍の爆撃によって名古屋上空が真っ赤に、これは危険と判断し松本飛行場に転進、浅間温泉にて代沢國民学校生徒との交流があり一緒に学習したり写真に写ったり考え様によっては生きていて学んだ期間で最高の幸であったと的確ではないがこの文字を使用したものです。

また九九式襲撃機は当時から安定性があり私達戦斗機乗りには羨ましがられた機です。爆弾搭載整備するには当然な事だと思います。

誠第三十二飛行隊・武剋隊、誠第三十一飛行隊・武揚隊は、危難を避けて各務原から松本飛行場に飛来してきた。そのことによって浅間温泉に疎開していた学童と出会った。特攻出撃を目前に控えた彼らと子どもたちのふれ合いのエピソードには歌があり、笑顔があり、喜びがあった。青年たちには、境涯において最高の幸せの時間だった。確かに氏が改めて言い直された通りだった。が、他にも重要な指摘がある。

九九式襲撃機

かねてから疑問に思っていたことへの明解な説明である。満州新京で編成された特攻四隊のうち武剋隊と武揚隊のみが各務原へ飛来してきている。それはなぜかということだ。手紙ではこの点も問い合わせていた。

特攻四隊のうち扶揺隊は九七式戦闘機で、蒼龍《そうりゅう》隊は一式戦闘機、隼《はやぶさ》だった。残りの二隊の九九式襲撃機は、昭和十四年（一九三九）に制式採用されている。航空機としては既に中古だ。部品などの調達に困難があったのかもしれない。それゆえに造られたところへ戻る必要があって各務原に来たのではないかと思っていた。この点について単刀直入に、「先ず第七十二振武隊は爆弾を搭載する整備に機を製作した川崎航空機製作所へ飛んできたと思われます」とあった。第七十二振武隊、そして武剋隊、武揚隊も機種は同じ九九式襲撃機であった。この文面、今津氏は間違いがあってはならないということから「思われる」と書かれている。調べると同機の製作所は三菱であった。各務原には三菱重工業名古屋航空機製作所各務原格納庫や陸軍航空廠があった。これらの工場へ戻ってきて爆装改修を行う予定だった。機種が機縁を作ったとも言える。ところが折あしく武剋隊、武揚隊ともに米軍の名古屋空襲に出会ってしまった。

彼らの乗機九九式襲撃機は複座であった。この後部偵察員席には機の整備員が同乗していた。資料調べの過程で分かったことである。

この、整備の任に当たっていた今野喜代人氏が武剋隊の特攻までの経緯を記した手記を残しておられた。それは『特攻に散った朝鮮人』にも記してある。この場合は、「武剋特攻戦記」と呼んでいる。一方、『開聞岳《かいもんだけ》』（飯尾憲士著・集英社刊）には、そのほぼ全文が載っている。ここでは「手記」としているのでこれに倣《なら》う。

先に、引いた『読谷村史』には二月十日「新京にて特攻隊四隊の編成及集結完了」とあった。翌十一日には、「新京飛行場に於いて特攻隊の命名式」があった。その「配属先は四隊共、第八飛行師団」だとある。各隊それぞれが飛び立つ。

手記によると新京・阜新飛行場を離陸し、平壌、大邱を経由し、九州大刀洗飛行場に向かった。ところが天候の悪化によって宇佐飛行場に一部が着陸し、その他は大刀洗に飛んだ。これが十七日だ。

翌十八日、後続の僚機も到着していましたので、各務原飛行場（岐阜）に向け離陸しました。……中略……岐阜の旅館に泊まって、毎日通いながら整備する予定でしたが、名古屋の空襲が激しく、各務原に累が及ぶのを察した廣森隊長は、長野の松本で爆装をする決心をされ、二十日離陸し、積雪の松本飛行場に降りて、航空分廠に整備を依頼されました。

松本飛行場に武剋隊が移動した理由が明確に述べられている。武揚隊も全く同じ理由だろう。山本薫中尉は各務原での爆装を断念し松本飛行場に飛来してきた。ところがこの爆装には大分手間取った。各務原の航空本廠《ほんしょう》だったら手間取らないが松本の航空分廠では簡単にはいかない、部品の調達が難しかったと思われる。武剋隊が先陣、後陣と分けて飛んだのはこのことによるもののようだ。

廣森隊長は、整備完了した九機で先発すると命令を出しました。小林、結城両少尉以下六機は、後続です。整備班は、伊藤少尉以下六名が後続隊に、先発隊の隊長機には私が同乗、ほか八機にそれぞれ機付整備員が同乗して、三月十八日、三個編隊は松本飛行場を離陸しました。

武剋隊、武揚隊が所属した第八飛行師団は特攻機を台湾に前進させるはずだったが、「連合軍の本格的沖縄上陸の企図がいよいよ顕著となった」ことで三月二十五日に「第八飛行師団命令」を出している。武剋隊、武揚隊に関わる命令は次のようである。

（一）誠第三十一…（中略）…ハ適当ナル誘導機ヲ附シテ上海経由臺北ニ前進セシム
（二）誠第三十二…（中略）…ハ沖縄（中マタハ北）……ニ前進シテ神参謀ノ指揮下ニ入ラシム

この命令に基づき、誠第三十二飛行隊の廣森達郎中尉率いる先陣九機は、三月二十六日に沖縄中飛行場に到着した。そして、神参謀から「翌二十七日払暁の艦船攻撃を命じ」られ、この日に出撃した。『戦史叢書』は、「〇五時五〇分、嘉手納西方海面の米軍船群に対し、地上軍および島民多数観望の眼前で全機体当り攻撃を敢行した。戦果は大型艦轟沈五、同撃破五と報じられた」と記している。翌二十八日の「朝日新聞」には、廣森隊長の統率する特攻機十機が「附近のわが陸上陣地から轟沈確実五隻、撃沈または大破五隻といふ十機、十艦よく屠る尊い戦果が確認された」と報じている。

また、結城尚弼率いる後陣は、アメリカ軍が沖縄本島に上陸して三日目の四月三日、九州から飛び立ち、突撃を敢行している。『戦史叢書』は次のように記している。

新田原の福澤大佐は一日薄暮の攻撃に引き続き、三日、誠第三十二飛行隊（武克隊）の残部である軍偵特攻機六機（結城尚弼少尉ほか）に戦果確認誘導の九七戦一機を付け、上陸点付近の敵戦艦を攻撃させた。この攻撃では巡洋艦一隻轟沈、艦種不詳一隻撃沈、同一隻炎上、火柱二の戦果を報じた。結城少尉は部下を目標上空まで誘導し、その攻撃状況を確認のうえ、沖縄に着陸報告し、爾後再び離陸して自ら特別攻撃を敢行した。

記録上は、結城尚弼少尉は特攻攻撃戦死となっている。が、仲間を誘導して戦果報告のため沖縄の那覇南飛行場に着陸し、再度特攻攻撃したということについては、「たった一例というとんぼ返りの特攻出撃」

と言われて多くの著作でこれが取り上げられている。制空権を米軍に握られているところに戦果確認報告をするための沖縄着陸はあり得ないのではないか？　後陣の隊長は小林勇少尉ではなかったか？　結城尚弼少尉は単独一機になって祖国朝鮮に亡命しようとしたのではないか？　そのような考究がなされていて、真相はいまだに謎である。

一方、台湾への前進を命じられた武揚隊の十五機は、苦難の道をたどった。道のりが長かっただけに危険性は増し、途中で敵に遭遇したり、機の故障で不時着したりもしている。松本出発時は十四機だったようだ。春田正昭伍長は三月九日松本飛行場で訓練中に事故死しているからだ。

松本飛行場からまずは新田原基地に着いた。長谷川信少尉は日記をここから会津若松の両親宛てに送ったと『明治学院百年史』は述べ、こう記している。

部隊はここから熊本県健軍飛行場を経て済州島へ、さらに上海、杭州としだいに目的地台湾に近づいた。しかし戦場に近づけばそれだけ危険は大きい。最後の移動は分散して行うことになり、四月十一日夕刻まず力石少尉を含む第一陣四機が杭州を飛び立ち、無事台湾に到着した。信は第二陣に残されていた。山本隊長以下、信も含めて九機の第二陣は、翌十二日午後五時に出発する予定だった。……（中略）……出発したのは午前五時半

第八飛行師団の命令に基づいての台湾前進だ。危険を避け杭州陸軍飛行場から台湾へは分散移動をした。もともと十四機だったので十二機のはずだがここでは残存は十三機となっている。事故機の一機は、富貴之湯上空で宙返りを見せた吉原香軍曹だと思われる。移動時に不具合があって「済州島ニ不時着」したようだ。当時の資料に、彼が六月十三日付で「第五練習飛行隊付」に異動になっている。不時着時に負傷を

し、隊から離脱したものと思われる。

武揚隊の後陣九機は台湾に向かったが、途中与那国島《よなぐにじま》付近で敵機に遭遇する。このときの戦闘機に中村欽男少尉が乗っていて、攻撃を受け戦闘不能となり不時着した。その彼のメモを『百年史』は載せている。欽男ではなく敏男と記している。その「中村メモ」には、敵グラマン遭遇時の模様が描かれている。

私たちは高度をとる余裕もなかったので、二〇〇〇メートルの高度で応戦、第一回目の攻撃では三機が火を吹いて海上に突っ込んで行った。第二回目の攻撃では私たちの機は高度を保ち攻撃に転じたが、約三倍の敵機と交戦するにはあまりにも劣勢であった。瞬く間に二機が、そしてまた一機と、遂に残るは三機となった。

このときの交戦で、長谷川信は戦死している。残った者は、「平和会館資料」では、「山本薫中尉ほか三名は与那国島付近に不時着。大発で海路台湾へ」とある。大発動機艇で海路台湾に向かい、八塊航空基地へ行ったようだ。残ったのは三名だ。先の四名と合わせると都合七名となった武揚隊残存部隊は特攻攻撃を続けた。八塊からの沖縄特攻である。昭和二十年五月十三日、山本薫中尉、五十嵐栄少尉、柄沢甲子夫伍長、五月十七日、高畑保雄少尉、五来末義軍曹、七月十九日、藤井清美少尉、それぞれが特攻攻撃で戦死している。

「陸軍沖縄戦特別攻撃隊出撃戦死者名簿」に掲載されている「誠第三十一飛行隊」の隊員は六名である。長谷川信はこれには載っていない。田中幸子さんが「知覧特攻平和会館」に問い合わせてくれた。特攻途中の「交戦戦死」は一般戦死扱いだとのことだった。

武剋隊と武揚隊、前者は先に爆装が済んで、早くに突撃した。後者は遅くなって、松本滞在が長引いた。

武揚隊の隊長山本薫中尉は長谷川信に「情が移るから疎開学童の女児とあまり深くつきあうな」と言ったという。この言葉の背後には隊長の焦りも見える。松本滞在時「廣森隊長は、一刻も早く出撃せねばと、焦燥の色をみせて」(『武剋特攻戦記』)いたという。これは山本隊長とて同じだったろう。一刻も早く出撃したいがそれができない。それでとうとう四十日余りも松本で過ごすことになった。その間、隊員の学童への情は深まっていった。

爆装が早いか、遅いかで、この兄弟隊は大きく命運を分けた。幸運か悲運かは分からない。が、特攻が目的だったとすれば、武揚隊は不運だった。ことに長谷川信ら三名だ。特攻基地に向かう途中に「交戦戦死」した。特攻戦死は二階級特進だ。が、彼らは元のままの階級だ。

疎開学童が証言した長谷川信と手記の彼とが一致して私は彼への関心を深めた。そんな折に目にした資料には心惹《ひ》かれた。「わだつみのこえ記念館」で手に入れた谷栄氏が書かれた文章だ。タイトルは、「長谷川信の石碑を訪ねて」というものだ。ここに信の日記が引かれている、「死んだら小石ヶ浜の丘の上に、あるいは名倉山の中腹に、または戸ノ口あたりに、中学生の頃ボートを漕いだ湖の見えるところに、石碑をたてて分骨してもらおうと思う」と。その願いに基づいて猪苗代湖《いなわしろこ》湖畔に石碑が建てられた。「二十戸足らずの戸ノ口集落の入り口」の「道端にひっそりと石碑は建っていた」とある。旅心が刺激される文言である。石碑を見てみたいと思った。

特攻兵の大和島根

十月十日、私は、長谷川信に会いに会津若松へ向かった。東京から上越線で小出《こいで》まで行き、只見《ただみ》線に乗り換える。会津若松まではたっぷりと車窓が楽しめるコースだ。

小出駅を出た二両編成のジーゼルカーは、バブバブバブとエンジン音を響かせて走る。開け放った窓から風が入ってくる。カタトッテ、トタトッテというジョイント音が懐かしい。ときに床下が、ガバドンデンと鳴る。鉄橋を渡る音だ。

只見線の大半は、山岳路線だ。谷間を分け入り、川沿いをゆき、トンネルを潜り、一つ一つ小さな駅を拾っていく。それをぼんやりと車窓から眺めてゆく。眼前に去りゆく緑の自然を見ていると、自《おの》ずと彼らのことが思い出される。

疎開学童の話を発端にして特攻隊に繋がり、彼らのことを調べるようになった。多くの書物も読んできた。その過程で、彼らの話が美化されて語られる傾向にある一面にも気づいてきた。

茨城《いばらき》の海軍百里原基地から沖縄特攻に向かった九九艦爆を見送った人の文章を読んだ。ちょうど桜の季節で、枝を手折って特攻機の後部座席、偵察員席にはなむけとして入れたという。そのときに兵は桜の中に浮かんでいるようだったと言う。

ところがこれが嘘だと知った。これも下北沢での出会いからである。下北沢には何でも集まってくる。これを比喩的に「クロスにはクリスもクロイツも集まってくる」と私は形容していた。事実、教会は多く集まっている。ハーケンクロイツ、ヒットラーユーゲント、訪日した親衛隊も当地にあった「店員道場」の視察に訪れている。そして、新たに知ったのはネイビーの集いだ。

海軍第十四期飛行予備学生がここで同期会を開いていた。多くが特攻の生き残りである。二ヶ月前の八月に下北沢での会合に参加させて頂いた。このときに阿山剛男さんに出会った。戦闘機「天山《てんざん》」の偵察員で、終戦が納得できず「帝国海軍は不滅」というビラを刷って、機上から千葉上空にビラを撒《ま》いた人だった。この阿山さんは、百里原基地にいて既述の九九艦爆を見送った人だった。

「確かに、あのときはちょうど桜が咲いていましたから、送る側《がわ》が桜の小枝を折って持って行きましたね。しかし、それは二、三本であって、偵察員席が桜で埋まるということはなかったですね」

虚《きょ》を衝《つ》かれたように思った。死んだ者、特攻兵を美しく飾っている一例だ。この桜にまつわるエピソードで印象深いものがある。『きけ わだつみのこえ』に残された市島保男《いちしまやすお》飛行兵が記したものである。彼は、四月二十一日、茨城の谷田部《やたべ》飛行場を飛び立った。

足柄山《あしがらやま》上空通過の頃、右手に崇高極まりなき富士の山を見、よくぞ日の本に生れけるの感涙にむせぶ。機上よりの富士の姿はあまりにも荘厳なり。想像を絶す。機上の桜の一、二枝を富士に捧げ一路西進す。

一五・三〇　鈴鹿《すずか》着

（『新版 きけ わだつみのこえ』岩波文庫より引用）

この日午前、彼は試験飛行を行い「高度二千、巡航諸元良」だったという。午後も同じだったろう。軽やかなエンジンが機を西へと導く、と前方右手に富士の嶺《みね》が突然姿を現した。真っ白に頂を包んだ嶺が迫ってくる。彼は、思わず友からもらった桜花を手にし、風防の間から数枝を投げる、薄紅を富士が引きちぎるようにかっさらった。私はそう想像した。しかし、これもまた美化であった。

この市島飛行兵の乗機に花を手向けた人とも後になって出会った。下北沢での海軍第十四期飛行予備学生同期会に参加させて頂いたことが機縁になって、第四回「戦争経験を聴く会、語る会」はこの人たちに経験を語ってもらうことにした。このときは七名の方が参加された。そのうちの一人が手塚久四《てづかひさし》氏である。名刺を頂いていたので何度か電話をかけてこのときのことについてお話を伺った。

「いえ、操縦者が飛行中に風防を開けるようなことはできません」

富士に桜花を手向けるというイメージは見事に打ち砕かれた。

「市島君は同期でしたからね、花は持って行きましたね。搭乗機は決まっていましたからね、その機を確認して持って行くんですよ。私は同期の他の人にも渡しましたが、市島君のにも持って行きました。出発前だから整備などをしていますから、本人がいない場合が多いんです。でも、持って行っても挿すところがないんですよ。だから風防の溝とかに何本かを挿すのです、座席に置くこともありましたが……本人が機に乗っている場合は、本人に渡すわけです。でも、それを置くところがないのです。どうするかというと飛行眼鏡のバンドがありますね、耳のあたりの横に挟むんです……」

「ということは、市島飛行兵の場合、風防の溝に刺さっている桜とか、飛行帽のバンドに挟まっている桜を手にとって、操縦席の中で富士に捧《ささ》げる仕草をしたということですか？」

「そうそう、そんなものではないでしょうか」

手塚氏も市島飛行兵と同じ零戦《ぜろせん》のパイロットで生き残り特攻兵だ。北海道千歳《ちとせ》基地で特攻訓練を行い、四国観音寺《かんのんじ》から本土防衛のために出撃するはずだったが、そこに列車で向かう途中、八月十五日、仙台駅で終戦を告げる玉音放送を聞いた。そのときの心境を、「戦争経験を聴く会、語る会」では語っておられた。

〝死ぬつもりで出かけていますからね。もうぼう然自失なんて言葉では言い表せない。天と地がひっくり返ったようなもんですからね。何かね、真っすぐ立っているのが苦しいくらいでした〟

特攻に行くにしても、また、引くにしてもつらかった。戦争の真実としてこれを覚えておかなくてはならないと思った。

「私の推測なんですが、戦闘機は三、四月頃、列島各地から九州の基地へ飛んでいきますよね。巡航高度二、三千だと地上の緑が麗しく見えたと思うのですが？」

桜を手向けた話が一段落した後に、機上から眺める景色について聞いた。

「ああ、まあ、しかしね、雲があると全く何も見えないんですよ。晴れるとですよ、こうどこまでも緑が見えて、確かにきれいでしたね、格別な味わいがありました」

「松本陸軍飛行場から山峡《やまかい》を縫って飛んだ飛行兵が快適だったと言っていますが、山あいなどを飛ぶときは特別な思いっていうのはあるんでしょうか？」

「起伏があると、それはそれなりの乗り心地はありますね」

私は手塚氏の話を聞いて、地形という凹凸が操縦桿《かん》にじかに触れ伝わっていたことを知った。

先に引用した、『きけ わだつみのこえ』の市島飛行兵の富士との出会いの場面である。桜花を山に捧げた後、「西進す」とあって、「一五・三〇鈴鹿着」とある。ところが実際の手記には「西進す」の後に短歌が記されている。

輝ける大和島根は万世《よろずよ》に　栄え栄えて四方《よも》を照らす国

富士を眺め、日本平《にほんだいら》をよぎり、伊勢湾《いせわん》を横断して鈴鹿《すずか》海軍航空基地にやっと着陸した。緑豊かな列島を機上から眺めての彼の感懐だ。『きけ わだつみのこえ』はこれを省いている。どうしてなのか？ 全く腑に落ちない。

編集者は意図的に省いたに違いない。「大和島根」という伝統の歌枕を使い、国家の永遠の繁栄を願っているところに天皇制賛美を読み取ったからだろう。

私は思想よりももっと現実的な眼差しを信じている。機上から眺めた祖国の崇高な山や翠《みどり》連なる麗しい弓なりの列島への感動を詠んだものだと思う。風光への深い感銘に他ならない。緑輝く国がなくならないで万世に続いてほしいとの願いではないだろうか。彼は特攻兵に選抜された自分を「大いなる歴史の最尖端にいるの感」（手記）と書いている。零戦の風防一枚で接している大和島根は、彼にとっては肌で感じる歴史の最尖端であったように思う。彼の「輝ける大和島根は」という感動は、滅びんとする緑の弓なり列島への哀歌であり、挽歌でもあったように思う。

特攻は何だったのか？　我らは、これをとんでもない作戦だったと今日批評できる。が、往事、社会全体は、戦時一色に染まっていた。一旦染まったら、ひたすら突っ走る、島国国家である。何が何でも「米英撃滅」である。命ぜられた者は行くしかなかった。命を賭していかねばならぬ。そのときに個々は苦しみ悶《もだ》えた。その直面した難題に一つの道を与えたのは、自己解釈、意義づけではないだろうか。絶えざる疑問、なぜ死ななくてはならないのかというときに機上から見えたのは、崇高な山であり、緑連なる弓なりの大和島根であった。私は思想よりも彼の郷愁に深く共感する。

この市島飛行兵の富士との出会いは四月二十一日だ。そして、四月二十四日付の手記の最末尾は、「今限りなく美しい祖国にわが清き生命を捧げ得ることに、大きな誇りと喜びを感ずる。……」と結ばれている。機から目にした「大和島根」が忘れられなかった。

私自身は飛行機ではなく列車から眺めている。窓から見える只見線沿線の山村の鄙《ひな》びた風景は麗しい。残っていてほしい風景だ。戦争に直面していた彼らには切実だった。緑麗しい「大和島根」が敵の手に渡って潰《つい》え去るかもしれない。

特攻兵士の多くは、九州の特攻最前線基地に着くまで、列島を飛び石伝いに西進している。春三月から四月、五月の新緑の頃である。延々と連なる国土、緑に燃える山々、青く輝く海、白く光る浜辺を眺めての飛行である。武剋隊の今野勝郎軍曹も、松本から各務原に向かったときの印象を記している。「何時も想い出すのは故国の山河であります」と書いた。彼らの目に映った祖国は上空から眼下に眺めた景色だった。特攻隊の浅間温泉慕情の歌にいう「いとしなつかし日の本へ」と、市島保男飛行兵が言う「よくぞ日の本に生まれける」に用いられている語は同じだ、土地自然への愛着である。「日の本」は、緑なす「故国の山河」である国土を言う。彼らの眼《まなこ》に映った自然山河が、彼ら自身を殉じさせるものとして働いていたように思う。碧い山河の列島は切ないほどに麗しく見えた。

本土最南端の出撃基地知覧を飛び立った飛行機は、目前に、秀麗な薩摩富士開聞岳を目にする。限りなく美しい日本の山河の終端である。翼を振ったり、手を振ったり、黙礼したりして別れを告げたという。沖縄に向かう武剋隊の戦闘機に添乗していた今野喜代人氏も手記に「緑の開聞岳を振り返った」と言い、「突入を前にした操縦者たちは、見納めの内地でしたから」誰もが同じことをしたに違いないと書き残している。

戦後六十数年が経った。その緑なす山河を私たちはどれだけ守り得たろうか。利便を最優先にしてやみくもに山野を削って高速道を造り、田野を潰して新幹線を敷設し、海岸をコンクリートで埋めてしまった。彼らが眺めた故国の美しい山河はもはや見る影もない。

が、我々の欲望は果てもない。懲りることなく自然破壊を続けている。全く理解できないのは膨大な借財を背負ったままでこれを続けていることだ。今も破壊され続けている「故国の山河」である。彼らが「いとしなつかし日の本」と切なく恋い慕った故国はもはやない。魂の故郷すらも自らの手で破壊しつつある。

兵戈無用

私は、会津若松へ行くのに新幹線直通では、ただ行くだけになってしまうと思った。ひっそりと会津に眠る特攻兵のところに行くには、こっそりと遠回りしていく方がいいと只見線経由の旅を選んだ。

会津若松には一泊しようとホテルを予約した。ネットで調べてランダムにそこを選んだつもりである。旅に出る前日になってその場所を地図で調べた。すると、そこは彼の生家の真ん前だった。会津湖畔の石碑を訪ねていくことが主目的であった。生家やお墓のことは念頭にはなかった。

ホテルは会津若松駅から歩いて二十分とあった。地図で調べると、会津若松の一つ手前の駅七日町《なのかまち》で下りる方が便利だと知った。ところがここでまた分かったことは、この駅のすぐ近くに彼が眠っているお墓があることだ。これまで旅をしていて奇縁に巡り合うことはあった。が、これほど続くことはない。霊魂が人を導くのだろうか？

もう日も暮れかけて薄暗くなってきた頃、只見線の列車は七日町に着いた。この駅前を東に向かう一本の道がある。まっすぐに行けばホテルにたどり着く。お寺は、途中、路地を少し入ったところにある。ふとお参りをしていこうと思った。

薄暗い中、お寺は見つかるだろうか。おぼつかないままに角を曲がった。すると門があった。この近辺は寺町《てらまち》だ。その寺の一つかもしれないと思っていると、門柱に「西蓮寺」と書いてある。まさにそのお寺だ。

境内に足を踏み込む。墓がある。と、奥の方に、石碑に刻まれた「無用」という文字がうっすらと光って見えた。墓地の奥に行くと、「兵戈無用」という文字が赤みがかった大きな石に彫り刻まれていた。礎石には銅板がはめ込まれている。「学徒出陣された長谷川信氏（西蓮寺門徒）のこえ」とあって、『きけ わだつみのこえ』に収められている手記の一節が刻まれていた。一つは、昭和十九年四月二十日のものである。

明日から食堂に行って食卓に坐る時、お念仏をしようと思う。あのいやな眼付を自分もしてゐると思ったらゾーッとする。眼を閉って、お念仏をしようと思う。

もう一つは、例の、人間獣性批判を記した手記の末尾だった。

石碑の「兵戈無用《ひょうがむよう》」は、「兵隊も武器も用いることなかれ」という意味だ。『きけ わだつみのこえ』に載った彼の手記にある戦争への懐疑を汲《く》んだものだろう。

石碑にお参りして境内を出ようとしたときに、門のところで二人の方が話をされていた。若い男の人は住職の息子さんだと分かった。石碑のことについて話をしていると、住職に是非お話くださいとお寺の中に招かれた。

「長谷川家というのは代々会津藩御用達《ごようたし》のお菓子屋だったのですね……」

住職の秋月亭観氏が彼の生い立ちを話された。古い商家の長男、その育ちの中にあったゆとり、それが手記にある批評精神と結びつくのではないかと思った。

「石碑が建てられたときに明治学院大の学長がお参りに見えましたね。『長谷川君は飛行機の燃料がなくなるまでずっと飛んでいったんだ』とおっしゃっていましたよ」

「生き残った仲間の人の奥さんが前に、うちに訪ねてきたことがありましたよ。確かかね、茨城の人だと言っていました」

住職の話である。仲間は武揚隊の生き残りの人ではないかと思われた。

「信さんは温厚で、穏やかな人でしたね」

住職の奥さんが、「ちょうどお茶会があってお菓子を出したところで」と言って手作りのお菓子を出してくださった。

「そうそう、あの手記が戻ってこないんですよね。貸したっきり……」

住職がそう言われた。長谷川信の手記のことである。これはどこに行っても話題になる。

単なる記録の喪失ではない。戦時という時代の背後を鋭く切り取った言語文化遺産の消滅ではないかと私は思う。

「西蓮寺」では、つい長居してしまった。お寺を出るときは真っ暗だった。長谷川信少尉が眠るお墓にお参りしていこうと思った。息子さんが案内してくださった。

「長谷川家のお墓はうちの寺では一番大きいのですよ。ちょっと暗くて見えませんけどこの入り口のところにある石は飾りが施されていて、立派ですよ。今ではなかなかできないものですよ」

私はそれを触ってみた。深い彫りが手に感じられた。私は黒々とした墓石群に向かって手を合わせた。特攻戦死者の骨つぼには何もないはずだ。心もとない感じもしたが、祈ったという実感はあった。息子さんに礼を述べ寺を辞去した。

泊まったホテルのすぐはす向かいが彼の実家だった。商家が連なる地域だったようだ。彼が育ったところの空気を感じて寝に就いた。

長谷川信碑

翌日、猪苗代湖畔の戸ノ口に行くことにした。長谷川信は会津中学時代漕艇部の部員で、家から湖畔まで、毎土曜日、二十キロの道のりを歩いてボート小屋まで通ったという。このことが湖水に深い郷愁と愛着とを抱かせる理由となったようだ。

湖畔の石碑を訪れるに当たって、会津若松から私も「二十キロ余の道」を歩こうかと思った。が、無謀だ。それはよして半分ぐらいの距離で済む磐越西線《ばんえつさい》、磐梯町《ばんだいまち》駅からの歩きとした。

降りたのは小さな無人駅で、看板も何もない。手に持った略図を頼りに、線路沿いを行ったが標識の類は一切ない。山間の道をかなり歩いたところで川べりの大きな建物にぶつかった。東京電力の水力発電所である。これ以上先に行けないと思って引き返した。すると駅前でトラックを洗っている人がいた。

「戸ノ口まではかなりありますよ。今の道でいいのですよ。発電所にぶつかったら左に曲がり、ずっと山道を行きます。分かりにくいかもしれませんが一本道ですよ……」

私はまた引き返した。アスファルトの道はずっと続くが道しるべは一切ない。発電所や送電線などを保守するためのものだと気づいた。

やがて山道となった。視界の果てに重畳と連なる会津の山並みが見えた。行っても行っても誰とも会わない。藪《やぶ》がガサリと鳴った。熊か？　急に不安になった。行くうちに大きな水路にぶつかった。猪苗代湖の水を流すための安積《あさか》疏水だった。

尾根筋を越えると、ゴルフ場があった。人里に着いてやっと安堵した。芝生を過ぎると畑地が見えた。開拓農地のようだった。その一軒の農家のご主人に尋ねた。

「ここは前は戸の口原といって二十戸はあったけれど、数軒減ってしまったね。石碑ね、どこだろう、あそこかな？　あのね、おれが車で連れていってやるから」

彼は、軽自動車を出してくれた。まず着いたのは戸ノ口原古戦場だった。白虎隊と西軍とがぶつかったところだ。そこにはない、次には、湖畔に向かっていき、石碑のあるところに出た。「会津中学校端艇部戸ノ口艇庫跡」だ。長谷川信はここへ通ってきていた。この近くに石碑はあるはずだ。

「じゃあ、あのお地蔵さんのところかな？」

安積疎水十六橋を渡って、しばらく行くと左手にお地蔵さんがあった。が、そこにもない。そのときに、「あ、あれだ」と彼が言う。数十メートル先に、木陰にひっそりと建つ石碑が見えた。あれに違いなかった。私は礼を言って車を降りた。軽四輪が行ってしまうと物音は何一つしない。静寂の中にその石碑は建っていた。林《はやし》の陰の、畑のわきに、ひっそりと建っていた。

長谷川信　碑

俺は結局凡々と生き凡々と死ぬ事
だろうだがたった一つ出来る涙を
流して祈る事だがそれが国泰かれか
親安かれか知らない祈ることなのだ

大正十一年　　会津若松市に生まれ
昭和二十年　　四月十二日
沖縄南方上空に散る

刻まれた四月十二日は、彼が生まれた日でもあり亡くなった日でもあった。この石碑は敗戦の翌年、五月には建立されている。両親の信への切ない思いからだろう。

彼は手記に味わい深い言葉を多く残している。石碑に記された文言も彼独特の言い回しだ。読み手に考えを求める言い方である。言葉の奥に心が宿っているように思える。

失われた手記にあった言葉に違いない。これに出会っただけでも良かったと思った。その石碑に手を合わせた。目をつぶると松本浅間からここまでの遠い道のりが思われた。と、カチッと音がした。見回すとすぐ側《そば》に鍬で畑を耕している老婆がいた。

「そうですね、たまに訪ねて見えますね。一人で来られたり、また、二人で来られてお花を上げたりもしていましたね……そうそうこれはね、移動したんですよ。どうしてなんでしょうね。ここだと湖が見えないでしょう。前のは見えていたんですよ。それをここまで持ってきたんですからね。何か、土地の問題があるように思うのですよ……」

谷栄氏の「長谷川信の石碑を訪ねて」には、「道路拡幅」があって奥へ移動されたとあった。建った頃は「湖の見えるところに」あった。ところが、今は奥に移動されて湖は見えない。それでも移動したときに心遣いをしたものと思える。石碑は斜めに建っている、これが向いた方の先に湖はある。

石碑は大きなものではない。が、長谷川信の存在をひっそりと湖畔に示している。ここに着くまで、迷い迷って、とうとう二十キロぐらいは歩いてしまった。が、かえってよかった。山中の長い道を歩き、その果てに着いた湖畔にこれを見つけることができた。探し求めていたものにようやく出会えて心のときめきを覚えたことだ。

上原良司と長谷川信

時がまためくられ十二月となった。ブログコメントに触発されて、調べを進めてこの月で丸二年となる。この間、多くの人に出会ってきた。それらの証言が、手掛かりとなって別の事実に行き着く。特には特攻兵たちのことが奇妙な因縁で繋がり繋がっていく。自分ではどうにもならない力、霊魂とか霊力が働いているのかもしれないと思った。

「亡くなった特攻隊の魂がみんな集まって来ているんですよ」

暮れの忘年会で事情を知る私の仲間が言う。普通に起こりうることだと彼女は付け加えた。その話を聞いた数日後の十二月八日にまた思いがけない人と出会った。

「開戦記念日」のこの日、市民団体が「12月8日に太平洋戦争を思う」というテーマで講演会を開いた。興味深いものだったので世田谷成城ホールで催されるこれに参加した。まず、慶応大名誉教授の白井厚先生が表題に基づいて講演をされた。「敗戦を通して権力は国民を欺くものだという発見をした」と語られた。国家が人を騙すことはないだろうと思っていたら、そうではなかった。これを聞いて思い出した。

浅間温泉の千代の湯にいた代沢国民学校の疎開学童たちのことだ。彼らと慣れ親しんだ武剋隊が沖縄の洋上で特攻攻撃をして多大な戦果を挙げた。これをラジオニュースで聴いて皆大歓声を上げた。ところが「荒鷲果敢な猛攻」しての結果、廣森隊が挙げた昭和二十年（一九四五）三月二十七日の、「十機よく十艦を屠る」という戦果は対句的な美辞麗句だったようだ。米軍資料によると、「掃海駆逐艦『サウザード』と敷設駆逐艦『アダムス』の二隻が損傷を受けただけ」（『米国海軍作戦年誌』）だったという。

ただこの点は注意を要する。当時戦果が大いに挙がったと報道された。ところが、戦後になって米軍の『作戦年誌』を引き合いに戦果はほとんどなかったと言われる。しかし、当時沖合の艦艇から火が噴き上がる様が陸上から目撃されている。本当はどうだったのか。何が起こって、どうなったのか？　惨たらしい戦争を二度と起こさないためには冷静な視点が必要だ。偏《かたよ》りのないしっかりとした記録は重要である。

特攻隊員も、大本営が創り出した虚構の中で犠牲になって死んだとも言える。身命を捧げて特攻に行けば局面が打開されると思って行ったら、どうにもならなかった。武剋隊は沖縄戦緒戦の成果だったが、これ以後の戦闘での戦果ははかばかしくない。むしろ、悲惨だった。

この日、講演者は二人だった。次のもう一人は、女性だった。

「私は特攻に行った上原良司の妹です……」

『きけ　わだつみのこえ』の初めを飾っているのが上原良司である。その妹さんの上原登志恵さんだった。自己紹介の後、「明日は自由主義者が一人この世から去って行きます〜特攻に散ったある学徒兵〜」というドキュメンタリー番組が映写された。音声の具合が悪く、折々彼女が場面を説明していった。見ていると、どこかで見たことのある山影が出てきた。信濃富士といわれる有明山《ありあけ》だった。松本平のシンボルとされる山だ。「特攻兵はみな松本平に還《かえ》っていく」と思った。どんな因縁があるのだろうか？

彼女は、兄が秘めていた思いを語った。残された遺品の中に、愛読書の『クロォチェ』があった。とあるページの一節に○が施されている。それをたどっていくと、「きょうこちゃんさようなら僕はきみがすきだった」となる。「きょうこちゃん」は、「冷子ちゃん」である。幼なじみの想い人だった。

「日本は負けるよ。死んでも天国に行って靖国神社には行かないから」

登志江さんは特攻前の肉親訪問で帰ってきたときに兄に告げられたという。

この上原家の三人兄弟は、長男が陸軍軍医、二男が海軍軍医で何《いず》れも戦死している。上原良司は慶応大在学中に学徒出陣で、陸軍に入った。まず浅間温泉のすぐ側《そば》の松本五十連隊に入隊した。すぐに幹部候補生試験を経て特別操縦見習士官となり、特攻兵に選ばれ、出撃し「沖縄本島西北方面海域」で戦死している。二十二歳だった。優秀な男手は全員戦死、何ともいいようのない戦争の惨《むご》さである。

妹さんに質問したところ、出身は安曇野《あづみの》だという。出撃前に汽車で帰郷して、調布《ちょうふ》飛行場から飛び立ったという。

「『飛燕』に乗っていき、九州佐賀の目達原基地に待機してました。そして最後は知覧から飛びました」

六十五年経った今も妹さんは無念でならないようだ。彼が「出撃前夜」に書いた「所感」は鋭い批評精神に満ちている。彼は「自由の勝利は明白な事だと思います。人間の本性たる自由を滅す事は絶対に出来ない」と述べ、更には、「権力主義全体主義の国家は一時的に隆盛であろうとも必ずや最後には敗れる事は明白な事実です」と国家を痛烈に批判する。そして、最後はこう結んでいる。

……明日は出撃です。過激にわたり、もちろん発表すべき事ではありませんでしたが、偽《いつ》わらぬ心境は以上述べたごとくです。何も系統だてず思ったままを雑然と並べた事を許して下さい。明日は自由主義者が一人この世から去って行きます。彼の後姿は淋しいですが、心中満足で一杯です。

言いたい事を言いたいだけ言いました。無礼を御許し下さい。ではこの辺で。

（『新版 きけ わだつみのこえ』岩波文庫より引用）

わき上がる情念を抑えつつ、冷静に、率直に考えが述べられている。締めくくりの、「明日は自由主義者が一人この世から去って行く」というフレーズはよく知られている。彼の言う自由は、憚《はばか》ることなく思ったことを言うことだったろう。「空の特攻隊のパイロットは一器械に過ぎぬ……自殺者とでも言いましょうか」と任務の本質を衝き、そして、密かではあるが、「きょうこちゃんさようなら僕はきみがすきだった」と明確なサインを残した。彼は思念、想念において自由だった。『きけ　わだつみのこえ』の枕にどの手記を持ってくるのか編集者は考えたろうが、選び抜いた末の上原良司だったに違いない。全体主義への反旗としての個の自由、思考したり、批評したり、切に愛を思ったりという自由、それを彼は心のうちに持っていた。

開戦記念日に開かれた講演会には、上原良司の後輩に当たる、松本深志《ふかし》高校出身の三名の方が参加されていた。昭和二十年の敗戦のときは一年生だったという。

「浅間温泉の上に赤トンボぼが飛んでいたのを覚えていましてね。何であれが飛んでいるのか分かりませんでしたけどね。そうなんですか。浅間温泉に特攻兵が滞在していたんですか。ああ、そういえば一回だけ、松本飛行場の整地作業で勤労奉仕をしましたね」

一人の方が言われた。赤トンボは、中等練習機のことである。が、松本浅間温泉にいた武剋隊や武揚隊の搭乗機は、訓練機ではない、九九式襲撃機だった。

この会に参加したのは戦争に関心が深かったからだ。が、思いがけず松本平繋がりの特攻兵を見出したように思った。深志高校のOBの方から、『上原良司と特攻隊』（安島太佳由企画作品）という資料を頂いた。これによってまた新たなことを知った。

武剋隊、武揚隊は二十年三月末に松本を飛び立っていった。振武隊の上原良司は、四月初旬に松本安曇野への肉親訪問に訪れている。一方は飛行機で松本平を発ち、もう一方は、汽車で発って、調布飛行場から出撃している。すれ違いと言えばすれ違いだ。が、資料から分かったのは、長谷川信と上原良司は特操の同期生であったことだ。

大戦末期において航空要員の養成が急がれた。陸軍では、高等教育機関の卒業者あるいは在学生の中から志願者を選抜し、予備役将校操縦者として登用した。特操、特別操縦見習士官である。二人はこの特操の二期生である。

長谷川信は「十九年二月から熊谷飛行学校館林《たてばやし》教育隊で訓練を受け」「館林で約六ヶ月を過ごした後信は、十九年七月三十一日付で《満州》の第一〇一教育飛行隊に移され」（『明治学院百年史』）た。一方、上原良司は昭和十九年「二月、特別操縦見習士官となった良司は熊谷《くまがや》陸軍飛行学校相模《さがみ》教育隊に入校し、三月館林教育隊に移り、七月の卒業まで厳しい訓練を受けてい」る（『上原良司と特攻隊』）。彼ら二人は、同じ館林教育隊で同期生として五ヶ月ほど訓練を受けている。

それぞれに特攻戦死して、その遺書が『きけ わだつみのこえ』に載っている。当日、講演者だった白井厚先生の『いま特攻隊の死を考える』（岩波ブックレット№五七二）の「隊員の遺書にみる批判精神」には期せずしてこの二人の言説が並べて引かれていた。

軍隊批判――〝軍隊においてもまた矛盾あり。……我は不言実行、矛盾の絶滅を期せん。……悠久の大義に生きるとか、そんなことはどうでもよい〟（上原良司）

一方の長谷川信のは、「恐ろしき哉、浅ましき哉」の人間獣性批判である。この二人の遺書の、「批判精神」が凝縮されている箇所である。彼らは精神においての自由性を持っていた。が、この箇所だけが全てだったとも言えない。

上原良司は「所感」冒頭で「栄光ある祖国日本の代表的攻撃隊ともいうべき陸軍特別攻撃隊に選ばれ、身の光栄これに過ぐるものなき」と言い、長谷川信は「手記」で「俺たちの苦しみと死とが、俺たちの父や母や姉妹たち、愛する人たちの幸福のために、たとえわずかでも役立つものならば」と述べている。

特別攻撃隊の隊員となって死んでいくことに対しての誇りや矜持には強いものがあったとも言える。考えなくてはならないことは、若者のこの葛藤である。一方で人間として考える自由があり、が、もう一方では一器械として遮二無二敵に突っこまねばならない束縛があった。彼らはここに逡巡し、相克した。そんな中で彼らは恋をした、苦悩しもした、そして、最後は特攻で逝ってしまった。どれほど時が隔とうとも、われらはこの事実を忘れないで考え続けていかねばならない。

上原良司と長谷川信の二人は館林教育隊で顔を合わせていた。言葉を交わしたのかは分からない。しかし想像できることは、館林教育隊の兵舎の中の寝床で、天井を見詰めながら哲理に耽っていたことだ、人間とは何か？　自由とは何か？　と。

良司と信、それぞれの思いが『きけ　わだつみのこえ』に採録されている。見えざる因縁だ。手記を改めて調べてみた。

昭和十九年五月二十四日、館林教育隊の兵営で二人はそれぞれに思いを巡らしていた。この日、上原は、「悠々として悠久の大義に生きた勇士達の心として、吾人は修養せねばならぬとき、あたかも万朶の桜は満開なり。潔く散るこそ武人の本懐なり。花は桜木、人は武士と古人も言へり」と記し、長谷川は「単純なるもの、は美しい／素朴なるもの、は美しい／純真なるもの、は美しい／おおらかなるもの、は美しい」と日記に書いていた。

同じ日に一人は心の有り様を考えていた、もう一方は、美を思索していた。

因縁因果は巡る。これは後になって分かったことだが、鉛筆部隊が疎開していた浅間温泉千代の湯には俳人の上原三川《さんせん》が滞在していた。肺結核の療養をしていてここで亡くなっていた。上原良司の祖父であった。心を巧みに表出できる遺伝子が孫にも伝わっていたのかもしれないと思った。松本市和田の万年寺に共に葬られているという。

物語エピソード　武揚隊にまつわる話

武揚隊の松本滞在が分かったのは一人の女性からの聞き書きが発端だった。東大原国民学校の疎開学童だった太田幸子さんだ。彼女は一枚の写真を持っていた。それには疎開学童の女児と六人の特攻隊員とが写っていた。浅間温泉富貴之湯の庭で撮ったものだ。太田さんは飛行眼鏡を額に巻いた一人の兵士の両腕にすっぽりと抱えられて写っていた。その人物こそ古屋吾朗伍長と思っていたが後で出てきた写真とつきあわせると彼ではないことが分かった。太田さん、私の本を読んで彼女の記録が重要だったことに気づいて改めて疎開時の書簡を読み直したという。気になる点を手紙に書いて送ってくださった。

再疎開した伊那の如来寺にいた私と富貴之湯に残られた（後に松本市の四ツ谷町の実家に戻られた）岡部寮母さんと度々文通があり、次のような個所が見つかりました。

○五月十一日「強く正しく美しく」は五来軍曹の言葉です。この教訓《ヲシヘ》を忘れずに下級生を可愛がって立派に疎開生活をやり抜きませう。

○五月二十一日　先日の写真着きまして笑った事でせう……（中略）……武揚隊は、戦果はまだです……

この時に送って頂いたのが特攻隊の兵隊さんと一緒のともう一枚、再疎開の記念にと岡部寮母さん、富貴之湯の方、班の人達（八名）の写真二枚でした。

まず、言えることは武揚隊の五来末義軍曹は児童たちの間でも信頼が厚かったということだ。寮母は彼の言葉を借りて寺に移った疎開学童への戒めとしている。次には、例の写真は富貴之湯の寮母さんが太田さんに送ってくれたものだったということだ。寮母さんは武揚隊の戦果を心待ちにしていたようだ。

太田さんは私が特攻隊のことを調べていることからSさんに電話をして聞いていた。彼女は武揚隊の長谷川信少尉を恋慕っていたという人だ。分かったのは下北沢のSさんの実家に兵隊から手紙が来ていたことだ。それを読んだ彼女の母親が、戦後になって兵士の故郷に安否を気遣う手紙を書いた。すると返事があって先方の母親から「特攻で死にました。一人息子でした」と書いてあったという。

長谷川信は後妻シゲの子である。秋元佳子さんの証言では、Sさんは信を浅間まで訪ねてきたこの人に会っている。しかし、調べるとこのシゲは「二男、二女をもうけている」、信は長男であった。

太田さんはもう一つの事実を記録していた。「三月二十日　夜げきをして、兵隊さんも歌った」これは武揚隊兵士たちだろう。彼らが「浅間温泉望郷の歌」をこの時に歌ったのではないか。

浅間温泉望郷の歌

（パイロット小唄）

原曲作詞　岩間貞二郎
替詞　特攻武揚隊
作曲　陸奥明
編曲　明石隼汰
歌の記憶　秋元佳子

♩= 108
D G D/A D Bm
1) ひ ろ い ひ こう じょう に た そ が れ せ ま る きょ う の ひ こ う も
2) あ す は お た ち か ま つ も と ひ こう じょう さ ーっ と と び た つ
3) せ か い へ い わ が き ま し た な ら ば い と し な つ か し
Em A D Em D/F♯ G A
ぶ じ す ん で ち り に ま み れ た ひ こう ふ く ぬ げ ば
わ が あ い き か わ いい み な さん の に ん ぎょ う の せ て
ひ の も と へ か え りゃ ま ーっ さ き あ さ ま を め が け
D F#m Bm F#m A
か わ いい み な ー さー ん の お に ん ぎょ ー
わ た しゃ ゆ き ー ま ー す ○ ○ ○ ○ ー
わ た しゃ ゆ き ー ま ー す ふ き の ゆ ー
D Em D/F♯ G D/A A 3) D A7
う へ へ
1),2) D.S.
Coda. D G D/F♯ Em D
rit.
Fine.

第五章　武剋隊と武揚隊と

六人の特攻兵と東大原国民学校女児

代沢国民学校女児（田町国民学校で）

目之湯の学童と武剋隊

陸軍松本飛行場に飛来してきた特攻隊は、浅間温泉の多くの旅館に分宿していた。このことを調べていくうちに、目之湯旅館に武剋隊の五人の将校が泊まっていたことが分かった。浅間温泉のほとんどの旅館で学童が疎開生活を送っていた。この旅館にもどこかの学校が疎開していたはずだと思って調べた。すると、世田谷区の駒繋小学校（国民学校）の学童がいたことが分かった。

この目之湯に疎開していた人と何とかして会いたいと思った。が、そのルートがなかった。しかし、これまでの経験から一つの手法を身につけていた。同窓会に当たればよいということだ。ネット検索で調べてみると駒繋小同窓会のホームページがあった。問い合わせ先のメールアドレスもあった。渡りに船とメールを送った。しばらくして同窓会幹事の梅沢賢治氏から返事があった。該当する年代の人に問い合わせてみるとのことだった。

そして、数日後目之湯に疎開していた人がいて、私に協力してくださるとの連絡があった。待っていると、増田陽子さんから電話があり、十二月十九日に学芸大学駅で会いましょうと約束した。

当日、中澤一雄さん（当時六年生）、増田陽子さん（当時六年生）、西貝和子さん（当時三年生）が来られた。真っ先に聞いたことは、特攻隊との交流がなかったかということだ。これに対して、増田さんは全く知らないと言われた。恐らく部屋が違っていたのだろう。後の二人は、あったと言われた。

まず、中澤一雄さんである。

「私は当時、六年生だったのですよ。弟は三年生でした。やはり目之湯にいたんですね。ところが私たちは受験で二月二十五日に浅間を引き揚げたんです。その間、わずかでしたけど特攻隊の人たちとの交流があったんですよ。私たちは彼らのいる本館の方へ、先生に内緒でこっそりと行きました。そのときは下級生はおらず私たちだけですね。覚えているのは兵隊さんにチョコレートをいっぱいもらったことです。ところがそれを食べたのはいいんですが、みんな夜、眠れなくなっちゃったんです。あれにはカフェインが多く入っていたんでしょうね」

『駒繋小沿革史概要』（昭和五十七年度）には、目之湯は、八十七名がいて、このときの六年生の男子は十三名である。中澤さんの話では、彼らの部屋に行くことはふだんは許されていなかったという。学童たちとの交流は、「彼らからモーションを掛けてきたんですよ」と。

「私に弟がいましてね、五年ほど前に亡くなりました。弟は、三年生で、その弟が疎開のときの手紙、私と父、弟と父とかの家族同士がやりとりした手紙を本にしたのですよ。それを持ってきました。この本の中に載っている弟の手紙の中に、日付とか、名前とかが載っています。弟たちは武剋隊の人たちの陸軍飛行場での訓練の様子とかを見学に行っているんですが、そんなことも描かれているんですよ。最後の一冊となってしまったのですが差し上げますよ」

中澤さんはそう言われて、『日本の子、小国民よ～学童疎開……父と子の便りの記録　中澤敬夫編～』を下さった。この本には付箋がついていて、そこには目之湯に残った学童と特攻隊との交流の様子が描かれていた。

付箋の最初のところには、二十年三月七日付のハガキが記録されている。目之湯の寮母だった矢口恵美子さんが中澤一雄さんに書き送ったものだった。「目之湯にとまってゐられる兵隊さん達ね、とてもおもしろいですよ。毎日のように寮におしかけて来て、大きな声で歌ったり、子供達とボール投げたりして居られます。中澤さんも時々遊びに行った事思ひ出すことでしょう」とあった。

武剋隊の浅間温泉での生活の様子がのぞき見える。記録によると武剋隊が各務原から松本飛行場に飛来したのは二月二十日である。その五日後に六年生は浅間を離れた。わずか三四日しかなかったのに上級生は数回の訪問をしている。空襲を受けている東京に帰る子どもたち、特攻に向かう兵隊たち、互いがふれ合う何かがあったのかもしれない。

その六年生が帰った後の学寮の様子もこのハガキでよく分かる。学童は、兵隊さんのいる本館二階へは行ってはいけないと言われていた。

目之湯の引率の先生にとって兵隊たちと学童が騒いだりすることは望ましいことではなかったろう。が、兵隊の役目を知っていた引率の先生も、中澤さんが言われたように「見て見ぬふり」をするしかなかったように思われる。特攻隊の青年将校には、現世の娑婆《しゃば》で人間とふれ合うのはこれが最後だ。「毎日のように寮におしかけてきていた」と言う。その関係の始まりはお風呂だったようだ。

「温泉ですからね、男も女もなく、いつも一緒でしたよ」

学童と特攻兵では部屋が違う。ところが、温泉は一緒だったと西貝和子さんは言われた。彼女は疎開学童の中で最も年齢が低かった。

「ご飯が終わると、きっと寂しかったからでしょうかね。私たちの大部屋に来られるんですよ。歌を歌ってくれ、お遊戯をしてくれと言われたんですよ。隊長の廣森さんは、いっつもあぐらをかいて坐られるんですよ。私はその膝にいっつもすっぽりと入っていましたね。そうすると、私に必ず言うのですよ。『めんこい仔馬』を歌ってくれって、言われると、歌っていましたね……『ぬれた仔馬のたてがみを 撫でりゃ両手に朝の露』って……それはもうよく来られましたね。お遊戯をすると、隊長さんや兵隊さんたちはもう一緒になって歌ったり、踊ったりしていましたね。それが今も目に浮かんでくるんですよ」

廣森達郎隊長は戦史に名を残している。その彼が和子さんの唄う『めんこい仔馬』が好きだったという。彼女は、「寂しかったからでしょうか」と言ったが、そうかもしれない。彼らの仕事は死地に赴くための準備である。この間若い特攻兵が悟りを開いてゆったりとしていたとは思えない。それぞれに苦悩があったろう。

一仕事終えて温泉に戻って部屋で寛ぐ。同じ特攻隊員同士では話は弾まない。それで部屋に籠もっていると煩悩が襲ってくる。ところが一度温泉に入れば身体が温もって気持ちもほぐれてくる、入っている子どもとふざける。風呂から上がっても部屋に戻らずに子どものいる大部屋へ行く。すると「おじちゃん、おじちゃん」と慕って来て、まとわりついてくる。その学童と歌ったり、踊ったりすれば気が紛れる。隊員たちは疎開学童とふれ合うことで息抜きをしていたように思う。

「廣森隊長は、三重の出身ですよね。伊勢神宮の床下の柱に、自分の名前を彫ってきたから、大きくなって修学旅行で伊勢神宮に行ったらそれを必ず見てきてくれと言っていましたよ」

伊勢神宮は二十年ごとに遷宮が行なわれる。たとえ彫ってあったとしてもすぐに柱は壊される。それを知って言ったのだろうか。消えてゆく自分、彫り刻んだ自分の名、それを残したから見ていってほしい。統率の長と言ってもまだ二十三歳であった。子どもたちとの戯れの中でそんな話をしたのだろうか。

「廣森隊長さんは、とてもやさしい人でしたね。林少尉さんは、ちょっと怖い人でした。お酒を飲むととくに怖かったですね。清宗少尉のことは記憶にないんですよ」

その人柄までも西貝さんは覚えていた。歌を歌ったり、遊戯をしたり、隊長は子どもとよく遊んだのだろう。林少尉や清宗少尉はあまりそういったものに加わらなかったようだ。この三人は、武剋隊先発隊で、沖縄特攻作戦の緒戦で華々しい戦果を挙げた組である。中でも隊長は『戦史叢書』に顔写真と「廣森達郎血書」とある封書と書状が載っている。「御神威ヲ自覚セルトキ迸ル大勇猛心神命ヨリ授ケラレタル皇運扶翼ノ大使命」などと角張った大きな字で書いてある。部下の古屋吾朗伍長とともに小指をカミソリで切って日の丸を描いたことが思い出された。勇猛果敢な隊長としての伝説が伝えられている。が、哀愁を歌う、『めんこい仔馬』に共鳴する心を持っていた。

「小林少尉さんは、陽気でひょうきんな人でしたね。なにやかんや口で言われるものですからつい荷物を運ぶのを手伝ったりしましたね。この人は、特攻に行く前に故郷に帰っていかれましたね。お国はどこか知りませんけど……。結城少尉さんは、大人しい方でしたね。とても控えめでしたよ。私たちの側《そば》にはあまり寄ってこられませんでしたよ。ええ、結城少尉が韓国人だということは私たちは知っていました。田舎にお帰りにならなかったのは隊長さんとこの結城さんだけでした」

西貝和子さんは、武剋隊の兵隊たちのことはよく覚えていた。この結城少尉、小林少尉は後発隊である。

訓練飛行

浅間温泉目之湯旅館での学童たちとの交流は、どうやら訓練現場の見学に結びついたようだ。三月十五日付の中澤さんの弟敬夫さんが父親に出した手紙にはこのときの様子が子細に書き記されている。「十一日、目之湯に泊まってゐる特攻隊の兵隊さんの飛行場を見学させていただきました」とある。浅間温泉から松本電鉄に乗って松本駅へ、更に国鉄篠《しの》ノ《の》井《い》線に乗り換えて村井《むらい》駅へ、そして歩いて飛行場へ。たどり着くと学童たちを待っていたのが歓迎のデモンストレーション飛行で、とたんに目を圧する。「目之湯に泊まってゐる特攻隊の人が飛行機に乗って飛び立ちました。そうして僕たちの見てゐる上で、横てんやちう返りなど、いろいろな事をして見せてくださいました」、目之湯の将校たちが学童へ横転、宙返りなどをして見せてくれた。目の前で繰り広げられるそのアクロバット飛行に学童たちは誰もが度肝を抜かれた。子どもたちは着陸した「戦とう機に乗って機械や計器などを教えてもらった」という。午後も訓練を見学した。次に描かれているのは武剋隊の若いパイロットの松本飛行場での日々の様子ではないだろうか。

しばらく飛行機の整備をみてゐると、飛行機が飛び立ちました。一番先が飛び立つと高くあがってゐき、又、飛行機のプロペラをまわしてしけんしてゐるのを見てゐると、二機めが飛びたち、やがて三機めが飛び上って、大きく飛行場の上をまわり始めました。そして、目之湯の方へ向かって、三機へん隊を組んで飛んでいきました。僕たちがどこへ行ったのだろうと思ってゐると、かくなふこの後の方から突ぜん、低空で飛んで来ました。僕たちはみんな、隊長さんと手をふると、飛行機のつばさを左右にふって合図しました。そして何回も向ふへ行ったり、こちらへせんかいしたり、ひくくなってつばさを左右にふったりしている間に、だんだん低くおりて来て、じゅんじゅんに着陸しました。そして、三人そろって隊長さんの前に行き、敬禮をしていろいろな事を報告して僕たちといっしょにお話してゐる内に、僕たちの帰る時間が近づいて来たので、班ごとに並んで門の方へ歩いて行きました。書きおくれましたが、飛行場へ行ったのは、目之湯全部と、尾ノ上ノ湯の子と、東山温泉の子ときばう者が五人づつ行きました。

今まで、疎開学童の多くから話を聞いてきて、武剋隊、武揚隊の旅館の中での生活は分かってきた。ところが、飛行場での生活はほとんど分からなかった。しかし、この記録によって彼らの航空兵としての日常が見えてくる。秋元佳子さんは、彼らが「毎日松本飛行場に出掛け」ていたと書いていた。本当に飛行訓練をしていたことが手紙から分かる。

廣森隊長は、飛行場にいて、千代の湯や富貴之湯に泊まっていた年若い部下、十八歳の今西修、十九歳の嶋田貫三、十九歳の大平定雄などが操縦する飛行機を見守っている。呼吸を合わせての編隊飛行や格納庫を攻撃目標に見立てての急降下訓練である。

彼らは、子どもたちが来ていることを知っている。操縦席から廣森隊長が子どもたちと手を振っているのを見て、翼を振ってそれに応えた。

その戦闘機、九九式襲撃機が次々に着陸する。そして、その操縦席から降りてきた飛行服姿の青年達が、駆け足で廣森隊長のところにやってきて、挙手をし、飛行報告を行う。憧れの戦闘機乗りが自分たちの側にいる。

「おい、この兵隊さんたちには何を聞いてもいいんだぞ!」

廣森隊長は子どもたちに言ったのかもしれない。次々に男子は手を挙げて質問をした。「僕たちといっしょにお話しして」はそんな光景を思い起こさせる。

浅間温泉には数組の特攻隊が滞在していた。しかし、このときに陸軍松本飛行場に行って訓練を見学できたのは駒繋国民学校の疎開学童だけだった。尾ノ上湯、東山温泉はやはり同じ駒繋国民学校の学童たちがいた学寮である。このことによって見学が日之湯つながりだということが分かる。ここに将校が泊まっていたことが発端になって駒繋国民学校の学童たちは見学に行った。鉛筆部隊はどうだったのか? これを証明する日記がある。部隊の一員だった鹿子木幹夫君が日記を残していた。彼は三月五日のことをこう記している。

○飛行場
鳴瀬・荒井・秋元・中島・長谷川・佐藤・磯崎君の七名は出戸さんに連れて行っていただいて飛行場見學に行った。とれも嬉しかったが行かれないのにいくらさわいでもだめだ。


鹿子木君は風邪で行けなかった。鳴瀬君は飛行場に行って翼に乗り、操縦席を覗き込んだ。計器がたくさんあってガソリンの匂いがきつかったという。

慣れ親しんだ疎開学童に特攻機を見学させて触れさせた。特攻基地最前線ではできない、後方基地だからできたことだ。この逸話は特攻兵と学童との親密さを物語るものだ。

武剋隊先陣の出発

この廣森隊長が指揮する武剋隊第一陣の出発はもう間もなくだった。

「出発される前の日だったと思うのですよ。廣森隊長さんは、日の丸の端っこを切り裂いてみんなにお別れにあげていましたね。私は、白いマフラーみたいなのに墨で『廣森達郎』とサインしてもらったものを持っていたのですけどね、家を建てたときにどこかにやってしまったんですよ」

「最後、目之湯を出て行かれるときに、皆さん、整列なさって、そうそう腰には軍刀を下げておられましたね。廣森隊長が敬礼をして、確か『これから行って参ります』みたいなことをおっしゃったのですよね。そのときだったと思うのです、この上空まで飛んできて、お別れをするからとおっしゃったと思うのですよ……それで、特攻機は飛んで来ましたね。目之湯の旅館の裏手に山がありまして、桜ヶ丘というんです、寮母さんに連れられてみんなで登っていって手を振りましたね。三回ぐらいでしたか低空で旋回していました。操縦席にいる兵隊さんが見えましたよ。ぐるぐると回ってそして、向こうの方へ飛んで行きましたね。私たちは子どもでしたけど、もう一生懸命手を振りましたね……」

西貝和子さんはそのときの様子を、そんなふうに言われた。

武剋隊先発隊が陸軍松本飛行場を飛び立ったのは三月十八日である。このときのことだろう。中澤敬夫さんもこの日付のハガキに「今日は日曜で休みなのですが、大そうじがあるので學校へ行きました。勉強を二時間して大そうじをして帰りました。今日学校から帰って来て門を入った時、兵隊さんの飛行機がていくうで目之湯の上空を飛んで行きました」と記録している。西貝さんと中澤さんは同じ三年生だ。男女で行動が違ったのだろう。

いずれにしても『週刊少國民』が伝えていた「飛行機が五機、低空で、千代の湯の上を旋回し」というのは事実だった。松本飛行場を飛び立った飛行機は、一旦北を目指した。浅間温泉へのお別れデモンストレーションである。が、五機ではなく、一編成三機、三編隊の九機だ。「廣森隊長編隊の二番機は、今西軍曹、三番機は伊福伍長、林少尉の第二編隊は、出戸軍曹、大平伍長、清宗少尉の第三編隊は、嶋田軍曹、今野軍曹でした」と隊長機の後部座席に乗っていた整備兵の今野喜代人氏が手記に書いている。第一編隊の隊長機に導かれてこの九機は浅間温泉に別れを告げにきた。機にはそれぞれ整備兵が同乗していた。彼らも桜ヶ丘で懸命に手を振る駒繫国民学校の学童に応えたのだろう。

中澤さんの『日本の子、小国民よ』には、寮母の矢口恵美子さんが一雄さん宛てに二十年三月十九日付でハガキを出している。「目之湯の兵隊さんも、今は飛び立っていかれました。貴方達の後に續いてくるのを信ずと申残されて行かれましたよ。お一人お一人の顔が浮かんで参りませう」この矢口さんは自身が目にしたことを具体的に書いている。恐らくは玄関で別れ行く彼らを見送り、また上空に飛んできた飛行機を目にしたものだろう。

中澤敬夫さんが自費出版で出された『日本の子、小国民よ』は、武剋隊の松本での細かな動向を記したものだ。まず、二十年三月二十一日付で敬夫さんが父宛てに書いたハガキである。

目之湯に泊つてゐる兵隊さんが戦地（臺灣）に行つたのは、六人のうち中尉の隊長殿と清宗といふ少尉の人です。後にのこつてゐる兵隊さんは四人とも少尉で、そのうち一人はせいびの役目です。それから兵隊さんの名前が分りましたから書きます。四人の人は、小林、ゆうき、林、伊藤です。臺灣に行つたのは廣森隊長と清宗少尉どのです。

旅館に滞在していた兵隊たちは台湾に向かったと敬夫さんは記している。この情報は特攻兵士から得たものだろう。新京で編成された特攻隊は、第八飛行師団の傘下に入った。司令部のある台湾に向かう途中、装備を付け替えるために松本飛行場に飛来してきた。「爆装改修」が終わり次第、任地に向かうことになっていた。それで学童たちは彼らから台湾に行くと聞かされていたのだと思われる。

まず廣森隊長が統率する先陣が慌ただしく発っていった。「それからもう何日も経たないうちに廣森隊長のことはニュースになりましたよ」と西貝和子さんは言われた。残された後陣は、小林勇少尉、結城尚弼少尉である。「林」というのは武剋隊に「林一満少尉」がいるが、これは隊長とともに先陣で発っている。「伊藤」というのは整備班長の将校伊東実少尉だと思われる。

武剋隊後陣の出発

武剋隊後陣がいつ、松本を発ったのか不明である。が、敬夫さんが三月二十九日付で、「母・姉」宛てに出したハガキは、その間の事情を知る資料となるものだ。

目之湯に泊まってゐる特攻隊の兵隊さんの隊長どの（廣森さん）と林さんと清宗さんが出發した後、沖なわの海で、外のやどに泊まってゐる人たちと、敵の機動部隊にあって體當りをして、空母を五せきと巡洋艦を三せき沈めました。それから昨日、ゆう城さんが臺灣へ行き、今日小林さんと伊藤さんがいって、目之湯は一人も泊まってゐません。新ぶんに出たらよく見ておいて下さい。名は武剋隊です。

先発隊の廣森隊が三月二十七日、特攻攻撃を加え、その大きな戦果が報道されたのは翌二十八日の新聞である。ラジオも臨時ニュースを流しているはずだ。結城少尉が目之湯を出たのはその二十八日だ。急を聞いて結城少尉は、後発隊の隊長として一足先に陸軍松本飛行場へ向かったものだろう。その日のうちに時枝宏軍曹とともに松本飛行場を発って各務原に着いた。それは松本明美さん宛の時枝軍曹の手紙が証明している。

次の日の二十九日には目之湯に残っていた将校の小林勇少尉と整備兵の伊藤さんが発っていった。このことから思い出したことがある。この日松本高女は卒業式を迎えている。武剋隊後陣には、卒業を祝ってのデモンストレーションをする余裕はほとんどない。離陸したとたん機は脇目をふることもなく各務原へ向かったと思われる。

旅館、目之湯では、特攻隊は毎晩のように兵隊と学童とが集まって歌ったり、踊ったりして賑やかであった。ところが先発隊が発ち、後発隊も歯が抜けるように次々と出ていき、「目之湯は一人も泊まってゐない状態となった。手紙には全ての兵隊がいなくなった寂しさが描かれている。

駒繋小学校の目之湯にいた方、三人から聞いた話、そして、中澤さんから頂いた『日本の子、小国民よ』という本によって、今まで分からなかったことがはっきりと分かってきた。松本に飛来した特攻隊の貴重な記録であり、証言である。

しかし、注意しなくてはならないことがある。人の記憶の不確かさである。六十数年経ってもいる。その間に、別の情報がすり込まれるということはある。その点、きちんと記録として残されたものは事実への信頼性がある。

ゆえに頂いた『日本の子、小国民よ』は、家に帰ってから貪り読んだ。ところがここに思いがけず、見覚えのある名が出てきた。海軍十四期飛行予備学生だった阿山剛男さんの名だ。なんと彼が浅間温泉目之湯の中澤一雄さんに大井海軍航空隊からハガキを出していた。

二十年一月十三日付　従兄阿山剛男→一雄（大井海軍航空隊より検閲済みハガキ）

お便り有難う。元気でなによりです。疎開生活も大分馴れ、東京とは全然違った学校生活で色々と珍しいこと、楽しいことが多いことでせう。私の居る航空隊の近くの町にも東京の子どもたちが沢山疎開して来ていますが、みんなお寺に泊まってゐて元気一杯にやってゐます。

さて君の方の生活を知らせて呉れるとの事、喜んで待って居ます。私の方の生活もお知らせしませう。この頃は寒稽古で朝五時より起きて直ちに飛行場に出て駆足をします。それから朝食です。それがすむともうすぐ飛行場へでて飛行機に乗って訓練が始まります。何時でも飛び出せる様になってゐる沢山の飛行機が幾列にもずらりと並んで轟々と爆音をたててゐる様は実に壮観で、是非一度見せてあげたいものです。雪で真っ白に輝いてゐる富士山やアルプスの山々を一眺の下に見て飛ぶ爽快さは何とも言へません。私達の勉強はこうして空の上で行われてゐきます。君達も寒さに負けず頑張ってください。ではお元気で

まず阿山剛男さんに、次に中澤一雄さんに電話をした。長い間音信不通だった二人は、私からの知らせを聞いて互いに存命を確かめ合ったと後で聞いた。

桐の湯の特攻兵

千代の湯、富貴之湯、目之湯というふうに特攻兵が宿泊していた旅館が分かってきた。彼らはあちこちに分散宿泊していた。当然他の旅館にもいたはずである。実際、「桐の湯にもいたようです」と松本明美さんからは聞いていた。ここも代沢国民学校が疎開学寮として使っていた。

多くの例に当たれば事実がより分かってくる。桐の湯ではどうだったのか？　前々から気にはしていた。ところが、そこにいた人が見つからないと聞けない。そんなときに一人の所在が知れた。加藤穂高さんである。加藤楸邨の息子さんである。『北沢川文学の小路物語』ゆかりの俳人で冊子を作るときに何回か電話でお話を伺ったことがある。その一つにこんなエピソードがあった。

「お父さんの句集『雪後の天』を読んでいるときに、『転校の子に泣かれゐる雪の中』という句が出てい

ました」

「それは私です。代沢小に転校してきたばかりのときこちらの方が勉強が進んでいたんです。それで勉強ができなくて泣いていました……」

このときは疎開のことは知らなかった。ところが、後になって彼も鉛筆部隊の一員だということが分かってきた。浅間温泉では桐の湯にいて再疎開先は郷福寺であった。ここで松本さんや同級だった田中さんと一緒になっている。

この加藤穂高さんには、桐の湯のことを聞いてみたいと思っていた。しかし、その住所や電話番号が見つからない。ところが、田中幸子さんに用事があって電話をしたとき、加藤穂高さんの名が出てきた。

「その穂高さんの住所と電話番号は分かりませんか?」

「同期生名簿に載っていますよ」

彼女から番号を聞いてさっそくに電話をした。五年ぶりに連絡がついた加藤穂高さんは、疎開時のことを鮮明に覚えていた。この電話がきっかけとなって、陸軍松本飛行場の意外な一面が分かってきた。

「桐の湯は古い旅館でした。江戸時代からの建物で、確か隠し部屋があったように覚えています。特攻兵はおりました。彼らは浜松《はままつ》から来ていたようなことを話していました。ほんの一、二泊の短期なんです。慣れるというか、顔見知りになる前に行ってしまうんです。そんなことが五、六回ぐらいはありました。昼間は、私たちと遊んでくれて、夜になると綺麗《きれい》どころとどんちゃん騒ぎをやっていました……」

武剋隊や武揚隊とは別系統の特攻隊だ。浜松から来たというのは手掛かりになりそうだ。

加藤穂高さんの話は続く。

「彼らが来るのを楽しみにしていました。飛行機の話を聞けるとか、それから、甘味《かんみ》に飢えている私たちに甘いものをくれるとかがありましたから。それはキャラメルです。今よく売られているキャラメルの箱をもっと小ぶりにしたものです。飾りも何もないボール紙に切手ほどの大きさのシールが貼ってあって、そこに『航空糧秣《りょうまつ》』と書いてありました。抹茶を糖分で固めた長方形のものでした。その他に持っていたものは、サイダー瓶に『疲労回復液』と書かれた飲み物です。シロップ状で糖分が濃密でした。ものすごく甘いのです……それと彼らはみんな手札形の写真を持っていました。軍装姿のものです。白い柄の刀を持って写っているんです。裏には、出身地の村と階級と氏名とが書いてありました。みんなにくれていました。私も数年前までは持っていましたけどね……」

「彼らは、前の日に『明日は飛んでくるから』と告げて、旅館を出て行きました。私たちが外に出て待っていると旅館の屋根の上にいきなりニューッと出てくるんです、海を泳でいくエイのようでした。憧れの飛行機ですから心奪われました。ええ、大型爆撃機の飛龍です。それが屋根や木立の上をスレスレに飛んで行くんです。五、六回ぐらい旋回していきました。操縦席にいる人の顔が見えるんです。白いマフラーを振っていたのを今でもはっきりと覚えています。最後は、翼を左右に揺らして、南の広丘、塩尻の方に飛んでいって消えてしまうんです。宿にいた女の人は涙を流して見送っていました。忘れられません……ああ、その機種ですか？　覚えているのは主には飛龍です。呑龍やキ51も覚えています……再疎開先の郷福寺にいるときに、飛行場の方から何か、ときどき大きな金属音というか、噴射音が聞えて来ました。いよいよ日本もロケット式の飛行機ができたのかと友だちとうわさをしていました……」

「それと飛行機で印象的なのは、浅間温泉にいたときに芥子坊主山に遠足に行ったことがあります。小高い山で穂高や常念、そして松本平がよく見えました。青い空に銀紙のちぎれたような飛行機が飛んでいたのは印象深く覚えています。そこには鉄条網が張られていて朝鮮から徴用された人々がいました。こうやって一つ一つ思い出していくと次々にそのときの場面が浮かんできます……」

「郷福寺にいたときに塩尻方面から大勢の人、百人ぐらいが列を作って歩いて来ました。みんな顔が煤《すす》けているんです、大人も子どももいました。リュックとか風呂敷包みを皆抱えていました……今にして思えば、空襲の被災者だったと思います。ええ、名古屋方面からの列車が塩尻止まりで松本まで歩いて避難していたのだと思います。その列の中に顔にやけどを負ったお婆さんがいました。その人が道端の側溝にドボンと填《はま》りこんでしまったんです。手を貸して助けたらお婆さんが『ありがとうありがとう』と言って、私に金時計をくれたんです。担任の柳内先生に届けたんですけどね。後はどうなったのでしょう？　しかし、もう六十数年経ってることですから今お話したことは場合によっては、記憶が誤っているということがあるかもしれません。そのことは伝えておきたいことです……」

古い記憶の全てを点検することはできない。しかし、加藤穂高さんが話されたことは残っている資料とつきあわせることで確かめられる。目撃した機種は重爆撃機の飛龍や呑龍である。驚いたのは穂高さんが覚えておられた戦闘機の「キ51」である。これは、九九式襲撃機で、武剋隊や武揚隊が乗っていたものだ。新京から飛来してきた特攻二隊は全部で三十人、その数だけ機はあったはずだ。訓練のときか、お別れ飛行のときとかでこの機影を見たのだろう。

飛龍の特攻出撃

陸軍松本飛行場の飛龍について調べていたところ、インターネットのホームページの記述に興味深い記事を見つけた。浅間温泉井筒の湯にこの機で来ていた人の手記が載っていた。『飛龍特攻の記』（特別出撃に参加して）というタイトルだ。「浜松第七航空教育隊・飛行第六二戦隊　前村　弘」と記してあった。この一節に次のような箇所があった。

機材受領のためか？　先ず松本の飛行場に向けて出発した。
途中南アルプスの山峡を縫い、たまには樹木スレスレの低空を楽しみながらの飛行機の旅はスリル万点で、若い張り切った淀川曹長のこと、まことに鮮やかな腕前であり今日でもはっきりと記憶に新しい。
松本では浅間温泉「井筒の湯」で一泊した。
食事の時、女中にせがまれて、翌日は旅館の裏山の頂きから急降下を二・三回繰り返し、物干し台で懸命にハンカチを振っていた光景や、物はついでと、付近の学校めがけての低空飛行は機の一番先端に座席を占めていた私にとっては全く肝を冷やす程で、まことに思い出深い旅だった。

前村弘候補生（特別幹部候補生）は、〈と号機〉、すなわち特別攻撃専用に改造された、飛龍の航法士だった。これに乗って各務原飛行場から機材受領のために陸軍松本飛行場に着陸した。このときに、井筒の湯に宿泊している。ここも代沢国民学校の学寮として使われていた。しかし、疎開学童は四月十日に塩尻一帯の寺に再疎開をしていた。前村さんが宿泊したのは昭和二十年四月二十三日のことだった。

　この短い記述は、私の想像を刺激した。と号機、飛龍の乗員は一晩泊まりの浅間であった。帰れば特攻出撃が待っている。そんな中、寸時の寛《くつろ》ぎだ。温泉にゆっくり浸《つ》かって、夜はきれいどころとか女中さんなどを相手に飲んだものだろう。そんなときに、「ねぇ、明日さ、飛んでみてよ」と頼まれた。

その翌日、陸軍松本飛行場を飛び立った飛龍は浅間温泉にお別れに来た。裏山というのは桜ヶ丘だ。北西に延びている舌状谷の上から井筒の湯をめがけて急降下した。物干し台では女中たちが白いハンカチを懸命に振っている。それも瞬時に通り過ぎる。直進するとすぐに校庭が見える。本郷《ほんごう》国民学校だ。ついでにとこの学校の屋根をスレスレに飛んだ。前村弘候補生は「肝を冷やす程」だったというが、突然に低空飛行で現れた重爆撃機に国民学校の子どもたちは、度肝を抜かれたのではないだろうか。戦闘機とは音が違う、重爆撃機の爆音は体にまでびりびりと響きわたる。

急降下を何度も繰り返したというのは、下界にいる人々への熱いサインだったのだろう。この六二戦隊の乗務員は、各務原で機体を受領した後は、それで沖縄へ特攻出撃する。死出の旅路の前の「思い出深い旅」であった。前村弘候補生は、二回特攻に失敗して、次は三度目の正直となる特攻出撃だった。

特攻に行くはずだったが、行けなかったという人には何人かに会った。が、三度目というのは極めて特殊だ。もしも生きておられればお話を伺ってみたいと思った。

「北沢川文化遺産保存の会」の相談役廣島文武氏は、ご自身の弟さん廣島忠夫一等飛行兵曹が神風特別攻撃隊第四御楯《みたて》隊の一員として出撃していた。終戦直前の昭和二十年八月九日に百里原基地から彗星《すいせい》に搭乗し、金華山《きんかざん》沖で戦死している。そんなことから「特攻隊慰霊顕彰会」の理事を務めていた。それで、この前村弘さんの住所が分からないか聞いてみた。するとすぐに事務局に問い合わせてくれて、ご本人が江東《こうとう》区の木場《きば》に居住していることが分かった。

私は、ネットに載っている記事を是非引用させてほしいということを手紙に書いて送った。それから数日後だった。驚いたことにその当の前村弘さん本人から直接電話があった。大正十四年生まれの八十六歳だと言われた。

「ええっと、乗機は飛龍でした。沖縄特攻に失敗しましてね、四月になって九州大刀洗飛行場から秘密兵器と言われた飛行機『さくら弾機』を受け取りに各務原に行ったのです。このときに、松本飛行場に飛行機の部品を取りに行ったんです。あそこには三菱重工の工場が疎開していましたからね……。そのときに浅間温泉には一泊だけしました。多分飛行第六二戦隊で松本飛行場に行ったのは私らだけだと思うのですよ……飛行場の滑走路ですか？　そんな凸凹というわけではなく平らになっていて、特に離着陸が困難だったというような記憶はありません……」

四月十五日、十七日に郷福寺にいた鉛筆部隊は、この飛行場に勤労奉仕に駆り出されている。この飛行機の着陸はその数日後だ。

「試験飛行中の機が墜落して操縦の岡田曹長が亡くなったのは四月二十五日です。命日ですから覚えています。それから逆算すると、松本飛行場を飛び立ったのは四月の二十四日だと思うのです。離陸した後に浅間温泉上空まで行きました。低空で旋回しましたね、ええ操縦していたのは淀川曹長です。彼は、操縦のベテランです。南方戦線にいたとき、九七式重爆撃機の二型で宙返りして始末書を書かされた人です。人を驚かすようなことが好きな人でした。裏山から学校めがけて、何回も飛んで行ったんですよ。飛龍の前部はボンネットの形をした風防ガラスでしょう。その一番先端のところに私は席を占めていました。鉄製の支えのアングルはあるんですが足下に地上がもろにのぞき見えるから怖かったですね……そうそう松の木とか、屋根にぶつかるんじゃないかとひやひやしました……そうですね、各務原への飛行ですか。普通だったら、高度三、四千ぐらいが空気抵抗もなく燃料消費も少ないのですよ。あのときは、山峡《やまかい》を縫っていきました、低空の場合だと飛行していくというスリルはありましたね。……各務原に着いた翌日は、受領した『さくら弾機』の試験飛行があったんですよ。これを受け取って大刀洗に持って行くはずだったんですよ……」

さくら弾機

「さくら弾機」という飛行機の名前は初めて耳にした。一般的にもあまり知られていないものだ。

前村弘さんは、命を受けて隠密裡《おんみつり》にこれを受領にきたようだ。手記に、この秘密兵器を初めて目にして「異常な姿で、恰《あたか》も『魔法使いのセムシの婆さん』と思える不気味な姿」と書いている。重さが三トンもある超大型爆弾を積載するために操縦席後部が異様に膨らんでいる。

「試験飛行には乗り込みました。トップも尾部もベニヤなんです、何か気味の悪い飛行機でしたね……、ところが滑走路の端までくると私ともう一人は、操縦士の岡田曹長に『どうしても降りろ』と命令されて降ろされたんです……機は飛び立っていきました。ところが、しばらくしてトラックなどがあわてて走っていくのを見て驚きました。着陸に失敗して墜落したんですね……その機からオレンジ色をしたお椀《わん》状の爆弾がころころと転がって行くんですね。肝を冷やしましたよ。とんでもない威力を持った爆弾でしたから……「爆弾は液体爆薬で前方三キロ、後方二キロが火の海になる」（前村弘手記）……操縦の岡田曹長と機関の三沢伍長は亡くなりました。二人の命日が二十五日なんですよ。他の同乗していた整備員は一人は即死し、もう一人は助かったと聞いています……墜落した『さくら弾機』に乗って三回目の特攻に行くはずだったんですけどね……この話は本にも書かれていますからごらんになってください……」

私はさっそくにその資料を探した。『重爆特攻 さくら弾機』（林えいだい・東方出版）が見つかった。各務原から松本飛行場に行ったときのことが載っていた。

松本の三菱重工の部品工場は、山をくり抜いた地下工場で、そこで勤労報国隊員や女子挺身隊隊員が働いていた。

飛行場でさくら弾機の部品を受け取ると、空襲がないうちにと夕方キ67に積み込んで、その夜は浅間温泉井筒の湯に宿泊した。

翌朝、南アルプスの銀嶺を越えて各務原に着き、さくら弾機の部品を各務原航空廠に渡した。

この『重爆特攻 さくら弾機』はノンフィクションである。前村弘さんの人物伝でもあった。筆者が本人に会って、しっかりと取材をしたようである。彼の入営から終戦までを丹念に描いていた。

前村候補生は、大刀洗飛行場に戻ってきて五月二十五日に出撃する特攻隊員の壮行会に出席している。このときに新任の隊長が挨拶に立って「重爆特攻は、四人で一万人以上の米兵をやっつけることができる」と「さくら弾機」の兵器としての性能を誇ったようだ。操縦士、航法士、通信士、機関士の四人が搭乗し、三トンの爆弾を搭載した機が目標に当たれば敵艦は木っ端みじんになると。

三度目の特攻出撃を免れた前村候補生は、小野戦隊長の挨拶を聞くと怒りがこみ上げてきた。口では四人で一万人というが、特攻に出撃する隊員の生への思いがどんなに強いものか、全然分かっていないと思った。二度も出撃して、帰還した者のみが知る心の叫びだった。

記述によると、前村候補生は「戦隊長殿、着ている軍服を脱いでください。その少佐の階級章がどうも目障りでしょうがない」と食ってかかったと書いてあった。

つぶさに機体を見、墜落しているところを目撃している彼である。機械の部品ではない一個の人間が、隊長の言う嘘八百に我慢できなかったのだろう。私には、顔を紅潮させた前村さんの姿が目に浮かぶように思った。

陸軍の命運をかけたという「さくら弾機」は、設計上にも無理な点の多い欠陥機だった。にわか作りの特攻機は墜落したり、行方不明になったり、挙げ句には火を放たれたりして、何の戦果も確認されないままに終戦を迎えていた。

「さくら弾機は秘密裏に作られた飛行機ですから、ほんとに知られていないんですよ。全部で数機が作られたのです、三機が着陸に失敗しています、淀川曹長は、飛行時間の長いベテランでした。飛行機の運動性能のことをよく知っていましたね。ベニヤ板で作られたさくら弾機の操縦はとんでもなく難しいと言っていました。四月十九日、鹿屋出撃の沖縄特攻のときは、私の機の後ろにこの機はついていたんですけどね、これも行方不明ですね。五月二十五日にも大刀洗から二機出ていて、これは見送りましたが行方知れずです……」

製造された数機は全部で九機だと記述にはあった（『重爆特攻 さくら弾機』）。

私は、前村弘さんから聞き出したことを一旦原稿に起こして送り、間違いがないか見てもらった。折り返し電話があってまたやりとりをした。

「前村さんは、長崎の出身でいらしたのですね」

『重爆特攻 さくら弾機』を読んで知った。これには前村弘候補生が終戦をどう迎えたかが子細に描かれている。八月九日の長崎原爆で父親と妹を亡くしていた。「原爆は前村さんの家族を奪い、長崎の故郷を消してしまった」を結びとして終わっていた。

私は、これを読み終えたとき、因縁の円環に拳固《げんこ》を喰《く》らったように覚えた。私は全く戦争を知らない。知ったのはじつはこの長崎でだった。

中学二年のときに遠足でここを訪れた。高台にあるグラバー邸から長崎湾を見て、十四の心は青空に吸われた。ところが、長崎原爆資料館に入ったとたん暗黒地獄に突き落とされた。一発の原子爆弾によって一瞬にして七万余の人が亡くなった。累々《るいるい》と横たわる黒焦げの死体に終生忘れ難い強烈なショックを受けた。人間が人間でなくなるのが原爆だった。そのことを初めて知った。

当時の自分は、世をすねていて、勉強を馬鹿にしていた。授業をサボり、机に向かうこともない、不良少年だった。

遠足から帰ってきて感想を書かされた。私は夢中になって、熱線でひん曲がったラムネ瓶、うずたかく積まれた死体、それから受けた衝撃を率直に書いた。いつの間にか原稿用紙二十枚ほどにもなっていた。作文などまともに提出したこともない自分だったが一気に書き上げた。このとき国語の担当だった若い外尾醇子先生は、その悪筆をガリ版に起こして印刷し、冊子にして全員に配布してくれた。自分の行為が報われるということを初めて知った忘れ難い出来事だった。

今にして考えるとこの長崎原爆から受けた衝撃は大きい。これによって、人生に目覚めたように思う。戦争への深い関心の始まり、その原点がここにあった。

私の後半生は、戦争のことを人から聞き出すことに終始した。真珠湾攻撃の参加者、広島電鉄家政女学校の原爆被害者、サイパン島玉砕の生き残り、特攻隊生き残り、学徒出陣兵、疎開経験者などから聞き取りをした。それだけでは飽き足らず、墜落B29の跡、国領、久が原、経堂を巡り、駒沢練兵場、代々木練兵場、駒場の諸軍事施設跡、中島飛行機武蔵野製作所、陸軍調布飛行場跡地などを憑《つ》かれたようにひたすら訪ね回った。分かってきたことは、戦争になれば人間の命など紙切れ一枚よりも軽くなるということだ。それどころか、住み慣れた街でさえも一発の爆弾であっけなく消えてしまう。

「地球上から、懐かしかった長崎の街が消えてしまった。沖縄出撃の途中の特攻機で、最後に浮かんだのはこんな破壊された長崎の街ではなかった」と林えいだい氏は、前村弘さんの激烈な故郷喪失経験を描いていた。

「私の兄も、フィリピンで戦死しているんですよ……」

前村弘さんは、最後にぽつりと言われた。私は返す言葉がなかった。

加藤穂高さん、そして、前村弘さんから、往事の話を聴くことができた。これによって陸軍松本飛行場の様子が少し分かってきた。浅間温泉は兵士が憩う場であった。一方の陸軍飛行場は戦闘機や重爆撃機が離発着する最前線だった。これを知ったことから、この飛行場への関心が一層に深くなってきた。

陸軍松本飛行場

陸軍松本飛行場について調べ始めた。このときに松本空港図書館が陸軍飛行場の跡地にあることから関連資料を収集していることを知った。二〇一一年になって二度目に松本浅間温泉を取材する機会があってここを訪れた。

「軍関係の書類は終戦と同時にGHQの追及を恐れて焼却したようです。このため、かつて松本飛行場を写した写真など一切見つかっていません。終戦後、戦闘機を接収した際、米軍が写し、近年になって公開された戦闘機の写真のみです」

松本市空港図書館館長の川村修氏が応対してくださった。これを聞いて即座に思い起こした。広丘国民学校の最上級生だった清沢恒春さんたちが飛行機の残骸の焼却を言いつけられたことだ。証拠隠滅のための作業の一つだったように思われる。国民学校の学童まで駆り出しての徹底した作業、ここには理由がある。松本陸軍飛行場の位置づけだ。特攻機を出撃させた飛行場は誉れだった。が、敗戦によってそれは逆転した。敵側からの追及は免れないと判断してそれらすべての証拠を消そうと躍起になった。執拗とも思える証拠隠滅作業はここに理由があったのではないかと考えた。

「記録的なものでは、空港が建設された地区、当時の今井、笹賀、神林、各村の郷土誌にわずかに記述があります。当館にはこれがあるのみです……。松本浅間温泉での特攻兵と疎開学童のふれ合いについては全く知らないことです。それは新しい発見ですね」

私が調べていることが近代史、地域史のどこに位置するのか考えもしなかった。ところが記録されていないものと知った。歴史の空白を埋めるものであった。

この空港図書館を訪問したことがきっかけとなって松本陸軍飛行場の歴史が次第に分かってきた。一番驚いたことは終戦間際になって完成していたことだ。

地形は北東にやや傾斜して起伏があり、やつか（石塚）が各所に散在している土地を平らにし、芝を植えて、二十年八月には第一次の計画に南北の一部をつけ加えて一応の完成をみた
郷土誌『かんばやし』

武剋隊や武揚隊は二十年二月末、各務原で爆装改修を行うために満州新京から飛来してきた。ところが、

名古屋空襲に遭遇し、爆撃される恐れがあったことから山間部の松本飛行場に飛んできた。建設中のここに戦火を逃れてきた戦闘機三十数機が強引に着陸して、開港のテープカットをしたのではないか？　私はそう推理していた。

昭和十七年（一九四二）六月、ミッドウェー海戦での敗北をきっかけに日本は劣勢に回る。そんな中「昭和十七年の秋頃から松本飛行場設置」（『かんばやし』）の計画が持ち上がった。翌年これは一気に加速する。

　昭和十八年十月に、突如として陸軍省から今井村役場に関係者が集められその場で飛行場範囲が示された。同一五日には笹賀国民学校に神林、笹賀、今井の三村の地主が招集され、耕地・山林など二〇七町歩に及ぶ飛行場用地買収に調印させられ、建設が始まる。……中略……工事は中信地区の翼賛壮年団をはじめ近傍の住民、学生、児童までが労働動員され、ショベル、ツルハシ等による人海戦術で、土砂の運搬にはトロッコ線が用いられた。また証言では一〇〇人くらいの朝鮮の人々が終戦まで労働者として来ていたとされる。

『松本市史研究』―松本市文書館紀要―第一七号　平成十九年三月
続・陸軍松本飛行場跡についての覚書　原　明芳香

総動員態勢で工事の始まった昭和十九年、後の映画監督熊井啓少年は松本中学に在学していた。「私たち二年生も十月五日に建設工事が始まった笹賀の陸軍飛行場へ駆りだされた……中略……私たちは二組ずつ一週間交替で出かけては、滑走路周辺の芝張りや拡張工事でトロッコを押しまくっていた」と記録している。「土をショベルでトロッコに積み上げ、長い距離を手で押して運び、窪地にあけて地面を水平にする作業を主にやらされた。これは非常に力の要る危険な作業で、坂道で脱線転覆したり」、土を空ける際、反動ではね返ってきて大怪我をしたりすることもあったという（『私の信州物語』熊井啓）。

芝張りも作業の一つだった。「上空から見ると、一目で飛行場と分かる。だから芝を張って、ただの野原に見せる」（同）ためのものだったという。

『信州物語』は十九年秋に「中島九七式戦闘機に似た旧式」が着陸をしたと記録している。「この飛行機が来てから、ようやく飛行場らしくなった」、この記述は貴重だ。勤労奉仕は「十九年十月五日から十一月四日までの一ヶ月だった」とある。これによると一月ほどで開墾と地ならしができたことになる。それで飛行機はとりあえず着陸ができた。中信《ちゅうしん》地区の人々、そして朝鮮からの強制徴用をされた人々を総動員して行われた。遠隔地の人は夜中の十二時に弁当を準備し、村に帰れば夜中の十二時になったと地区誌は伝えている。過酷な突貫工事であった。

翌二十年四月二十九日、再度「私たち三年生に動員が下命された。作業は陸軍飛行場と整備工場の二手に分かれた」という。

戦争末期における陸軍松本飛行場の役割は山中の待避場という側面と、修理、補修、改装のための飛行場という側面があった。既に当地に多くの工場が疎開してきていた。

昭和十九年十一月から始まった東海地方への米軍の空爆や東海大地震の被害を避けるために、工場の松本地方一帯への大規模な移転を計画し実行を始めている。松本に展開した工場では、重爆撃機キ—六七（飛龍）生産のほか、遠距離戦闘機キ—八三、零戦の艦上戦闘機烈風、ロケット推進戦闘機秋水などの試作が行われようとした。

『松本市史研究』（同）

ここでいう地震は、昭和十九年（一九四四）年十二月七日に起きた「昭和東南海地震」だ、これによって東海地方の軍需工場は大きな被害を受けている。かてて加えて米軍の空襲が始まったことから松本一帯に航空機関係の工場が疎開してきていた。「飛龍」は当地で生産されて（され始めて?）いたようである。この秘密裏に移転してきた工場は実際に稼働し始めていた。静かだった浅間温泉も、「戦況とは逆比例的に、軍人の往来が激しくなり、何々工場慰安会なるものが、連日の宴会でどんちゃん騒ぎを演ずることが、日にあまるようになってきた」（『学童集団疎開』浜館菊雄）という。

松本飛行場が運用され、工場が移転してきたことで浅間温泉が賑《にぎ》わってきた。信州松本における軍需工場の操業や稼働、偵察能力の高い敵にこれが見つからないわけはない。この工場群を狙って松本を空襲してくることが強く懸念されてきた。これが浅間温泉の学童たちの再疎開に結びついていた。

昭和二十年四月、飛行場への勤労奉仕に行った熊井氏はこう記録している。

私の作業は飛行場のほうだった。飛行場はほぼ完成の域に近づいており、東側の笹賀よりには格納庫が六棟建てられ、一式戦闘機の「隼（キ—43）」や液冷式エンジンで三式戦闘機の「飛燕（キ—61）」、九九式双発軽爆撃機「キ—48」、最新鋭重爆撃機「飛龍」（キ—67）、新司令部偵察機等が本土決戦機として、疎開、集結を始めていた。飛龍は双発の四枚プロペラ機で、エンジンが金属音を上げて飛行する姿は頼もしかった。

十九年十月に始まった建設工事は、ほぼ完成が近づいてきていた。翌年四月にはその総仕上げとして、松本中学や一帯の疎開学童、代沢国民学校などまで含めて駆り出された。この頃になると多くの機種が当地に飛来してきていた。

「いつの頃か思い出せませんが、音を聞いて機種を聞き分けるという勉強会をしたことがあります。飛行機はみなエンジンの音が違いますね。みんなでじっと耳を凝らして音を聞いて聞き分けていました」

加藤穂高さんの証言だ。あれやこれや違う音がここには集まってきていた。それを熊井氏は具体的な記号として残している。さすが十五歳の軍国少年の機種の記憶は鮮やかである。多くの機種が集まった様は壮観だったに違いない。心ときめかせたように思う。が、ある朝、松林に隠されている爆撃機「呑龍」に出会う。ところが「機体は、主翼、胴体、尾翼にいたるまで、鉢の巣のように弾丸で撃ち抜かれていた」という。痛ましい姿を見て「初めて生々しい戦争に出会った気がした」と。広丘国民学校の六年生の清沢さんも近くで「隼」を目撃して感動のあまり触りまくった。ところが、熊井少年はひるんだ。「機体に穴をあけたのは、紛れもない『敵』の弾丸である。私たちの近くには死は確実に迫っているのを感じた」と彼は結んでいる。

熊井氏は、往事の勤労奉仕のことを子細に覚えている。「私たちのおもな作業は、この飛龍を空襲から守るため、飛行場から誘導路を経て、遠く離れた林の中や鎖川対岸の山形村地籍まで引っ張っていき、掩体壕《えんたいごう》という土で三方を高く囲った爆風よけの場所に据えることだった」と。このことは『笹賀地区誌』も記録している。

牽引車の代わりに松本中学三年生が動員されて、林の中に置かれた爆撃機を誘導路から滑走路までロープで引っ張り、試験飛行後、着陸した爆撃機をロープで誘導路上を引き、林中に置いた。当時を記憶している人の証言では飛来した爆撃機は「飛龍」と呼ばれる爆撃機が中心で、まれには爆撃機の「呑龍」、戦闘機では「鍾馗」「疾風《はやて》」などが飛来したという。

当地一帯に飛来していた機種の中心は「飛龍」（キ―67）だ。四式重爆撃機と呼称される通り、双発で機体も大きい。「呑龍」（キ―49）もこれと同じ重爆撃機だ。なぜこれらが飛来してきていたのか。『笹賀地区誌』にその理由を解き明かす説明があった。「飛行場は浜松の陸軍第七飛行連隊の後方基地で、戦闘訓練用では無く、爆撃機の修理基地だった」と。浜松は重爆撃隊の本拠地があった。桐の湯に滞在していた航空兵も浜松から来ていたという。疎開工場での部品生産が始まっていたようだ。機材部品、修理機体の受領などが考えられる。疎開工場での部品生産が始まっていたことをうかがわせる。

前村弘候補生も「飛龍」で部品受領に各務原から来ていた。各務原への飛来はさくら弾機の受け取りだった。各務原には航空廠があって、この後方支援基地として陸軍松本飛行場が機能していた。

重爆撃機の他に戦闘機も見られた。「隼」（キ―43）、「飛燕」（キ―61）、「鍾馗」（キ―44）「九九式双発軽爆撃機」（キ―48）、「九九式襲撃機」（キ―51）や最新式戦闘機「烈風」（キ―83）」「疾風」（キ―84）である。また、超最新型の秋水（キ―200）も当地で実験が行われていたという。加藤穂高さんが広丘郷原にいるときに飛行場から聞こえてきた噴射音は、この実験の際に出ていたものではないかと思われる。

疎開学童や元特攻兵士からの聞き取り、熊井氏の記録、そして資料などから陸軍松本飛行場の様子が一層明白になってきた。

戦争末期になって太平洋沿いの飛行場が使えなくなった。そのために当地に一時的に避難して来たり、また、当地で稼働していた飛行機生産工場の関係で、部品を受け取りに来たり、機体を修理に来たり、あるいは機体を受領に来ていたのだと推測される。

広丘郷原の清沢恒春さんが、「広丘国民学校にも特攻隊がいた」とも言っていた。これも資料などからすると符合する。七月二十五日に当地に移動してきた陸軍の部隊が広丘国民学校に寝泊まりし、練習機を用いて飛行場で特攻訓練を行っていたという。

陸軍松本飛行場は、日本が劣勢に陥ってにわかに作られた。ところが、「敗戦とともに、飛行機はすべて焼却され、格納庫は解体された」（『かんばやし』）。

敗戦後、昭和「二十一年三月より飛行場の払い下げがはじま」り、「着工から数えてもわずか二年足らずの軍用空港」（同）はたちまちに消えてしまった。その記録はほとんど残っていない。しかし、書き残された地区誌、当事者が書き残した体験談、歴史記録研究、そして実際に人が見聞きした証言、これらを縫い合わせると陸軍松本飛行場の空白の歴史が浮かび上がってくる。つまり、戦争末期において当飛行場は本土決戦に備えての最重要基地であった。特記しておかねばならないことだ。

鉛筆部隊の二人

話を二〇一〇年に戻そう。駒繋小（国民学校）の疎開学童の人たちと出会ったのはこの年の大詰めとなる十二月だった。疎開学童と特攻隊の話を本格的に調べ始めたのはちょうど二年前からである。そのきっかけとなったのは鳴瀬速夫さんのハーモニカコンサートだった。それがまた開かれる。田中幸子さんには一緒に行こうと誘われていた。

十二月二十五日、クリスマスの日だった。下北沢の東京都民教会で開かれた。松本明美さんも見えた。一年ぶりだが元気そうであった。

コンサートは満席だった。元鉛筆部隊だった鳴瀬速夫さんは、年老いてなお壮健、老練なハーモニカの奏者は聞き手をしばし音世界に引き込んで魅了した。

演奏会が終わった後、松本さんと田中さんと私は、喫茶店でお茶を飲もうと下北沢駅へ向かった。

「あけみちゃんが疎開に行くときに、電車に乗り込んだのは下北沢ではなくて世田谷代田だったというのね。乗車駅が分からなかったので私は立川裕子さんに電話してみたのよ。そしたら彼女が病院に入っていることが分かったんですね。不思議よね」

田中さんに取り持ってもらって立川さんの親族にも連絡が取れた。それで、私は立川裕子さんを見舞うことができた。その彼女も亡くなってしまった。

「結局は、この下北沢駅から皆さん電車に乗っていったんですよね……」

駅の灯《あか》りが向こうに見えた。鉛筆部隊はこの駅を出て行った。そして六十六年後に奇妙な因縁から、こうして出会っている、本当に不思議である。

私たちは駅近くのカフェに入ってお茶を飲んだ。話題は、やはり六十六年前のことである。

東京から来た女の子

「駒繋小の疎開学童だった人は、目之湯旅館では、特攻隊の人たちと毎晩、歌ったり、踊ったりしていたといっていましたが、千代の湯ではどうだったんですか？」

「そうですね、歌ったり、遊んだりはしていましたね。手を繋いで一緒に散歩をしたりもしていましたよ……ああ、そうそう男の子とは手を繋ぎませんね。やっぱり手を繋いでいたのは女の子でしたよ」

「それがね、不思議ですよね。男の子は、飛行場での訓練の様子とか、どんな食べ物をくれたとかいうことはよく覚えているんですが、特攻の人の顔つきとか、人柄なんかはあんまり覚えていないんですよ。でも女性はよく覚えていますね。よほど忘れられないことだったんですよね」

学寮の歌も、そうだった。結局よく覚えていたのは松本明美さんだったり、旭正章さんの親戚の女の人だったりと、往事のことは女性の方がよく覚えている。富貴之湯で特攻隊が壮行会で歌っていた歌詞を全部覚えていたのは秋元佳子さんだった。

「覚えていますね。時枝さんなんかは、美男子でした。女の子に人気ありましたね」

松本明美さんがそう言う。

「時枝さんは、もともとは大阪出身でしょう。松本にいるときに、出撃直前に肉親訪問ということで『特別休暇』が出てみな故郷に帰っていますね。ところがなぜ東京の松本明美さんの実家に行ってご両親と会い、夕食まで食べ、明美さんの荷物まで持ってきたんでしょうか。よほど松本さんが恋しかったんでしょうか？　しかも各務原に着いた時枝さんからハガキまでもらっていますね。あそこに『さびしい』って書いてありますよね。いてほしい人がいないことを寂しいっていうんですよ。やっぱり松本さんを恋慕っていたのかもしれませんね」

「そうかしら……」

松本さんはそう言って、しばらく間をおいて目頭をぬぐっていた。彼女は、今野さんにも告白されたという。

「そういえば思い出しました。特攻隊の人たちは、『生きて帰って来たならば』という話をよくされていました。……今野さんに生きて帰ったら、お嫁さんになってほしいって」

「あけみちゃんの場合は、本郷小学校の鉄棒のところで言われたというんですよ。外に行こうと誘われて、そのときにちゃんと担任の柳内先生に断ってあるからと言われたというのですよ……私が言われた場所は、部屋の中です。一人でいるときに……大分久し振りにあけみちゃんと会って、『あなたも言われたの』、『私も言われたのよ』ということになって笑ってしまったんですけどね……」

田中さんはそう言ってくすっと笑った。

（改訂新版を校正しているときに、ここで女性心理に気づいた。田中さんは松本さんが告白されたシチュエーションについてそれとなく解説している。松本さんの場合は担任公認のデートで外であったこと。田中さんの場合は部屋の中で秘密裏に、そしてキスまでされた。自分への愛情のボルテージの高さを言っていたように感じた）

「あっ、温かいわ」

運ばれてきたお茶を飲んで松本さんがそう漏らす。

「うんうん」

田中幸子さんがうなずく。恋敵どうしはココアを飲んでいる。田中さんは喜寿を迎え七十七歳、松本さんは一つ下の七十六歳だ。その二人が嬉しそうに話をしている横顔には少女時代のあどけなさとかわいらしさが浮かんでいた。

昭和十九年八月、浅間温泉には東京の山の手世田谷から国民学校の疎開学童がやってきた。八校合わせた数は二千六百人ほどだ。温泉といっても村（本郷村）だ。ここを大きなカルチャーショックが襲った。都会からやって来た学童は村の子どもとは大分違う。あか抜けして見えた。面会にやってくる母親の身なりも違う。

段々に分かってみるとびっくりだった。彼らの父親の職業が立派だ。地元で学童の世話をするために雇われた人は驚きの目を持って見ていた。玉の湯の寮母長をしていた山崎わごへさんは次のように記している。

世田谷代沢の学校の子どもの家は大したものでした。朝倉の父親の職業は少将、志位は父親が中将、川田は大尉、田中は少将、女の子では高石は父親が師団長で、途中で戦死の報が来て泣いてねえ。東京へ帰ることになり、先生が連れて帰った。そういうように、お父さんが大佐、大将等だったので驚きました。佐伯という息子の父親は東大の先生、福田は弁護士であったし、子どもたちの行儀はよかった。旧家の家が多かった。そのうちに、一か月か二か月くらいしたら、お母さんたちが来ました。『わが子がうまくやっているかなあ』と。母親も防空頭巾姿で訪問してくれたが、立派な奥様たちでした。

（『遠い太鼓』松本市本郷公民館　平成九年三月発行）

わごへさんは、初めのうちは分からなかったが学童たちと話しているうちに、彼らの親がみんな偉いさんだと気づいた。高位の軍人、官僚、教授、弁護士などだった。しつけのされ方、言葉遣い、頭のよさ、身だしなみからも分かったようだ。

訪問してきた御高祖頭巾ならぬ、防空頭巾に身をやつした学童の親もたちまちに素性が知れたらしい。人絹ではなく、絹を纏《まと》った奥様であったようだ。

寮母わごへさんがいた玉の湯のすぐ近くには、代沢国民学校が学寮として使っていた温泉旅館があった。井筒の湯もその一つだ。この東隣に当時十一歳だった、後に映画監督となる降旗康男少年が住んでいた。彼はこの旅館の庭で特攻兵と出会って「兵隊さんはどうして戦争に行くの」と小生意気な質問をした。

「我々は国の礎になるんだよ。その礎の上で君たちがしっかり生きてくれればいいんだ。頼んだよ」と言った。

澄んだ目がいつまでも私を見つめていた。

特攻隊は二十歳から二十二歳の人たちがほとんどで、若い命を生身のまま敵陣へ注いでいった。

私たちと話をした翌日、「井筒の湯」の庭の上すれすれに低空飛行していく特攻隊の姿を私は見た。

白いマフラーをなびかせて手を振るのがよく見えた。「井筒の湯」の窓からは芸者さんや仲居さんたちも手を振っていた。

私たちは手を振りながら、若い兵士の言葉を何度も何度も思い出していた。


『松本平タウン情報』第六号「私の半生」降旗康男　一九九九年

第六十二戦隊の重爆撃機「飛龍」で飛んできた航法士の前村弘さんも同じ旅館に宿泊していたことを後で知った。上空での離別旋回など、シチュエーションが近似していることからこのときのことではないかとも思った。

浅間温泉での特攻兵と学童とのふれ合いの新たな事例である。類例がこう多くなってくると当地ではふんだんにこういったことが行われていたと言える。多感な少年には強烈な経験だったに違いない。降旗監督はもう一つの衝撃的な体験をこのエッセイに綴っている。


なにしろ、私のまわりの女の子たちは頬がいつも真っ赤だったが、東京から来た女の子はだれも白いふっくらした頬をしていた。私にはまるで外国人に見えて仕方なかった。ほっぺの赤くない日本人がいるなんて、とても私には考えられないことだった。

『松本平タウン情報』(同)

降旗少年の側の数軒の旅館は代沢国民学校が占めていた。「東京から来た女の子」はここの学童に違いない。少年は、疎開学童の彼女らを見て「まるで外国人」のようだったという。はっきり言うと性愛ショックだ。一日見ての強烈な印象だ。言わば武揚隊、武剋隊の彼らも降旗少年と同様だった。東京からやってきた疎開学童は、あか抜けていて、格別にかわいかった。兵士の多くは地方出身だった。彼らは彼女らに惹《ひ》かれた。武剋隊、武揚隊が泊まった旅館、富貴之湯には百八十七名の女児がいた。女の園に降り立った兵士たちはここでの彼女らとのふれ合いを通して熱い思いを残した。特攻兵が壮行会で歌った歌は、松本浅間温泉への熱い郷愁と女子学童へのひたむきな慕情である。

飛び立った特攻兵の多くはここに深い愛着を持っていた。例えば、このときの心境を書いた手紙を今野軍曹は宮城《みやぎ》の実家の父親に送っている。

父上又書きます　今日　岐阜の各務原に来てをります。天候に恵まれ無事飛びました。あの懐かしき浅間の温泉を後に元気に出て来ましたから。

途中雲が多く雲上でありましたが、隊長殿の僚機となりて来たのですよ。雲の上は實に愉快でありました。

敵機近しと云へど今日は出会いませんでした。

明日は何処の空へやら

何時も想い出すのは故國の山河であります。

大部春めいてまゐりましたです。雪は其の後如何聞いたところで返信がある訳じゃないし考えて見ると淋しさも湧いてきます。が、少しも淋しくはありません。

日付は、昭和二十年三月二十二日となっている。武剋隊先陣の九機は、三月十八日に松本飛行場を飛び立ち浅間温泉上空まで別れを告げに来て、各務原へ向けて反転した。

今野軍曹は、このとき浅間上空を旋回しながら何を思ったろうか。手を打ち振る子どもたち、そしてまた遠ざかる温泉街、機上から眺めるそれは、感慨深いものだった。旋回すると穂高や槍のアルプスの嶺々が見え、彼方《かなた》には乗鞍の頂きも頭をのぞかせている。瞬く間に雲海に突っ込む。雲上に出ると、隊長機が悠然と飛んでいる。全機、「あの懐かしき浅間温泉を後に」して、木曽路上空を緊張のうちに飛んで、前村弘候補生同様「アルプスの山峡《やまかい》を縫い、たまには樹木スレスレの低空を楽しみながらの飛行機の旅はスリル万点」だったろう、そうしてようやっと各務原に着いた。二十三日までの各務原滞在だが、何となく手持ちぶさたである。それで父親に手紙を書いたのだろう。少しも淋しくはないと書いているが、反語のように思える。近くにいてほしいがその人が近くにいない。それは浅間に残してきた愛《いと》しい人ではないだろうか。

「田中さんに頂いた疎開時代の写真があるでしょう。『井筒の湯』で撮ったのが。女生徒ばかりが四十数名写っているのですよね」

「ああ、あれはね、座学のときの大広間で撮った写真ですね。同級生の五年だけが写っているんですよ」

「あの写真には驚きました。もんぺを穿いている子もいるんですが、アップリケのついたブラウスを着ていたり、おしゃれなワンピース身につけていたりしています。白黒写真ですが柄物のデザインなんかがとてもしゃれているんですよ。それと、一番は、みんなかわいく写っているのですよね。降旗康男監督はこの『井筒の湯』の側《そば》の家で育っていますね。田中さんと同じ年頃だった監督は、女の子がみんな『白いふっくらした頬』をしていて、『まるで外国人に見えた』と言っていますけど、本当にあか抜けしていてお人形さんみたいなんですよね。特攻兵の青年たちが熱くなったというのも、自分が男だからよく分かるんですよ。やっぱり惚《ほ》れたのですよね……」

私は松本さんと田中さんにそう言った。

「そうそうあの写真、現像をしてくれた写真屋のご主人もそう言っていましたね。戦争中とは思えないほどに皆がしゃれているって……」と田中さん。

「ちょうどあの頃、下北沢っていう土地が開け始めたときなんですよね……」

昭和八年に下北沢は、井の頭線が開通し、小田急線と交差した。新宿にも渋谷にも手軽に行ける。都心とのほどよい距離にあった。緑もまだ多く残っていて武蔵野の面影を随所に残していた。日の当たる便利な郊外地、この趣に惹かれて多くの人が集まってきた。詩心や絵心を持った人もいる。その他多種多様な文化を携えた者もいた。それらの集まりを下北沢鉄道交点文化と私は呼んでいた。

鉄道交差の利便性の高さから中産階級の、学歴の高いサラリーマンが家を建てたり、借りたりして住むようになった。その人たちの間に生まれた子どもが大きくなって近隣の代沢小や東大原小に入ってきた。それが疎開学童となって、浅間温泉に大挙してやってきた。おしゃれで、おしゃまで、そして、勉強もよくできた。それらが挙措に、言葉に、まなざしにも表れていた。

東京郊外、世田谷山の手の地域の子どもたちは、疎開先の子どもにも、そして偶然やってきた特攻兵にも強い印象を残した。

「お二人にお会いしてもう丸二年ですよね。二年前の鳴瀬さんのコンサートで初めてお目にかかって代沢小の疎開生活のことを聞きました……これがきっかけとなって話がどんどん進展して、とうとう東大原小や駒繋小の疎開学童にまで繋がっていったんです……」

この話をし出すと自然に熱を帯びてくる。

「ほんと、不思議ね」

田中幸子さんの口癖だ。が、これはもう私との縁を言うだけではなかった。彼女は特攻の生まれ変わりのIさんともすっかり仲良くなっていた。去年九月、世田谷観音の特攻平和観音年次法要が行われたときに二人は会っていた。「田中さんの印象はとても穏やかで、それでいて芯の強いしっかりした方だと感じました」とIさんからのメールにあった。そこでまた縁が切り結ばれ、田中さんは彼女に浅間温泉の案内を頼まれ、十一月に彼女と訪れている。このIさん、出戸栄吉軍曹の慰霊に沖縄にも行き、そしてまた岐阜在住の元知覧特攻平和会館初代館長の板津忠正氏を訪ねている。特攻兵を巡る女性群像の一員に連なっている、筋金入りの生まれ変わりだ。

「武剋隊や武揚隊の特攻兵は、松本浅間温泉に来て、みなさんと知り合ったのですが、彼らにとっては最後の娑婆《しゃば》というか、温かい人間世界だったのだと思うのです。一般人とふれ合える最後の機会だった、それだけに心を許したように思うのです。……ちょうど丸二年だから、話の区切りとしてはいいかもしれません。鉛筆部隊が旅立っていった下北沢、戦争が終わって、戻ってきた下北沢、そこで六十五年後に今こうしてお茶を飲んでいる、いい結末ですね……」

この日、そんな話をして、彼女らと下北沢駅で別れた。

目之湯の特攻隊員

ところが物語は終わらない。コンサートの翌日に電話があった。田中さんからである。

「昨日でお話を終わりにするって言っておられたのに申し訳ないですね。時枝さん、大阪が故郷なのにどうして東京の明美ちゃんの家に行ったのか気になると言っておられたでしょう。私も気になって、大阪の時枝さんの妹さんに電話してみたんですよ。そしたら、大阪には来たんですって。時枝さん、ご両親を早くに亡くされているんですよ。それで叔父さんのところに挨拶に来たんですって。そのときに伯母さんに、前から頼んでいたマフラーにする布をもらっていったというのです。知覧特攻平和会館にはその叔父さんに宛てた遺書が展示してあるとおっしゃっていました」

田中幸子さんは時枝さんの妹さんをよく知っている。特攻で逝った兄をずっと弔い続けているという。時枝宏軍曹は今も人の思い出の中に生きている。

電話で知らせてもらったことで時枝軍曹の足取りは分かった。それでもなお疑問は残る。松本滞在中、帰郷できる者は肉親訪問をしている。最後のお別れを告げるためである。時枝宏軍曹も、大阪へ帰り、叔父夫婦と妹には別れを言いに行った。が、両親は既にいない。墓参りするしかなかったろう。墓石に思いを伝えてももの足りない。それで彼は、大阪を後にして東京へ行ったのではないだろうか。世田谷下代田の松本明美さんの実家に行って、彼女の両親に挨拶し、夜ご飯をごちそうになった。明美さん宛ての小包を預かった彼は、松本浅間へたどり着き彼女にそれを手渡した。そして、数日後、松本飛行場を飛び立ち、各務原からは彼女にハガキを送った。

この時枝宏軍曹は武剋隊後発隊六人のうちの一人である。これを率いていたのは結城少尉であった。二人は上司と部下だったと気づいた。少尉のことに詳しく触れているのが『特攻に散った朝鮮人』（桐原久・講談社）である。大分前に手に入れていたが拾い読みしかしていなかった。それでこれを改めて読み直してみた。

タイトル通り、結城尚弼少尉は、朝鮮人でありながら日本の特攻兵になった人だ。その彼の苦しみが描かれている。学童たちは、彼は目之湯では「静かでおとなしい、控えめだった」と言う。彼の姿にほの見えた影なのかもしれない。その彼が兄の金尚烈氏に語ったという言葉には心を突き刺された。

僕は、選ばれて日本陸軍で将校になったのですよ。もし僕が逃げたら、やっぱり朝鮮の奴らは卑怯者だと、朝鮮全体が馬鹿にされるのです。僕は日本陸軍で朝鮮を代表しているのです。育ててくださった母さんに対する恩返しも、学資を出してくださった兄さんにもまだ、恩返しが済んでいません。もしここで逃げたら、残った母さんや兄さんたちは日本の憲兵隊からどんなひどい目にあうか……だから僕は絶対逃げませんよ。

新京で特攻隊が編成される前に彼は「満州の敦化の飛行隊」にいたようだ。ここに面会に来た兄が弟に逃亡を勧めた。それに対する返答である。

この兄の尚烈氏が戦後になって目之湯を取材記者と訪ねていた。女将《おかみ》である中野和さんが旅館に滞在していた特攻隊の様子を答えている。

「毎日規則正しい生活でねぇ。朝七時半にはここを出て、夕方は暗くなってからお帰りになって。お酒も飲まず、歌も歌わず、みなさん夜も早くお休みになったんです」

松本浅間温泉で、将校たちは生真面目であったとの証言だ。しかし、疎開学童たちの話を聞くとそうでもない。毎日、歌ったり、踊ったり、遊んだりしていた。金尚烈氏はせっかくきた自分に、「悪い追憶をさせたくないと思って」女将が取り繕ったのだろうと述べているが、その推量は当たっていると思った。

金さんと取材記者は、松本を訪れた後、東京に向かい一人の女性を訪ねている。私はこの記述に目を留《と》めた。

文京区に住む、中村初子さんを訪ねることになった。この人は、東京の小学校の先生をしていた人。受け持ちの子供たちの学童疎開について、松本に行っていたのである。中村さんは、結城少尉一行と同じ宿に泊まっていて、「お国のために出撃する勇士だから」と神々しいような気持ちで仰ぎ見ていたという。隊員たちは、休みの日には、中村さんや子供たちと一緒に、遊んだりした。

この中村初子《なかむらはつこ》さんの家を金さんと記者が訪れた。そのときに彼女は「五人の隊員が別々に書いたもの、五人全員が一枚の紙に書いたもの、の両方をとじ合わせたものを出してき」たという。武剋隊将校の寄せ書きだ。

私はこの箇所を読んで、駒繋国民学校の目之湯にいた先生がこの中村初子さんではないかと思いついた。彼女も彼らが「出撃する勇士」と知って彼らを遇し、一緒になって遊んでいたという。疑問が湧くと聞いてみたくなる。それで増田陽子さんに電話をかけた。

「私たちは二月二十五日に受験で東京に戻りましたが、目之湯に残っておられたのは確かに中村初子先生ですね。とてもお若い、きれいな先生でした」

中村初子先生は、残った生徒とともに目之湯にいた。『特攻に散った朝鮮人』には彼女が武剋隊が残した寄せ書きを持っていると書いてある。ここまで分かるとゆかしいという気持ちが湧いてくる。その本人に会って話を聞いてみたい。

「その中村初子先生は今はどうされているのですか？」

「いや、もう随分お会いしていないのでよく分かりません」

それでも調べれば分かるとのことだった。先生の消息については増田陽子さんが同窓生に当たってくれるということになった。

私は慌て者だ。目之湯引率の中村初子先生の記述を見つけてすぐに増田さんに電話をした。ところが、この話は大分時間が経っていることに気づいた。それで、著作の発行年を調べてみた。すると、一九八八年八月となっていた。二十二年も前のことだった。増田さんはとてもお若い先生だと言っていた。そうはいってももう六十五年も経っている。当時、二十歳過ぎと考えても九十歳に近いはずだ。生きておられるのだろうか？

その日から二、三日経った、二十八日のことだ。一通のメールが届いた。木村孝氏からだった。彼は、鉛筆部隊の話には深い関心を持っていて、当方で書き記した情報の裏を取ってくれてもいた。私は「目之湯の学童を引率していた中村初子先生は今も元気でおられるのだろうか？」ということをブログに書いていたが、メールには、この先生の手掛かりとなる情報が書き記されてあった。古い電話番号を基にして調べたようだ。その結果、二人がリストに挙がったという知らせだ。

一人は足立区でもう一人は文京区である。記述に該当するのは後者だ。私は恐る恐る受話器を手に取った。番号を押した、コール音が鳴った。それが三回、四回、五回と続く、そこまできたところで、「ただいま外出しています。ご用の方は……」と続く、留守電がセットしてあった。「目之湯でのことを聞きたい」、「目之湯の引率でしたか」などと伝言が浮かんだが、全く関係のない人かもしれない。伝言には何も残さなかった。

ところがその日の夕方である。電話があった。しかし相手が誰なのか要領を得ない。それでも話を交わしてくうちにだんだんに分かってきた。相手側には、こちらから電話をかけた記録があって、それに基づいて電話をしてきたという。思い当たった！

「もしかして中村初子さんですか！」

「はい」

「えっ……戦争中、駒繋小の疎開先の目之湯の引率をされていた中村初子先生ですか？」

「ええ、そうです」

驚きである。息が詰まって声が出ない。しばらくしてようやっと聞いた。

「あのとき、武剋隊の将校たちが泊まっていましたね」

「そうですね、よく覚えていますよ。隊長の廣森さんは私の部屋にもよく来られましたよ……もう間もなくで私も九十歳になります。ああ、私が持っていた武剋隊の人たちの寄せ書きは、結城さんのお兄さん、金尚烈さんに上げてしまったのですよ……」

電話を聞きながら、メモを取った。しかし、全てを書き留められるものではない。それで私は一度お会いしたいと伝えた。すると、お正月の間は、友人と旅行をしているので無理だが、十日過ぎであれば大丈夫だとのことだった。

その暮れはたちまちに過ぎて、年が明けて、二〇一一年となった。そして、一月十日が過ぎた。私は待ち遠しくなって中村初子先生に電話をかけた。ところが電話は通じない。二回目も三回目も通じない。暮れに電話をかけたときは留守電になっていた。今度はそれがセットされていない。

翌日も、その翌日も電話をかけてみたが全く通じない。何か狐《きつね》につままれたように思った。あの電話というのは夢だったのだろうか。不安になってきた。もしかしたら冥界からの電話だったのかとあり得もしない妄想にかられたほどだ。

そんなときに電話があった。増田陽子さんからだ。

「中村初子先生をよく知っておられる方がいて連絡が取れたのですけどね、その方も、もうずっと音信不通だとおっしゃるのですよ……」

やはり分からないという。それで暮れに中村初子先生と自身が直接電話で話をしたことを伝えると彼女は驚いていた。

「ところが、今は電話が繋がらなくなっているんですよ……それで、思いついたのは手紙なんです。先生の住所は分からないですか？」

増田さんは同窓会名簿にある住所を教えてくれた。私はそこに手紙を出すことにした。彼女は、再度知り合いの同窓生に当たってくれることになった。

私は、すぐに文京区のその住所に手紙を書いて速達で送った。ところが、それは宛先不明で戻ってきた。中村初子先生はどこに行ったのか？　行方知れずとなってしまったのだろうか？

そんな思いをしているとき、一月十五日の朝、増田さんの朗らかな声が電話口から聞こえてきた。「同窓生の方が毎日電話をかけていたら、通じたんですって。それでね、浅間温泉の目之湯での話を聞きたいという人がいるという話をしたら、そのことは承知しているというお話だったんですよ。だからもう、元気でおられるから大丈夫ですよ……存命しておられることを私も知って本当にホッとしました」と彼女は言った。

そして次の日に、今度は、田中幸子さんから電話があった。彼女は年明け早々に特攻兵の遺族会で知り合った人と沖縄と知覧を巡る慰霊の旅に出かけていた。八十歳を過ぎた遺族が一人で旅をするというのを聞いて案内を買って出たという。その方は、神風特別攻撃隊、第二御盾隊の一員、小島三良上飛曹の妹さんである。彼女の兄は昭和二十年二月二十一日に硫黄島《いおうじま》周辺の米軍艦船に特攻攻撃をして亡くなったという。

「知覧特攻平和会館に行ってきたんです。それで、時枝宏さんのハガキが展示してあるというのを聞いていたものですから、それを見てきたんですよ。叔父さん宛てのものです。メモしてきました。次のように書いてありました。『小生も一月余り住み慣れた懐かしい浅間に二十七日に別れを告げて当地にまいりました。本日出発の予定でしたが都合で明日になりました……』」

「松本明美さんへの各務原からの手紙は三月二十八日となっていましたが、松本を飛び立ったのは二十七日だったのですね……」

ささいなことだが大事なことだ。武剋隊後発隊の松本出発の記録は明確ではない。が、時枝宏軍曹の浅間出発が三月二十七日だと分かった。到着して航空兵站宿舎に泊まり、翌日二十八日に松本明美さんへの手紙を書いて出した。

後発隊は六機だ。単機での飛行はあり得ない。編隊は三機単位だ。先に紹介した中澤敬夫日記を元に結城少尉の出発を二十八日とした。これは手紙の内容「昨日ゆう城さんが台灣へ行き」と消印二十九日を根拠にしている。が、手紙を出した日と消印とが一致するとは限らない。単純に一日を引いて二十八日としたものだ。これは時枝軍曹と同じ二十七日と考えてよい。結城少尉と時枝軍曹がもう一機加えて三機で松本飛行場を発った。そして翌日に小林少尉と他の二機、都合三機が松本を発った。整備の伊藤少尉はいずれかに便乗していたと考えてよい。二十八日、後続が各務原に到着し全機六機が揃った。そしてここから出撃基地の新田原へ出発したと推測できる。

「時枝軍曹は、最後は新田原飛行場から飛び立っていったんですよね、そこから出した最期の手紙だったんですね……」

「手紙の日付は三月三十日となっていました……」

時枝軍曹は二十八日か二十九日に各務原を発ち、九州へ向かい新田原に着いた。出撃の四月三日まで少し間があった。遺言となるハガキはこのときに書いたものだ。これに「住み慣れた懐かしい浅間」とあった。聞いたとたん、つぅんと心に響くものがあった。やはり時枝軍曹が心惹かれていたのは浅間の地だった。

松本浅間への郷愁は彼個人だけのものではない。「帰りゃまっ先浅間をめがけ」と歌にうたったのは武揚隊の特攻兵たちだった。これは武剋隊の兵士にも共通する思いである。浅間温泉は、彼らの心が還っていくところだ。松本平の風光と温泉の温《ぬく》みと学童への思いである。

偶然をきっかけにして浅間温泉のことを調べ始めてもう二年あまり、自分にも「懐かしい浅間」となっていた。この浅間での生活、目之湯の引率の先生はどんな証言をしてくれるだろうか。期待が高まっていく。中村初子先生に電話をしてみた。そのときは繋がらなかったが、留守電が今度はセットされていた。その日の夜に先生の方から連絡があった。

「一緒に泊まっていた人が骨折したものだから、その看病をしていたんですよ……お会いするのはいつでもいいですよ」

目之湯の引率の先生

一月十八日午後一時、中央線信濃町駅に着いた。約束の十五分ほど前だった。柱の陰に杖をついた女性がいる。こんな早くには来ていないだろうと思っているとその人が近づいてきた。「中村初子先生ですか?」と声をかけると頷かれた。駅の二階には喫茶店があると言われる。そこへ行き、すぐに聞き書きを始めた。

「大正十二年生まれです。女子師範学校を出て、昭和十八年に駒繋小学校に勤めはじめました。その翌年に、疎開学童を引率して浅間温泉に疎開しました。もう一人男の先生がおられたのですが出征して行かれて一人でしたね。五十人ぐらいを見ていましたね……」

「記録によると目之湯にいた疎開学童は九十三人となっているのですが、二十年の二月二十五日に六年生は受験するために東京に戻っていますね。それで人数が少なくなったのでしょうか?」

「いやあ、そこまで細かくは覚えておりません。でも大変でした。何しろ食糧のないときでしょう。あちこち駆けずり回って食べ物の手配をするのが大変でした。あんなに苦労したことはなかったですよ。私が若かったからやれたのでしょうね」

「廣森隊長のことについては覚えておられることは?」

「廣森隊長は、私の部屋に毎晩来て話をしていかれましたね。あの方は陸士出なんですね。それで私の従兄弟《いとこ》に陸士出の者がいたので学校の様子なんかを話したのでしょうかね。何を話したのか細かいことまでは覚えておりません。廣森さんは私よりも一つ年上ですね。満州から来られたので満州の話をされていたように思うのです……それで毎晩のように来られるものですから宿の大女将が何かあってはと思ったのでしょう。わざと足音を高くして部屋の外を通って行かれるんですよ。私はお国のために行かれるんだと思って、尊敬の気持ちを持って接していましたね。そんな変なことはできませんよ。襖《ふすま》一つ向こうには、子どもたちも寝ていますからね。でも、私の部屋に来られたのは廣森隊長だけだったですね。ほんと毎晩来て話し込んでいかれました……」

「飛行場見学に行っておられますね？」

中澤敬夫編の『日本の子　少国民よ』に詳しく書かれていた。

「そうそうあれは私がお願いしたんですよ。飛行場で訓練をされていると聞いて、どんなことをやっているのか見てみたいって、それで駒繋の生徒だけ行ったんですね……特攻隊の方々は、他の駒繋が使っていた旅館、鷹の湯、尾の上の湯におられました。ここの子たちも行きましたね」

「武剋隊隊員が書いたサインを持っておられたのですよね？」

「寄せ書きは持っていたのですが、結城さんのお兄さんが見えたときに、それを上げてしまって何も残っていないんですよ。目之湯には地元の人が大勢、寄せ書き、墨書を書いてもらいたいといって結構来ておられました」

この証言は重要だ。浅間温泉に特攻隊が来ていることは地元では広く知られていたようだ。多くの団体、会社や学校単位で旅館に慰問に訪れ、彼らに揮毫を求めた。昭和二十年四月九日付の信濃毎日新聞がある。特攻生まれ代わりのIさんからの情報提供だ。これには「きつと勝つのだ　武剋隊勇士偲ぶ寄せ書き」というタイトルで記事が書かれている。


殊勲の陸軍特別攻撃隊武剋隊々長廣森達郎中尉以下九勇士がその進発直前まで〇〇に滞在中を慰問のゆかりから勇士たちの晴れやかな訪問を受けてゐた長野縣紙製品製造統制組合には廣森隊長を初め勇士たちが書き残して行った寄せ書きが在りしその日の面影をとゞめて新たに設けられた神棚に祀られ堀内理事以下組合事務所員が朝夕礼拝しその忠烈比ひなき神武を讃へ一同が隊長につゞく特攻魂を以てその職域に専念してゐる

伏せ字で○○に滞在とあるが、浅間温泉である。旅館は目之湯だ。ここに長野縣紙製品製造統制組合員が慰問に訪れた。そのときに揮毫してもらった寄せ書きがあった。この武剋隊の活躍は大きく報道された。記事にも「敵艦船群に突入して十機よく十艦を屠つた」とある。この報を聞いて寄せ書きを神棚に祀ったという。地元の人々と特別攻撃隊員の交渉を物語る貴重な記事だ。

中村初子先生の証言は続いた。

「廣森隊長さんが書いてくれたものは覚えています。『五人の願いただ一つ、後に続けよ、大和魂』というものです。『五人』と書いてあるんですけど、『ごたり』と読むんだとおっしゃっていました。あの方は本当に立派な方でしたね……」

五人というのは目之湯に泊まっていた将校五人のことだ。

「そういえば、あの根付けというものがあるでしょう。あれを皆さん持っておられましね。私に見せてくださったんですよ。満州から持って来られたんでしょうね。女性の性器をかたどったものでした」

若い中村初子先生は、それを見せられてどう思ったろうか。

「廣森隊長が浅間温泉を発っていかれるときに、駅まで学童たちと見送りに行きましたね。あのとき、軍服を着て、日本刀を持った皆さんが、整列して『行ってまいります』とおっしゃったと思うのですね。あ、そのときに撮った写真がありますよ……戦闘機が目之湯上空に飛んできて、それを裏山の桜ヶ丘から見送ったというのは知りませんでした」

武剋隊の先発隊を目之湯の疎開学童たちが駅まで見送って行ったということだ。廣森隊長、清宗少尉、林少尉である。後の六人、今西軍曹、嶋田軍曹、今野軍曹、出戸軍曹、大平伍長は、次の駅の中浅間駅から乗ったのだろう。

武剋隊、武揚隊にしても浅間温泉滞在中は、訓練をするために松本飛行場へ通っていた。その交通手段は何だったのか疑問だった。トラックが来ていたのかと思った。しかし、旅立つ兵士たちを浅間温泉駅で見送ったということからすると常日頃は松本電鉄の浅間線を使っていたことが分かる。松本で国鉄に乗り換え、村井駅まで行くというコースだ。疎開学童の飛行場見学の場合と同じだ。

「兵隊と子どもたちはよく遊んでいましたね。訓練のないときは庭でボール遊びをしたりとかやっていましたね。みなさん学童たちのところに行って、そう歌ったり、踊ったりみんなしていましたね。私はもう自由にさせていました」

思っていた通りだった。死に行く兵隊たちへの心遣いだ。

「結城さんは韓国の人ですね。とても控えめでしたね。他の人は、面会に誰かが見えるというようなことはありましたが。結城さんを尋ねてきた方はおられませんでした。戦後になってお兄さんの金さんには会いました。南日本放送の方と一緒に取材に見えたのですね。それで、目之湯にいた小林少尉については女性に子どもを身ごもらせたということまでも調べてきておられるのですよ。お兄さんとしては特攻に行った弟がかわいそうでならないのですね。それで切ない気持ちで、弟にも何かそういう浮いた話があったのではないかと聞かれたのですけどね、そういうことは何もありませんとお答えしました」

昭和六十年（一九八五）、来日された結城少尉の兄、金尚烈氏は、浅間温泉目之湯を訪れて宿の女将さんに往事のことを聞いている。「ここを発たれる直前に、二日間ほどの休暇があり、肉親の方々面会にやってみえたんです」（『特攻に散った朝鮮人』）、しかし、（弟さんには）「お手紙もこないし、面会にくる人もないしで、いつも沈んでおられました。」と答えているが、女将と引率教員の話は一致している。

弟は兄の思いとは反対に、朝鮮人として特攻に行って死を遂げた。兄の金尚烈氏にしてみればこれが理解できない。中村初子先生が持っていた遺墨には結城少尉は「天皇陛下万歳」と記していた。それは兄には衝撃的だった。「そんなはずはない」との思いから、「一番長くいた松本で、旅館の誰かにでも、死に行く運命に対する悩み、被支配民族としての悩み、またそれらを克服してゆく心の過程などを話したか、書き留めていたのではないか」（同著）と必死に調べたが無益だった。

当温泉では特攻隊員と女性との色恋はあった。ならばせめて弟の命のかけらでも存在しないかと兄は聞いた。少尉二十五歳、引率教員中村初子二十二歳、ここに何か色恋めいた話でもあれば少しでも気持ちが晴れたのかもしれない。

「結城さんのお兄さんとは韓国でもお会いしたんですよ。そのお兄さんもお亡くなりになられましたね……」

「大分、分からないことが分かってきました。それで一つ、お聞きしたいことがあるのです。『特攻に散った朝鮮人』の中で出撃時の様子がこう書かれているのです……。

午前六時、隊長以下全隊員が揃った。どの機内にも、東京世田谷下馬小学校の児童たちから「兵隊さん、私たちの代わりに、いつもお守りに持っていてください」と送られてきていた人形が飾られてあった。

「世田谷下馬小学校というのはありませんね。これは駒繋小学校のことですよね」

武剋隊の将校が滞在し、学童が疎開していた旅館は目之湯だ。そこにいたのは世田谷区立駒繋国民学校の学童であった。自明のことだがあえて先生に私は聞いた。

「浅間温泉、目之湯にいた疎開学童たちがお人形を作って贈っていたんですねえ？　この話は、何だか切なく思われるんですよ……」

「ええ、そうですね」

目撃者本人の話は具体的である。武剋隊先発隊のどの機内にも「人形が飾られて」いたという。これを読んで、すぐに思い出したのは武揚隊の隊員たちが浅間温泉富貴之湯で開かれた壮行会で歌った歌詞の二番の一節、「かわいいみなさんの人形乗せて／わたしゃ行きます○○へ」である。

彼らが歌った唄は、その場かぎりのものではなかった。かわいいみなさんというのは学童たちに他ならない。浅間温泉に疎開していた富貴之湯や目之湯旅館にいた女児たちのことである。

浅間温泉に一体どのくらいの数の特攻隊が来ていたのかよく分からない。調べでは武剋隊、武揚隊以外にも数多くの特攻隊がいた。若い彼らは可愛らしい女児に接して心を動かされたことは確かだ。偶然に武揚隊が歌っていたうたが見つかったが、これは一種シンボル的な歌である。最末尾の「わたしゃ行きます富貴の湯へ」というのは、旅館名を変えればどこでも歌える。特攻兵と交渉のあったのは、小柳の湯、玉ノ湯、湯本屋、梅の湯などだ。感触では小柳の湯に「降魔隊」がいたようでもある。彼らは「わたしゃ行きます小柳の湯へ」と替え歌で歌っていたのかも知れぬ。特攻隊の浅間温泉での愛唱歌、言ってみれば、特攻隊民謡だ。単に歌に歌ったばかりではない。実際に武剋隊は操縦席に世田谷の女子学童が作った人形を吊していた。兄弟隊である武揚隊も同様であったろう。

「特攻隊のみんなは、松本温泉でのことが忘れられなかったようですね。一昨日電話がありましてね……」

私は中村初子先生に武剋隊時枝宏軍曹が遺書に「懐かしい浅間」と書いていたことを話した。

「やっぱり浅間温泉なんですよね、特攻隊のみんなは浅間での思い出を携えて逝っているんですよ……」

今野軍曹も「あの懐かしき浅間の温泉を後に」してと手紙に書いている。目之湯にいた清宗少尉も手紙を「長野県製紙品統制組合」宛てに送っている。それが先ほど紹介した、突撃二週間後の、昭和二十年四月九日の「信濃毎日」に載っていた。

〇〇滞在中は非常に楽しく送る場ができました、隊長殿は先発されました、一同に代わつて小生より厚く御礼申上げます、前進命令が下りました、いよいよやります、思い出深い〇〇の地は、永久に忘れられません、日本男子として桜花と共に散ることが出来る吾々はこれ以上の本懐と幸福はありません、是非靖国神社に話に来てください。滞在中のご厚意を重ねて深謝します。

征空前夜　清宗孝巳

隊長の恋文

隊長は廣森中尉だ。ひとまず先に知覧へ飛び立った。その後に清宗少尉が隊長に代わって礼状を書いた。「〇〇の地は、永久に忘れられません」とある。具体的な地名は伏せ字でしか言い表せなかった。永遠に忘れ得ぬその地は、あの懐かしい松本浅間温泉に違いない。

「私は、廣森隊長からお手紙を頂いたんです。再疎開先の伊那谷《いなだに》の西岸寺にその手紙は届いたんですよ。びっくりしましたね。鉛筆で書かれた走り書きのハガキでした。それはずっと持っていたんですけどね。お嫁に行くときに持っているとまずいと思って燃やしてしまったんですよ。今から思うと、大事に取っておけばよかったと思うのですよ……」

「どんなことが書いてあったんですか?」

もう六十五年も前のことだ。その記憶を呼び戻すのは難しいだろうと思った。

「覚えていますよ」

「えっ、覚えておられるんですか！」

「それが短いんですよ。『浅間ではお世話になりました。これから機に乗ります。達郎』とだけ書いてあったんですよ」

「え、それだけですか？」

「ええ、それだけです」

中村初子先生はおうむ返しに答えた。

「浅間温泉での出会いが廣森隊長にも忘れられなかったのですね……それって恋文ですよね？」

「……」

彼女は何も答えなかった。その沈黙の中に真実が潜んでいるように思えた。私は、誠第三十二飛行隊、武剋隊隊長は作戦においては饒舌であるが、愛においては寡黙であったと知った。

「あの部屋は私一人が使っていた部屋ですね。黒い布で覆った電灯の下で、コタツに向かい合って話をしました。ずっと話をしていましたね。お互いに手を握るなんてこともなかったですね……」

数日後、中村初子先生に電話をすると、その場をありありと思い起こすように話された。

女子師範出の若い二十二歳、陸士出の二十三歳、一線を踏み越えることなくただ向かいあって話を交わしたという。彼女の胸のうちにそれが熱い記憶として残っている。私は恋のときめきの片鱗が今なお彼女の心のうちで蠢いていると思った。

廣森隊長は、三月十八日に松本飛行場を飛び立って各務原に向かった。ところが、「各務原飛行場に着陸の際、一機が右主翼を小破し」た。そのため「隊長は予備機受領に松本に向か」ったと整備兵の今野氏が記録している。予備機受領に引き返したのは隊長としての責任感からだろうが、松本平をもう一目見ておきたいという思いもあったろう。松本で機を受領した彼は、今度は浅間へ寄り道をすることなく、「立てまはす高嶺は雪の銀屏風」を目に焼き付けて、各務原に戻ったのではないだろうか。ここを二十三日に発ち、二十五日健軍《けんぐん》飛行場に着いた。

その廣森隊長が指揮する武剋隊へ、昭和二十年三月二十六日にいよいよ命令が下された。『戦史叢書』にその記録がある。

八飛神作命第一号　　命令
武克飛行隊八明二十七日薄明ヲ期シ嘉手納湾ニ遊弋スル敵艦船群ヲ必沈スヘシ

命令が発せられた後に、隊長は部下を集めて次のように述べたと記録にはある。

「愈々《いよいよ》明朝特攻だ。何時ものように俺について来い。次のことだけはお互いに約束しよう。今度生まれ変ったら、そしてそれが蛆虫であろうと、國を愛する誠心だけは失わないようにしよう」

沖縄中飛行場を武剋隊九機は飛び立った。その操縦席には駒繋国民学校の子どもたちから送られたお人形がつり下げられていた。本当に「かわいいみなさんのお人形を乗せて」いた。

この隊を率いる廣森隊長は、『めんこい仔馬』が大好きだった。昭和十五年制作の東宝映画『馬』の主題歌だ。今に残る映像には、児童合唱団の女の子が「ハイドウ　ハイドウ　してやるぞ」とかわいらしい声で歌っている。仔馬とそれを飼っているものとの絆《きずな》だ。最後の五番は切ない別れだ。
明日は市場かお別れか　泣いちゃいけない泣かないぞ
軍馬になって行く日には　オーラ　みんなでバンザイしてやるぞ
ハイド　ハイドウ　してやるぞ

操縦席の人形が揺れて、バンザイの代わりをしている。そんな幻影を私は思い浮かべたことだ。隊長は、自身の身の上を軍馬になった馬に重ねていたのかもしれない。その馬となった彼は、「泣いちゃいけない泣かないぞ」、選ばれた馬は涙も見せないで征《ゆ》くしかなかったろう。二十七日、沖縄中飛行場を、今まで行を共にしてきた整備兵に見送られて飛び立った。隊長の生き様からすると彼らに笑顔を見せて手を振ったように思われる。整備兵は「みんなでバンザイ」はしなかったようだ。「『爆弾を落としたら、還ってこい！』と口々に叫びました」と今野喜代人氏は「手記」に記している。

血気盛んで勇猛な隊長であった。が、剛直一点張りだけではなかった。突撃後に長野の伊那山中にいる若い教員に一通のハガキが届いた。短く、端的に事実だけを述べた。関心は愛なりと言う。青年将校らしく思いを簡潔に伝えている。

新聞の『鉛筆部隊』連載記事

月日が巡って、二〇一一年、六十六年目の夏を迎えた。このときに鉛筆部隊が新聞で話題となった。「鉛筆部隊　疎開の記憶今も」という題で、八月八日、九日、十日の三回にわたっての連載記事を、「毎日新聞」が戦争特集として取り上げた。

発端は、やはり鉛筆部隊がキーだった。社会部の記者は、何かの加減で鉛筆部隊に興味を持ったらしい。それで、ネット検索で鉛筆部隊を調べた。当方のブログには自然に行き当たる。さっそくにブログのメルアドを通して連絡があった。夏の戦争特集に扱いたいとの要望である。

この新聞連載には、鉛筆部隊と武剋隊とのふれ合いを中心した記事が載った。大坂に住んでいる時枝宏軍曹の妹の孝《たか》さんがこれを読んだ。二回目の記事には六人の特攻兵と学童たちとが一緒になった写真が掲載されていた。そこには彼女の兄が写っていた。よく見ると隣の女の子に手を掛けている。誰あろう、それは松本明美さんだった。

「『私はこの写真の一番右側に写っています』と妹さんの孝さんに言ったら、『あなたの後ろにいてあなたの右肩に手を置いているのが兄です』とおっしゃるのです。黒めがねをかけているのがその時枝さん本人でした。六十六年間も分からなかったんですよ。もうびっくりしました……。それでお顔立ちが分かったものだから、もう一つの『週刊少國民』に載った写真も改めて見直したんです。これは武剋隊の皆さんと千代の湯の二階で一緒に撮ったものです。私は頭に白い鉢巻をして欄干に両手を置いています。この鉢巻は写真を撮る前に、時枝さんが、『このマフラーを首に巻いて出撃するけども、これを明美ちゃんに巻いてあげるから』とおっしゃってそれを私の頭に巻いてくれたんです。時枝さんはそれを巻いて出撃されたのだと思います。それで、よく写真を見ると、私の隣にいるのがなんとまあ時枝さんだったのですよ。そして、私の肩にやっぱり手を置いているのですよ！」

これは松本明美さんから聞いた話だ。折々彼女は声を詰まらせていた。

「せっかくの機会だから電話してみたら」と田中幸子さんに勧められ、松本さんは、大阪の時枝孝さんに電話をした。その孝さん、亡き兄が恋い慕った人だと知って、懐かしがり、電話での話は尽きなかったという。

この時枝宏軍曹の妹さん、孝さんは、新聞記事を読んで、私が浅間の特攻関係のことを調べていることを知った。

整備兵からの手紙

「自分が持っていてもただの紙反故《かみほご》になってしまうから」

彼女が所持している一通の古手紙を田中幸子さんを通して託された。「時枝孝《たか》様」と書いてある。その差し出し人は、今野喜代人さんである。武剋隊に整備兵として付き添い、彼らを見守り、最後には、沖縄中飛行場で廣森隊長らを送った人だった。

日付は、昭和五十七年四月七日とある。一九八一年だ。三十年もの間眠っていたものだ。この日付からすると時枝宏軍曹の忌日に当たってお悔やみを述べたものだと思われる。

拝啓　桜花の候、時枝様ご一統様には愈々御健勝の事と推察致します。小生此の手紙を出す事は何んかと考へ、今日迠延々と成りました事を深くお詫び申しあげます。

板津様にも便りを出して下さいとの事でしたが、小生達だけ生き延び、今日を暮して居る事が何んとなく遺族の方々に忍びない想いでした。

ご存知かもしれませんが、二月十一日（二十年）武剋隊が編成され二月十四日、予備機を含んで十六機が、朝鮮、大刀洗、各務原、信濃松本飛行場に全機無事着陸したのは、二月二十一、二日頃でした。宏さんと一緒になったのは其の時からです。でも将校の方は、下浅間の目之湯旅館、操縦の下士官たちは千代の湯、兵長の方々は駅近くの旅館、機関（機付長）関係は小生以下十四名は東山温泉に宿泊し、翌日より特攻機に改装整備にと、毎日松本飛行場に電車汽車でかよいました。小生は全機の機関の責任者でありましたので、隊長と二人で試験飛行と機関の調整とに毎日過ごした訳です。

旅館と飛行場の往復の際には宏さん達と良く話し合った訳です。宏さんは家庭の事等は小生に一切話しませんでした。丈の高い、紅顔の快活な非常にあっさりした人間でした。小生は、何時も我々の部隊は、廣森隊長以下全員、誠に優秀な人物が揃っているナー　とよく話合ってた事です。

宏さんの機付長は岩井上卜兵でありましたが、当時小生は名前を呼ばなかったので名は判りません。本当にウカツでした。其の中、日米の攻防が激しくなり、小生は先陣を承まわり、長機に同乗、九機で三月二十二日、松本を後にしました。その頃、故障機が二機ありましたので二ヶ編隊、六機（小林少イ隊長）を後発として松本に置き、小生達は戦友諸氏と別れた訳です。

三月二十六日、小生たちは、笑って征こう笑って征こうと清宗少イの合い言葉で、知覧上空に空中集合、一路沖縄にと飛んだ訳です。途中、奄美大島で友軍艦船より誤認射撃を受けたり、沖縄ではグラマの攻撃を受けたり、兎も角無事着陸、二十七日、朝六時隊長以下九機と戦果確認機一機、計十機で敵飛行機三百機の中に突入全機敵艦に命中、悲壮なる最后を遂げられ、見送る我々も誠に辛い想いでした。四月一日付で、飛行四十六中隊に配属され那覇に居り守備して居る頃、四月三日沖縄西北部に二十時頃と想われますが、後続の宏さん達が物凄い火線を衝いて突入して来ました。一機は泊り港近くで凄い音で突入した事は知ったのですが、我が後発部隊とは内地帰還後に知った訳です。

小生達も地上戦闘で各激戦地で戦闘をして、小生と延広（尾道）、宮川（長野）が負傷生存して居ります。小生達が配属なった飛行四十六中隊二〇〇名の将兵も生存者十二名位でせうか。二十年十二月三十日、沖縄の巻湊を出港、横浜の久里浜、復員事ム所にて地上戦斗の戦死者を報告、戦友の階級の進級を依頼して、二十一年一月十一日復員郷里に帰還して最初、船に乗り二十二年今野鉄工所に養子となり現在に至りました。

板津さんの便りで皆さん大変、辛苦なさったとか。何んと謂って慰めの言葉すら有りません。小生も四十五年、隊長以下戦友諸氏の吊魂ヒを元第八飛行師団長山本閣下（故人）に依頼して我が墓所に建立命日等墓参致して居ります。来る五月三日は鹿児島県知覧で慰霊祭がありますが小生今回出席せず六月十九日沖縄に墓参に参ります。

乱筆乱文で甚だ申し訳ありません。東大阪にも三月二十七日に突入戦死した林少尉さんの遺族、京都に今西さんの妹さんも居ります。武剋隊の隊長廣森少佐の遺族の兄さんは三重県亀山市白木町廣森小三治様が居られ、此の方は健軍で宏さん達と会っているかもしれません。出発時間も知ってた様でした。

では皆さんのご多幸を祈り併せて今后元気で頑張ってやりませう

拝具

昭和五十七年四月九日

今野喜代人氏は手紙によると養子になって今野鉄工所の経営を受け継いだようだ。戦争当時は佐藤曹長と呼ばれていたようだ。彼が書いた手記は貴重で公的な記録などもこれに依っている。前にも記したが『開聞岳』にほぼ全文が載っている。手紙に書かれたことはこの手記にはない記述もあって記録を補強するものだ。以下、基本的には手紙に典拠し、手記の場合には断りたい。呼称も軍隊時代倣って佐藤曹長と記すことにしたい。

手紙には、浅間温泉では階級別に分宿していたことが触れられている。将校、下士官、機付長、兵長、それぞれが分散宿泊していて旅館名が具体的に書かれている。

彼は自分も含めて機付長と言っている。一機一機に担当が付いて整備をしていたことが分かる。それぞれが機の癖を知り尽くしていた。佐藤曹長はその「全機の機関の責任者」であり、廣森隊長の機付長でもあった。この整備班を統括していていた将校は、伊藤少尉である。

機関担当の下士官十四名は、佐藤曹長統率のもと東山温泉に宿泊していた。この旅館は桜ヶ丘の山影の小さな谷にある。私は二度目に浅間を訪れたとき行ってみた。わずかに礎石が見られるのみで木や草の緑に覆《おお》われていた。ここには駒繋校の九十一名が疎開していた。彼らも学童とふれ合ったことだろう。

整備兵は、松本飛行場に着陸した「翌日より特攻機改装整備に」浅間から毎日松本電鉄の電車、国鉄の汽車で村井駅へと通った。「往復の際宏さん達と良く話し合った」などとあり特攻兵も日夜、整備に、訓練に明け暮れていたことが分かる。

手紙文面からするとこれは板津忠正氏の勧めによって出されていることが分かる。氏は、米子《よなご》航空機乗員養成所出身で時枝宏軍曹とは同期だった。整備兵として付き添った佐藤曹長に軍曹の生前の様子を妹さんに知らせてほしいと頼んでいたようだ。

板津氏は武剋隊の乗機九九式襲撃機には飛行機乗りの憧れがあったと言っておられる。しかし戦争末期にあっては、もう旧式のよれよれとなっていた。それをなんとかなだめすかしてようやっと飛べるようにした。「隊長と二人で試験飛行と機関の調整」には、廣森中尉と佐藤曹長とが油まみれになって機を整備していた様子がうかがえる。エンジンがかかるとすぐに飛び立って率先して試乗をしていた。必死に機を調整した結果、ようやく出発のめどが立った。ところが、それでも「故障機が二機」あった。隊長は、やむを得ず二隊に分けて飛ぶことにした。分けた理由がここにははっきりと書かれている。

手紙には、佐藤曹長は、先発の廣森隊「長機に同乗、九機で三月二十二日に松本を後にした」と書いている。記録上では十八日だ、これが正しいだろう。なお、注目されるのは後発六機、これを「小林少イ隊長」としている点だ。『戦史叢書』にある結城少尉隊長説とは異なっている。

手記によると（先発隊）「九機が各務原を発進しましたのは、三月二十三日」だという。そして二十五日に健軍飛行場に着いたとある。これも事実とは違っている。先発隊一員の今野勝郎軍曹が兄に郵便で送った遺書である。

兄上様其の後御元気にて御暮しのことと存じます。

勝郎も今日迄至極元気で任務完遂を祈つてやつてまゐりました。愈々明日は出撃です。薄暮を利用して体當りをやります。

此の便りを見ます頃弟は体当りをやつてゐることでありませう。不幸にして途中戦死したならば御許し下さい。今かうして最後の便りを書いてゐると次から次へと想い出されるのは皆様にお世話に成り通しのことのみ、何も報ひることの出来ない弟でありました故御許下さい。

赤羽の皆様方にもよろしくねがひます。では永久に兄上様の御幸福を祈つてやみません。

三月二十四日夜　弟より

懐かしき兄上様へ

この手紙を見ている頃は自分はこの世にはいない。鉛筆部隊に送った手紙と言い方は似ている。ほぼ同時期に書かれたものだろう。この兄への手紙は旅館備え付けの便箋に書かれている。「熊本市　旅館　司館」とある。ネットで調べると明治期に創業され今も熊本市で営業が続けられている。ここに「三月二十四日夜」に泊まって書いたとすればこの日に健軍飛行場に着いていたことになる。そして、少なくともこの時点で沖縄へ特攻出撃して敵艦に体当りすることがほぼ決まっていたようだ。

以下、手記によると、三月二十五日「夕方、廣森隊長は、長機は常に最前線にいなくてはならないと言われ、二個編隊を健軍に分散配置して夜間飛行で知覧に飛」んだ。曹長も一緒だったようだ。翌二十六日、隊長は「沖縄へ前進し、現地にて命令を」受けよと指示された。それで、健軍に残した編隊に、「十六時知覧上空に空中集合すべしと命令を発し」た。この日は快晴で、時間には「上空に林・清宗の両少尉の六機が旋回」していた。長機は知覧を「十六時五分」に離陸して無事空中集合を完了した。

沖縄中飛行場に着くと明朝出撃が神参謀から伝達された。佐藤曹長は最後の整備を行う。「全機を徹夜で完全整備する決意」で臨んだ。共に死ぬ気であった。ところが隊長は、「佐藤曹長以下九名は、速やかに原隊に復帰せよ」と命令した。が、彼はそれが納得できない。手記からその場面を拾う。

私は、整備班員八名を集めました。隊長以下九名の操縦者と、満州から寝食を共にしてきたのです。機は、私たち一人一人にとりましても、愛機でした。手塩にかけてきたのです。共に突っこみたい。そう思いました。愛機と共に、敵艦に突入できるならば、本望であると決意し、でもそれぞれの考えは一様ではないので、わたしの気持ちを述べますと、

「そうしましょう」

と異口同音に答えてくれました。


曹長は、この結果を伝えるが隊長は頑としてそれを聞き入れない。やむなく整備にあたり、「九九襲の搭載量は、二五〇キロでしたが、五〇〇キロを積」んだという。そして、最終点検が終わった後、彼は機を廣森隊長に引き渡しをしている。


廣森隊長は、二列に並んだ隊員に、最後の訓示をすると、ご自分の機体を手で撫でながら、私と交代して操縦席に入りました。

「機体、発動機異常なし。前縁タンク、満載」

と報告し、

「ご成功を祈ります」

と申しました私に、

「帰りの小遣いに使ってくれ」

とポケットから取り出した財布を渡されました。受け取ったとたん、どうしようもなく涙が出ました。

現世から来世へ、財布の金は何の役にも立たない。金に切れ目をつけて一切の縁を切る、つらい話だ。もらう方にとっても一層に悲しい。

残された佐藤軍曹は、武剋隊の先発隊、そして、四月三日夜には後発部隊の時枝宏軍曹らの「物凄い火線を衝いて突入」(手紙)する様子まで目撃することとなる。

満州以来寝食を共にして、あっちへ飛び、こっちへ飛び、そして、最後には、沖縄で最期を看取った。一瞬にして九人は薄明の海に、六人も暗黒の海に消えた。忘れ難い記憶だ。目に浮かんでくるのは「丈の高い紅顔の」時枝青年だったり、また、「残れ!」と佐藤喜代人曹長らに言って、飛び立っていった廣森隊長だったり、その時の記憶は消えることはなかった。

その佐藤曹長らは沖縄戦に巻き込まれた。手紙によると、「激戦地で激烈な戦闘」をし、配属先の「飛行四十六中隊二百名の将兵も生存者十二名位」だったという。整備班九名中、五名が戦死し、四名が生きながらえてかろうじて帰還した。そして、何とかたづきを得て今日に至っている。武剋隊は特攻戦死し、また、転属先の戦友の多くも戦死してしまった。戦友は逝ったのにむざむざ「小生達だけ生き延び」た。

生き残った者の苦しみは本人にしか分からない。さいなまれる日々の果てに、彼は武剋隊を初めとする仲間の弔魂碑を建立したと手紙に明かしている。

あれから六十六年、当時、廣森達郎中尉は二十三歳、佐藤喜代人曹長は同じぐらいの歳ではなかったのだろうか。生存していれば九十歳に近い。が、中村初子先生は生きていた。もしやと思って、住所を見た。「宮城県亘理郡亘理町荒浜」とあった。

この三月十一日、地球がひっくり返ったかと思うほどの大激震が起こった。続いて東北の太平洋沿岸を、信じられないほどの大津波が襲った。亘理町荒浜もこれに襲われ壊滅的な被害を受けている。平時であれば、手を尽くして調べるところだ。その消息を、吊魂碑の所在を。が、私はそれをしなかった。

いわゆる「3・11の大地震」、これによって引き起こされた大津波、原発過酷事故、続けざまに起こった大災害、大事故である。これらによって東日本の全ての交通がストップした。時間さえも停《と》まった。思えば、昭和二十年八月十五日正午、玉音放送が流れて、人々は敗戦を知った。勝つと信じていたのに突然負けたと知らされた。人々はぼう然となった。動いていた時が突然に停まった。

戦後の始動は、停まった時間からの再出発だった。ゆっくりとした復興だった。が、経済成長とともに時間は次第次第に速くなっていた。

ところが大地震によって時がまた止まった。これによって知ったのは、私たちがあまりにも慌ただしく時を駆けてきたことだ。次々に自然山河を壊し、高速道路を、新幹線を、ダムや堤防を造ってきた。遮二無二突き進んできた。私たちは道のりや過程を捨て去ってしまって、ひたすらに走っていた。ゆとりさえもなくしていた。

東北新幹線は今回の地震で長期間動かなかった。かつての東北本線、山中をゆくこの線、窓辺には目映《まばゆ》い新緑、綾《あや》なす紅葉、輝く川面《かわも》を映した景色がはらりはらりとめくられていた。ところが新幹線となった今は、那須《なす》連山は、左窓に曲線がひょひょいと描かれてすぐに消えてしまう。心は着いていないのに身体だけは仙台や青森にあっけなく着いてしまう。今では、着くことだけが目的になってしまっていた。

今回の自然の大災害が、プロセスをないがしろにし、結果だけを求めていた人間の脆《もろ》さ、そして、科学の危うさをも暴いた。原発の安全神話は完膚なきまでに粉砕された。私たちは自らが造り出した機械を過信しすぎていた。点検を怠り、油断をしていた。その間に大事な歴史さえもないがしろにして忘れ去ろうとしていた。

振り返れば、二〇一一年、戦後六十六年目の夏は、鉛筆部隊には六十七年目であった。彼らが下北沢駅を発ったのは、一九四四年年八月十二日だ。燈火管制《し》が布かれた町を提灯《ちょうちん》の明かりに先導されて駅へ向かった。ローソクの火に浮かび上がった童顔も、六十七年の歳月を加えて、すっかり皺《しわ》も増えてしまった。それでもなお、あの松本平でのできごとは多くの人々の記憶にひっそりと留《とど》められていた。

物語エピソード　武剋隊整備兵たちのこと

二〇一二年、夏、陸軍飛行場跡地にある松本市空港図書館で「記憶から消えた特攻隊と松本飛行場」という企画展が開催された。館長の川村修氏は松本の戦史に深い興味を持って調査しておられる。その彼に新たな情報が寄せられた。この経緯を氏は報告して下さった。その記録を次に記しておく。

企画展がはじまって、ちょうど一週間経ったある日電話連絡があった。塩尻市在住の青木波弥氏（85）である。八月三日付、信濃毎日新聞が、「松本からも特攻隊出撃」と報じた。それを読んで、「特攻隊の写真なら、うちにもある。できれば拙宅に来て確かめてほしい」とのことであった。

約束した日、塩尻市の自宅まで伺うと、老人が玄関先で迎えに出ていてくれた。すでに用意されていた写真は、「なにがあっても、この写真だけは大事にしまっておいた」と妻の孝子氏（84）が語り始めた。写真の裏には、忘れないようにと市内の写真館から届いた日に兵隊の氏名を記したという。

孝子氏は、当時十七歳、浅間温泉の東山旅館で、疎開学童三十人位の身の回りの世話をしていた（世田谷・駒繋国民学校）。兵隊さんたちは、疎開学童とは、別棟に宿泊し、出入口も別れていたため、子どもたちとの交流など全くなかった。朝早く出かけ、夜も晩く帰ってくるといった状態だった。谷さんという方は「短い命だけれど、楽しく過ごそう」とか「ここを発てば、二、三日の命だ」とも言っていたことが一番印象に残っていて、よく覚えている。二週間くらい滞在し、ほかの泊り客とは別献立だった。おはぎや餅、茶わん蒸し、ようかんといった御馳走が出されていた。

昭和二十年二月十八日、早朝六時、旅館の玄関前に兵隊十四人全員が集合して、写真撮影が行われた。終了後彼らは、手に手に、割りばしの袋と思われる紙片を持っていて、それに郷里の住所が書かれていた。そこへの写真送付を頼まれた。旅館の仲居さんたちはじめ、皆武剋隊の特攻隊員だと言っていた。当人たちは、この写真を見ていないので、もし生き残った人がいるのなら見てもらいたいとずっと思っていた。

私は、写真を拝見しながら、十四人の服装が飛行服ではないことや足に脚絆を巻いた飛行兵などいない筈だと即座に思った。青木氏には、恐らく整備兵の人ではないか？　と伝えた。が、彼女は、納得していないようだった。私は、名前がわかっている人から調査したい旨を伝えた。

この写真にある「武剋隊　佐藤喜代人」これは、確か、きむら先生の著書のなかに整備兵のことが書かれていたことを思い出した。しかし、「佐藤」では、名前が載っていなかった。もう一度、読み返してみる。すると、「今野鉄工所に養子にいかれた」という記述があった。今野喜代人に姓が変わっていた。

この時、私は本当に身震いした。六十七年間も分からなかった人たちの行方が分かったからだ。朝日新聞社の「週刊少國民」だけでなく、地元からも武剋隊の出撃を裏付ける、唯一の写真だからだ。このことを知ったきむら先生の方が、私の何倍も驚きが大きかったのではなかろうかと思った。

私は、改めて青木孝子氏を訪問した。今野氏はじめ数人が生存しただけで、ほかの方は沖縄の地で市街戦により戦死された旨を伝えた。写真を前にした青木氏は、「六十七年経った今でも、昨日のことの様に思い出す」と話され、涙ぐんだ。

この整備班の班長佐藤（今野）喜代人曹長の消息については情報を得た。武剋隊の佐藤英實伍長のことを調べている下村直資氏から、震災前の二〇〇九年二月に亡くなられたということを。

第六章　武揚隊の遺墨

武揚隊　藤井 清美少尉

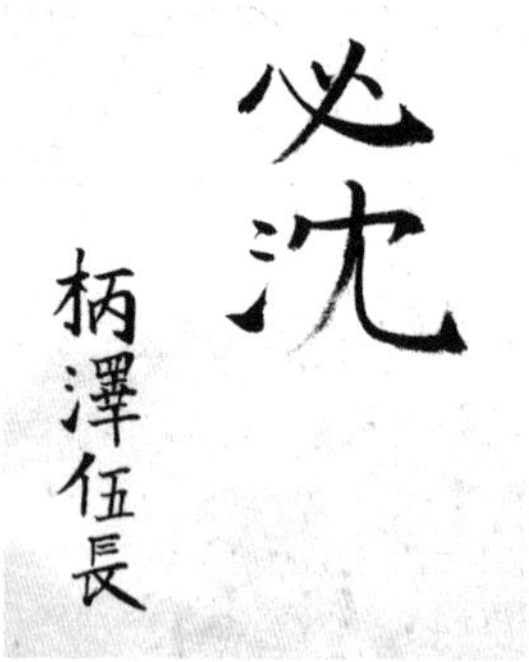

武揚隊　柄澤 甲子夫伍長

武揚隊　飯沼 芳雄（伍長）

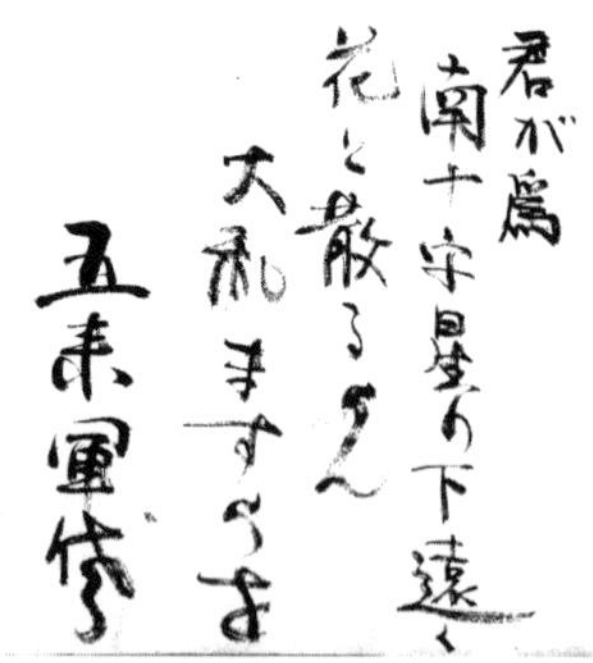

武揚隊　五来 末義軍曹

五十七期　田中少尉：所属不明

武揚隊　高畑 保男少尉

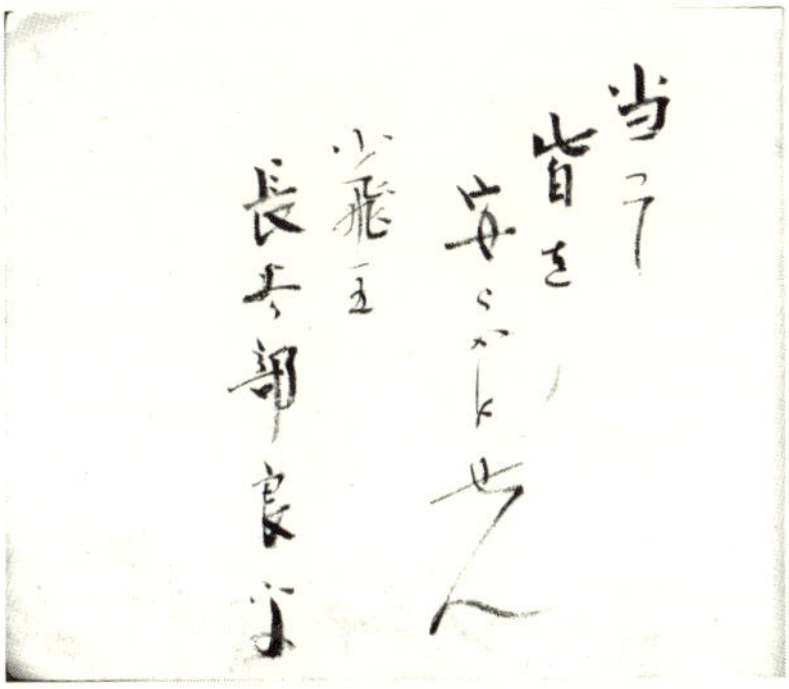

武揚隊　長谷部 良平伍長

武揚隊　高畑 保男少尉

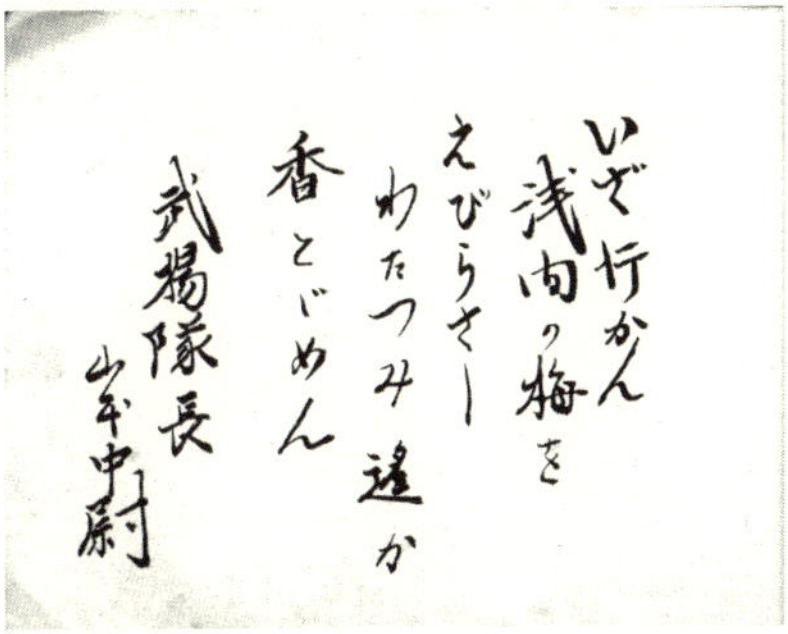

武揚隊隊長　山本 薫中尉

武揚隊　中村 敏男少尉

武揚隊　西尾 勇助軍曹

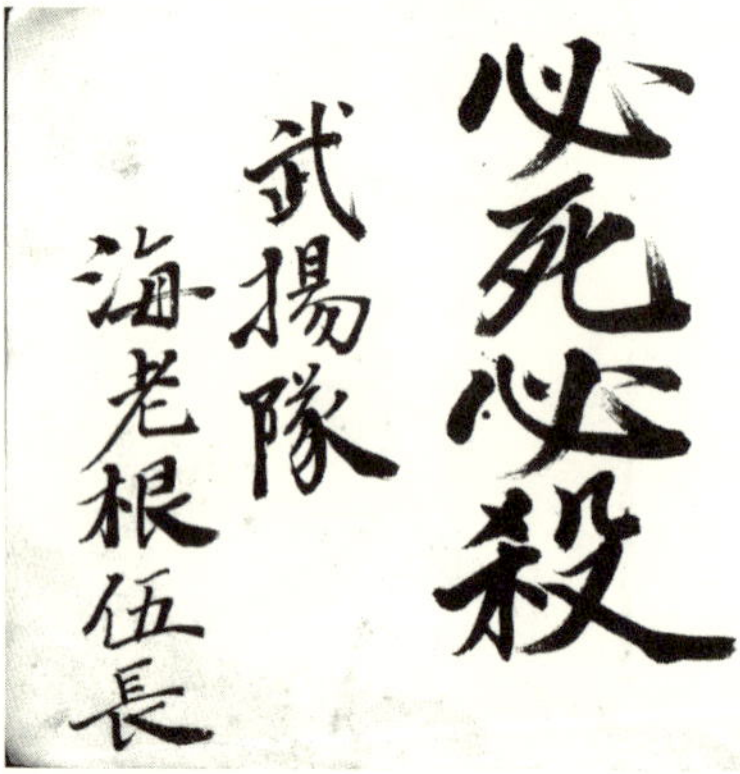

武揚隊　海老根 重信伍長

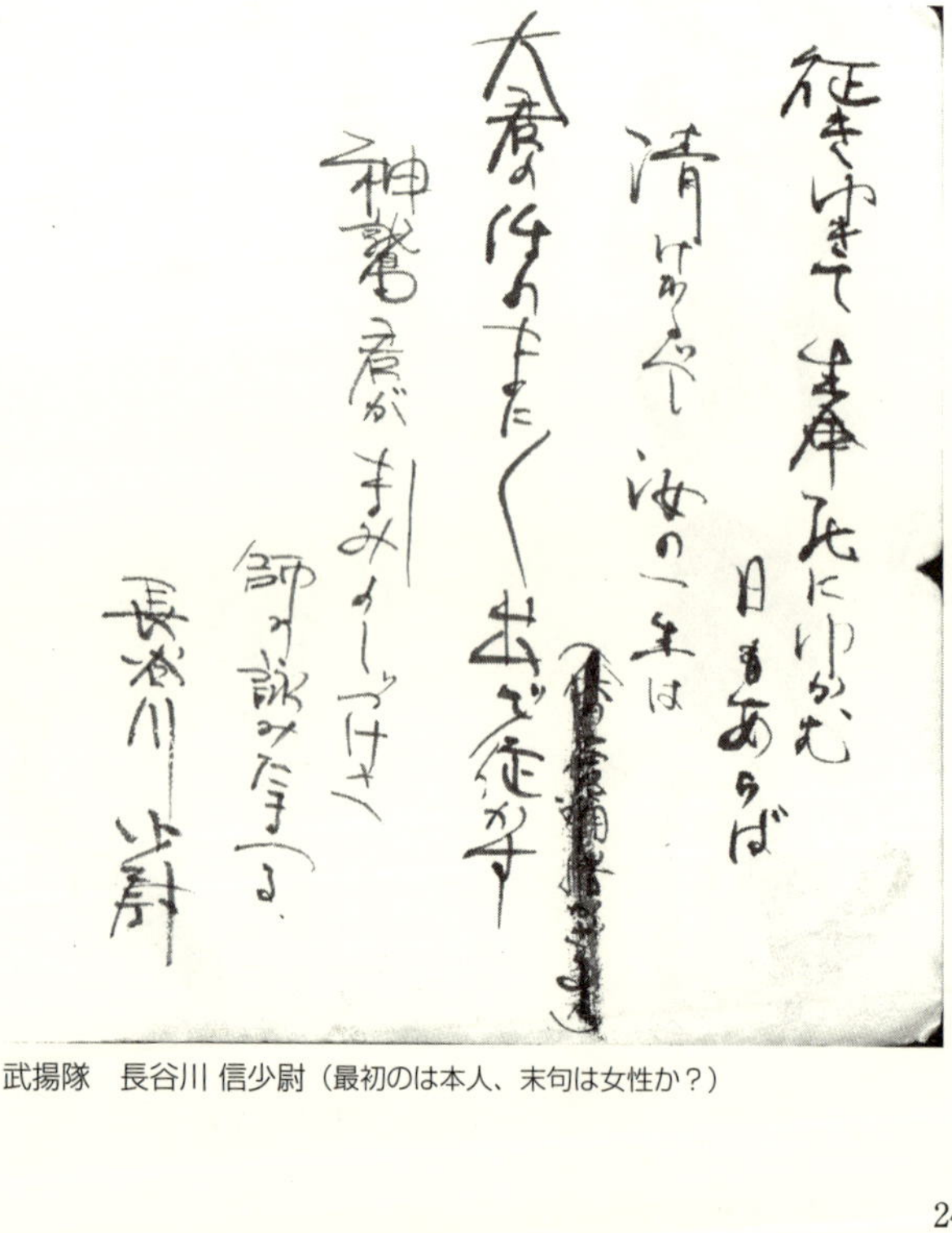

武揚隊　長谷川 信少尉（最初のは本人、末句は女性か？）

新資料発見

月日は素知らぬふりをして過ぎゆく。停《と》めようもないものだ。が、ある日とんでもない情報が舞い込んできて、踊り狂いそうになった。

二〇一二年の正月明けに、このノンフィクションをようやく書き上げた。原稿用紙四百枚にも達するものだった。私はワープロ入力で原稿を書いている、そのおしまいは薬指が担う、これがキーボードのピリオドを一つ打って終わる。それでも、書き終えれば、一つの仕事をやり遂げたという充足感はある。ふだん、画面の汚れなど気づかないのにこういうときに埃《ほこり》が目につく。ティッシュで拭うと真っ黒だった。物語にかけてきた時間の残片でもある。

一編を書き終えて、もう一仕事がある。出版社への原稿送付だ。以前はポストへ持って行った。投かんした途端奥でガサリと音がする。それが仕事のけじめだった。ところがこの頃ではメールに原稿を添付して送信ボタンを押す。これはワンクリックで一瞬に飛んでいく。原稿という重量物の手触りもないし、音もしない。それでも送り終わった後は、しばらくは放心して画面をぼんやりとみつめていた。

編集者の塚田敬幸さんからはすぐに返事があった。原稿に目を通して発行準備に取り掛かりたいと。事前の話し合いでは五月末に発行とのことだった。自分では、これで校正原稿が回ってくるまでしばらくは骨休めだと思っていた。ところが、三月になって事態が急変する。とある男性から家に電話があった。長野県安曇野市《あづみのし》の丸山修さんという方である。

「知り合いの方から頼まれました。その方のお母さんが持っておられたものがよく分からないので調べてくれと言われたのです。体裁はB5版ほどの和綴じ帳です。めくると和紙に多くの人が墨でもって書いているのです。特に目についたのは武揚隊という名でした。それで、『信州　武揚隊』とインターネットで入れて検索したんですよ。そしたら、そちらのブログが引っ掛かってびっくりしたんですよ」

武揚隊の長谷川信少尉について書いた記述である。彼の故郷、会津若松に行ったときの、私の記事を検索で拾ったようだ。

「それで、ネットに書いてある『邪宗門』に電話をしてそちらの番号を伺ったのです」

北沢川文化遺産保存の会の事務局がこの喫茶店にあった。

「この持ち主は高山宝子《たまこ》さんという人で亡くなられているんですよ。ええ、松本高女出身です」

この話を聞いてまっ先に思い起こしたのは二十年三月の二十九日、高女の卒業式のときに特攻機が飛んできて学校上空を旋回したことだ。高女生と特攻兵との何かの関わりがあって、このときにデモンストレーション飛行をしたようでもある。この話の真相を知りたいと思っていたが手掛かりもなくそのままで終わっていた。

「武揚隊というのを書いている人が多く目に付くのですよ……」

「もしかして松本浅間にいた武揚隊のメンバーかもしれません。今彼らの名簿を探しますから……」

慌てて名簿を探すが見つからない。特攻隊関係の書類は数多くある。それでもようやっと見つかった。知覧特攻平和会館の資料にはこのメンバーの名前が載っている

「では、名前を言ってください」と頼んだ。

「長谷川少尉」

「あります」

「五味軍代…ってよむのかな」

「五来軍曹ではないですか」

「あ、そうそう、それ」

「武揚隊長山本中尉って書いてあります」

「そうそう、この人が隊長です」

彼は十五名の兵士の統率者、唯一の職業軍人だった。

「武揚隊　飯沼芳雄」

「あります。それは少年飛行兵です……これはみんな武揚隊のメンバーですよ」

「次は、西尾勇助とあります」

「それは軍曹ですね。長谷川信少尉と一緒のときに敵に遭遇して撃墜されています」

「長谷川少尉のには何か書いてありますか？」

「はい、なんか和歌みたいなものが書いてあります」

「とするとそれは今までに見つかっていなかった全く新しい資料ですよ！　松本浅間温泉には武剋隊と武揚隊という特攻隊が一月ばかりいました。武剋隊の書いたものはたくさん見つかっているんですよ。ところが武揚隊のは何一つ残っていません。疎開学童の証言から、彼らがいたことは確かめています。しかし今回のような第一次資料は全く見つかっていません。だからそれは彼らが浅間温泉というか、松本にいたということを確実に証明するものですね、大変貴重なものだと思います」

「へぇ、そうなんですか」

「……それと、持ち主だった宝子さんという方もどうしてこれを手に入れて持っていたのか？　……きっとそこには何かあるのでしょうね。松本高女と結びついてくるとなるとよけいに関係があるように思うのですよ。何しろ、昭和二十年三月二十九日に高女の卒業を祝って特攻機が学校上空を旋回しているんですよ」

祝賀飛行はやっぱり武揚隊の隊員の仕業だったのではないか？

「そうなんですか。特攻隊が松本にいたんですか」

「はい、いたんですよ。信州松本浅間にいた特攻隊武剋隊と武揚隊をテーマとしたノンフィクションを書いて、原稿はもうできあがって出版社に送ってしまったんですよ。でも、今回みつかったものは松本の近代戦争史を証明する貴重な記録ですよ。残しておかなくてはならないものですね！」

つい口がすべってしまった。

「ええ、せっかくですから残していただければ……」

「とりあえず編集者に連絡を取って話をしてみます」

私は受話器を置いて、今度は塚田敬幸さんに連絡した。

「それは貴重ですね、いや私の方も仕事が立て込んでいて、組み入れはまだできていないんですよ。だから日にちはあります。それは是非入れたいですね」

信州浅間に約四十日あまり武揚隊は滞在した。武剋隊よりも長くいたのに彼らの信州での消息はほとんど分かっていない。具体的なのは秋元佳子さんの証言だけである。それも長谷川信少尉に関わるものに限られていた。

最後の最後になって武揚隊の魂が暴れ出した。それで出版に待ったを掛けたのかもしれない。こちらもまた何か気持ちが熱くなってきた。再び丸山さんに電話した。

「是非取材に行きます」

「ああ、じゃあ、浅間に泊まって一杯やりましょう。ええっと、目之湯の主人はよく知っていますから泊まるのはそこにしましょう」

思いがけない展開だ。武剋隊の将校が泊まっていた旅館で、往事の建物がそのまま残っている、何か恐ろしくなるような因縁の繋がりだ。

やはりこれもネット時代の戦争物語である。丸山修さんから電話があったのが月曜日である。そしてもう火曜日にはその資料が届いた。メールにはＰＤＦが添付されていてクリック一つでその資料が見られた。

電話でのやりとりで資料のおよそは分かっていた。しかし想像での理解と実物を見てのそれとでは全く異なる。全員が毛筆でそれぞれの思いを記している。一人ひとりの筆跡からは生身の人間の息づかいが伝わってくる。

武揚隊のメンバーについて点検してみたところ十五名のうち十一名の名は確認できた。崩し字だったり、名前だけだったりするものはよく分からない。それにしてもほとんどのメンバーがこれに思いを記している。熟語や和歌、単文で思いを綴《つづ》っている。この彼らの消息を知覧特攻平和会館資料とつきあわせてみた。

必沈
柄澤伍長

最も簡潔なものである。昭和二十年五月十三日、台湾八塊陸軍飛行場から武揚隊可動機五機が飛び立った。このうち三機が特攻を完遂した、その一機だ。航空養成所仙台の第十四期生で柄沢甲子夫伍長、二十一歳である。特攻戦死して、特進で少尉になっている。

大義
武揚隊　陸軍少尉　藤井清美

これは特攻場面を描いたのか挿絵つきである。彼の特攻出撃はかなり遅い、終戦一月前の七月十九日に四機で出撃し、彼の一機のみが「那覇西方突入散華」している。二十四歳だった。特進で大尉になっている。

今度會ふのは
九段の花の下
武揚隊　飯沼芳雄

大きな字で余白から文字がはみ出しそうである。大刀洗陸軍飛行学校、少年飛行兵第十四期生だ。

鵬友　偕行
五十七期 田中少尉

武揚隊のメンバー表にはない。この田中少尉は、先輩の陸軍士官学校五十六期生の山本中尉を慰問に来ていたのかもしれない。居合わせて書いた、これには山を背景とした三機の飛行機が描かれている。挿し絵は巧《うま》い。プロペラが回って動いているように見える。

その他の名は既に知っている名前だった。この冊子の全体は二十五ページにも及ぶものだ。その八ページ目は印象深いものであった。

君が為
　南十字星の下遠く
花と散るらん
　大和ますらを
　　五来軍曹

武剋隊の時枝軍曹は千代の湯の鉛筆部隊へ「元気でいった」との言づてを托した。それはこの五来軍曹に他ならない。彼、時枝軍曹は浅間にいる人へ格別深い思いを持っていた。松本明美さんである。彼女にはハガキで各務原から思いを伝えた。他の鉛筆部隊には五来軍曹への伝言で済ませた。そのことが結果としては武揚隊の存在をあぶり出した。

五来軍曹はこの物語を紡ぐか細い糸である。彼が鉛筆部隊に手紙を書かなかったら、武揚隊のことは分からなかったと思う。彼は「自分は同じ任務についている武揚隊の五来軍曹です。富貴の湯にとまつてゐました。」と書いた。この記述が大きな手掛かりとなった。

五来軍曹の肉筆は本人を生々しく物語る。一気に筆を進め、最後の署名を力強く描き切っている。伝言伝達人としての誠意や誠実さが感じられる。

この五来軍曹は、台湾八塊陸軍飛行場を五月十七日に飛び立ち、高畑少尉とともに沖縄慶良間周辺に特攻攻撃をして亡くなっている。十九歳である。特進して少尉になっている。

高畑少尉の遺墨もある。特進して大尉だ。

以武揚愛國

武揚隊　高畑少尉

迷いなく半紙に骨太の筆を一気に走らせている。「武勲を揚げて国を護る」というのだろう。二十二歳は達筆である。書は二枚あってもう一枚には「烈火」と書いてある。自らが激しい火となって敵にぶつかるという意味だろうか。

遺墨を見ていくと優しい手のものもあった。

当って
皆を
安らかにせん
少飛生　長谷部良平

柔らかい字である。東京陸軍飛行学校、少年飛行兵第十五期生の十八歳だ。この彼の名はたまたま読んでいた本にあった。彼は知覧にいた。

鹿児島知覧飛行場の三角兵舎はよく知られている。各地から当地に飛来してきた特攻兵はここで一晩過ごし、翌日には特攻に出撃していった。ここで彼らの世話をしていたのが知覧高女生である。その彼女たちが松林の中で懸命に色糸を使って刺繍《ししゅう》をしている一人の少年飛行兵を見つけた。「いろいろな色どりのなかに、白い糸で刺された文字は、ブヨウタイ　ハセベリ　と読めました」とあった。

切り株に腰をおろしてハンカチぐらいの大きさの絽刺しをしている伍長のまわりを笙子たちが取り囲むと、顔を赤くした伍長は、目を伏せてしまった。誰かが、

「ハセベリ伍長さんは何隊ですか」

「ブヨータイ」

「ええっ、舞のあの舞踏ですか」

みんな目を丸くすると、伍長は怒ったような声で、

「違う、武を揚げる隊です」

そう言ってまた、俯いてしまった。

『今日われ生きてあり』神坂次郎　新潮文庫　平成十七年刊

松林の中で一人寂しく絽《ろ》刺しをしている少年がこの筆跡に浮かんでくる。遺墨の「安らかにせん」という語尻は繊細な筆の跳ね方をしている。まるで女文字のようだ。知覧高女生は、彼が糸を刺す「手つきは優雅で、ちょっと女性らしくさえ見えました」と言う。証言と遺墨は一致する。

この長谷部良平伍長の行方も、同書には記されてあった。

ハセベリ伍長は、三角兵舎のなかでも孤独であった。誠第三十一飛行隊として台湾に配属されるが、隊長以

下他の隊員はハセベリ伍長を残して特攻出撃。後にハセベリ伍長は、第六航空軍に転属し第三十一振武隊（武揚隊）となる。

長谷部伍長は、単機、第三十一振武隊となったが、彼本人は、武を揚げる隊、武揚隊の一員だと思っている。満州から本土に飛来してそして、松本浅間に一ヶ月滞在している。宿泊旅館は富貴之湯だ。仲間と共に暮らして、共に歌った。武揚隊には格別深い思いを持っていた。知覧特攻平和会館には、溥儀から賜った恩賜の煙草を包んだ黄色い布に「武揚　必中必沈　陸軍特別攻撃隊　武揚飛行隊　長谷部良平」と揮毫した軸が展示されている。

彼の手には女性らしい優しさと少年らしい純朴さが滲《にじ》み出ている。多くが肩書きを「武揚隊」と記しているのに彼だけが「少飛生」としている。この彼は、四月二十二日に知覧から出撃戦死し、二階級特進で少尉となっている。ハセベリは置いてきぼりになったように書いてあるが、乗機エンジンが不調で各務原で調整をしていて、本隊に遅れを取り、単機で知覧に飛んできたというのが真実のようだ。

武揚隊の隊長は山本薫中尉である。これも遺墨がある。

いざ行かん
　浅間の梅を
えびらさし
　わたつみ遙か
香とゞめん

武揚隊長　山本中尉

松本浅間に飛来してきたのは二隊である。武剋隊と武揚隊だ。前者の隊長は廣森達郎中尉であり、後者は山本薫中尉であった。ともに陸士五十六期生の二十三歳である。廣森隊長は磊落、剛胆、情に脆《もろ》い。それは多くの証言や資料から伺える。が、山本中尉についてはよく分かっていない。

彼は疎開学童を寄せ付けなかった。また、長谷川信少尉には女児に優しくするなと言った。厳格な隊長であったように思われる。ところが、この歌を見て意外に思った。この青年将校は少なからず風雅の心を持っていたと知った。

「えびら」とは箙、矢を入れて背負う道具だ。箙に梅の一枝を挿して奮戦したという梶原景季《かじわらかげすえ》の「箙の梅」を踏まえた歌だ。景季が騎馬で駆けた後には、梅の花びらが舞い散り、梅の香りが漂った。山本薫中尉も梅の一枝を操縦席に挿し、遥か南の海《わた》の神の住むところに勇躍出撃し、そこに散って、浅間の梅の香りを留《とど》めたい、描かれたその思いは文学的である。浅間に対する郷愁がここにも濃厚に漂っている。遺墨の文字は、きっちりと並べて書いてある。そこに性格が表れてもいる。この隊長は五十嵐少尉、柄沢伍長とともに五月十三日に八塊陸軍飛行場から飛び立って戦死した。階級は二階級特進して少佐となった。

浅間の梅を詠んだ歌がもう一首ある。梅の枝が挿絵として描かれている。

初春の浅間のやどり富貴の湯に
やがてほころぶ白梅のはな
せうい　なかむらとしを

短歌のたしなみがある人だ。崩し字が巧い。浅間の湯の白梅もやがて綻んでは散ってゆく。自分の行く末を暗示したものだろう。温和な比喩である。「せうい　なかむらとしを」についても記憶があった。長谷川信の最期を見届けた人、中村敏男少尉だ。武揚隊の中で力石文夫見習士官とともに辛うじて生き残って復員した一人である。彼が残した「中村メモ」には長谷川信の印象が描かれている。

時たま会食をする際、演芸会が持たれた時に長谷川君はよく『会津ばんだい山』の歌を歌っていた。私もこの歌が好きでアンコールをしてもらったこともある。その頃から会津出身だということがわかったわけです。長谷川君は文学が好きであったと考えられることは、歌と同時に石川啄木の『一握の砂』を吟詠していたことがある。私はよくこの詩を吟詠していたし、今でもはっきりと記憶している。おそらく大学では文学部ではなかったろうかと推察している。

武揚隊は浅間温泉富貴之湯で過ごした。同じ旅館に宿泊していた疎開学童たちは度々演芸会を開いていた。ちょうど武揚隊や武剋隊が浅間にやってきた二月後半は六年生が帰京してしまって残された学童たちは寂しい思いをしていた。何とかそれを慰めようと演芸会などを行っていた。そこに特攻兵も参加し、子どもたちと一緒になって歌った。武剋隊がいた日之湯では毎晩のようにあったという。この富貴之湯でも何回かは行われたはずだ。長谷川信は「会津ばんだい山」を歌っていたのではないだろうか。

中村敏男少尉の残した短歌は、武揚隊の一連の遺墨がどこで書かれたかを考える大きなヒントとなるものである。

つまり、「浅間のやどり富貴之湯」である。ここは当時、浅間でも一、二を争う大旅館であった。疎開学童も東大原校を百八十七名も受け入れている。浅間温泉の中でもとりわけ収容力が大きかったことを証明している。武揚隊の全員を受け入れていた。

和綴じ帳には、武揚隊のほとんどが揮毫《きごう》している。同じ場所にいたからこそこれができた。

筆跡、文字から具体的な人間像も浮かんでくる。海老根重信伍長のものである。

必死必殺
　武揚隊　海老根伍長

浅間温泉富貴之湯に東大原国民学校の秋元佳子さんは疎開していた。そのときに少数の武揚隊隊員と接触している。その一人が二十一歳の海老根重信伍長である。ズーズー弁を話していたという。彼の出身は茨城だ。人なつっこく子どもにも人気があったようだ。

遺墨には、奮い立つ勇ましい思いが四文字で表現されているが、地方出の実直な青年で温かみがあったように思われる。武揚隊は九州から台湾に向かった。その途中に敵機グラマンに遭遇し三機が被弾して墜落した。長谷川信少尉、海老根伍長、そして、西尾勇助軍曹だ。彼も遺墨が残っている。一字一字を丁寧に書いている。

散って九段
の花と咲く

武揚隊　西尾勇助

特攻で亡くなった場合は二階級特進となる。が、交戦戦死の場合は、単なる戦死扱いとなって階級はそのままだ。特攻に行って花と咲くはずだったが咲けなかった。さぞかし無念であったろう。彼は二十二歳だった。

今回、たまたま発見された和綴じ帳には表題はない。最初には数首の歌が記されている。先生や友達から書いてもらったものだ。昭和十九年とあるところから宝子さんが補修科を終えて皆から記念のサインをもらったものだろう。祝、卒業というようなものではない。一つのけじめがついたことでまた思いを新たにして出発しよう。そういう穏やかなメッセージがここには残されている。

特攻兵への慰問

この和綴じ帳の持ち主は高山宝子さんである。ご本人の卒業は前年十八年である。この後一年間補習科に通った。そして、昭和二十年には国民学校の代用教員を務めていたという。

その彼女所有の和綴じ本は貴重である、が、読み解けない謎がある、その最大のミステリーは、この次にきている歌である。それは長谷川信少尉の歌だ。武揚隊が陸軍松本飛行場に飛来してきたのは昭和二十年（一九四五）二月末である。

宝子さんは、和綴じ本、今で言えばサイン帳を慰問に持って行った。そして、特攻隊の諸氏と出会ってそれにサインをしてもらったのではないだろうか。場所は富貴之湯だ。時期は梅の花が綻んでくる頃、三月である。出撃も迫った三月後半ではないかと思える。

浅間温泉目之湯の疎開学童を引率してきておられた中村初子先生から、特攻兵のサインをもらうために旅館に地元の人が訪れていたと聞いた。先に武剋隊清宗少尉が「征空前夜」と書いた礼状を「長野県紙製品統制組合」に送った記事を紹介した。これも組合員が慰問したことが発端である。

宝子さんも特攻兵の慰問に来たと思われる。彼女一人、単独というのは考えにくい。松本高女の後輩などを引き連れていったのではないかと思う。

後になって分かったことがある。高山宝子さんと武揚隊の飯沼芳雄伍長とが地元田川尋常小学校で同級生であった。武揚隊遺墨の追跡調査をした読売新聞の記者がこれを突き止めた。伍長は偶然の里帰りだった。富貴之湯にいると知った母や妹はご馳走《ちそう》を抱え何度も慰問に行ったという。彼は遺墨に「今度會ふのは九段の花の下」と記した。「思いがけず今回、肉親や旧友などと会うことができて幸せです。しかし、今度出撃すれば皆さんにお目にかかれるのは九段の桜の花の下となります」、切ない別れの言葉だ。

宝子さんの慰問は特攻兵に同級生がいることがきっかけとなったようだ。が、彼女が持参した和綴じ帳に最初に言葉を記したのは長谷川信少尉である。この辺りにも何か密《ひそ》かな物語が隠れているように思われる。残された遺墨の解釈は難しい。和綴じ帳には次のように書かれている。

征きゆきて　生命死にゆかむ　日もあらば
清《さや》けかるべし　汝《なれ》の一生は

大君の任《まけ》のまにまに出で征かす
神鷲君のまみの静けさ
師の詠みたまへる

長谷川少尉

最初、本歌が記され、次に返歌が詠まれたと私は思った。ところが仲間の木村孝氏によると見解が異なる。彼はデジタル画像で筆跡の解析を試みた。句切れ句切れでの筆跡の違いがある。また、詠まれた内容もそれぞれ独立している。その点からすると連句を試みたと考えた方が自然ではないかという。

解釈をしてみると納得できる。発句の五七五は、長谷川信本人だ。「戦いに赴いて自分の命は死に果てるだろう。その日が巡ってきたならば」と。脇句の筆跡は発句とは異なる。「清浄で、少しの汚れもなく美しい、あなたの一生は」という意だ。「汝」は二人称だ。他者が信を誉めたとする方が自然である。

この後に（　）付きの読解不明の文字が書かれている。急きょ連句をすることになって、その辺りの事情を記そうとしたのだろうか？　が、この文字、ほとんど判読ができない。

次の第三句は、発句と同じで手は太く濃い。「私は大君の命令のままに出撃して征こうとしています」と。そして、結句となる第四句だ、柔らかい女文字だ。「『神鷲になろうという彼の目は、悟りきったように澄んでいた』そう私の師が指摘されておられます」と訳した。筆の繊細さと内容、彼に対する関心の向け方からするとこれは女性だ。彼女は結びの句を書き終えて、そのまま「長谷川少尉」と署名した。連句の記録者としての意識を持っていたのだろう。

慰問に行った慌ただしい中でのドラマだ。脇句は誰がつけたのか。字は男文字だ。推測だが、後に紹介する「姨捨《おばすて》の駅」を詠んだ正義だとも考えられる。第四句の女性は誰なのか、これは分からない。

慰問ドラマの序幕は謎だ。宝子さんらが慰問にいったところ運座ができて三人が即吟に及んだ。偶然、顔ぶれがそろって連句で戯れたというのも考えにくい。長谷川信と、男と女の二人との間には何回かこういう機会があったように想像される。この慰問は女性が中心だが男性も交じっていたようだ。

昭和二十年三月、浅間温泉を発つ前の長谷川信の静かな心境がこの句には詠まれている。発句も第三句も、出撃して死に赴くのみだという諦念、悟りが詠まれている。

「清《さや》けかるべし　汝《なれ》の一生は」というのは純粋で汚れのない様への感嘆である。何度かの交渉を持った詠み手の率直な印象であろう。長谷川信は自己に誠実であった。その様は『きけ　わだつみのこえ』に記された文章からも窺《うかが》われる。彼は特攻を目前にして苦しみ、悩み抜いた。その葛藤が手記に書かれている。あの、憤然とした思い、「恐ろしき哉、浅ましき哉／人類よ、猿の親類よ」、は昭和二十年一月十八日、満州平台にいたときに書かれている。これ以降の心境は、手記紛失によって確かめようがない。

しかし、二月後の春三月、浅間温泉では疎開学童の女児たちとは多くしゃべり、そして遊んだ。禁を犯して、彼女らの求める曲芸飛行にも応じた。心置きなくふれ合っている。

長谷川信は新田原から特攻機で飛び立つ前に故郷の恩師、小林貞治・敏子夫妻に便りを書いた。それをもとに敏子さんが歌を詠んでいる。『明治学院百年史』に載っている一首だ。


特攻機にて基地発つ君がよこしたる最後の文字「シアワセデシタ」

長谷川信は人間の獣性に刃を向けて鋭い批判をした。ところが、当地では穏やかだった。浅間温泉で風光と人と温泉とに触れたことが大きいのだろう。その穏やかな思いを新田原まで運んだのだろうか？　最終句をまとめたのは女性だ。自身の師の思いを借りて詠んでいる、心密かな思いが託されていると考えてもよいだろう。彼女もまた彼の温和な目に深く注意を払っていた。関心は情愛である。

浅間温泉を出発する間際だと思われる。このときの場面は謎だ。が、発句を記した長谷川信の紙空間の使い方は特徴的だ。右端に書き記している。最初から連句を意識して書いたようだ。その筆先を大勢の若い女性が見つめている。件《くだん》の女性には余裕はない、師の語を引用するのが精一杯だったのだろうか。

句を締めくくった女性は誰なのだろうか？　宝子さんの和綴じ帳に記していることからすると慰問に加わっていた地元の女性だといえる。宝子さんよりも年上だろう。初対面ではなく何度か会っているはずだ。この連句を嗜《たしな》む女性は、宝子さん同様、学校の先生だったとも考えられる。

言えることは、師は、詩歌に秀でた者である。その下に学んでいる彼女も言葉への感性を鋭く持った者だ。彼の目差《まな》しへの感銘には恋の仄《ほの》めきが私には感じられる。が、自身の思いも揺れる。もしかしたら宝子さん本人かもしれないなどとも考えた。

この二首に続いて、玄人筋が詠んだものと思われるものが一首記されている。字も巧い。

姨捨の駅に停まれば
　鑵鳴りが
行く手の黒き
　山に響くも

写生の歌である。武揚隊の多くのメンバーが決意を記している中では異色だ。篠ノ井線の姨捨駅のスイッチバック駅に機関車が停まっている。ずじゅ、ずじゅと釜を鳴らしている。それが先々の黒々とした山に響いている。長谷川信の孤影に想を得たのだろうか。歌の繋がりの機微というものはある。山中の駅の「しずけさ」がよく滲《にじ》み出ている。

もう一つ分からないことがある。和綴じ本の十五ページにサインがある。それにはこう書かれている。

決戦の年
巣立ち行く
宝子様
　ご健康と
　　ご多幸を祈る

誰が書いたのか名前は記されていない。男手だ。「祈ります」ではなくて、「祈る」である。目下の女性に言っている。武揚隊の誰かが書いたのではないかとも思った。武揚隊隊員にとって決戦の年というのは昭和二十年だ。が、彼女は既に十八年に卒業している。補習科修了でも合わない。ここの解釈に苦しんでいる。

慰問団は複数の若い女性だった。中には、間もなく二十九日に卒業する女生徒もいたかもしれない。

「そうか、卒業か、じゃあ、学校の上を旋回して祝賀飛行をしてやるよ」

そんな話になったのかもしれない。とすると、特攻隊にとっては宝子さんもコミである。卒業生の仲間に入れられてしまったのかもしれない。

ただこの宝子さん、個性ある人物だ。この和綴じサイン帳には彼女の後輩が、宝子さんの卒業を祝って熱い手紙を書いている。彼女の履歴の一端もこの手紙によって分かる。

祝　ご卒業！

贈る　宝子さん

松本城下櫻咲き乱れる松本高女に数々の思ひ出を心の日記にとゞめて美しい友情の香る古き希望の學び舎を巣立って行かれますのね。本当に心よりお喜び致します。

同じ通学班として、又上級生としての宝子さんの厚き深き御友情に対して深くお礼申しあげます。そしてここに美しき人世の幸福を合掌を持つてお祈り致します。どうぞ高く且つ御理想のもと幸福の生活をお送りくださいませ。

宝子さん！　通学班として、登校の際、又勤労奉仕に、ずいぶん沢山の思ひ出を作りましたね。楽しき思ひ出、又苦しき思ひ出……これらは皆貴女の永久に香る心のアルバムに微笑んで居るでせう。貴女は夢多き乙女の生活を過ごしていらつやいました。

懐かしい学舎、親しいお友達、グランド等、この思ひを胸にいだきて、別れの歌に送られて友垣を去られるに及んで万感胸に充ちておりませう。卒業後も楽しき運命のあることをお忘れなくお進みください。そこには貴女のみの尊き純情なる偉業が咲き香る事を信じて居ります。でももう一年この學舎で思ひ出を作る事ができますね。
宝子さん
何時迄も幸福になるやう祈りつゝ
微笑みつゝ　希望の二字へ

もう春日
何時も春のやうな暖かき心をもつて
共に進みませう。御元気で
さらば　淑子

この手紙は後輩の淑子さんが贈ったものだ。卒業してもう一年ここで学ぶということを指摘していることから、これが補修科のことだと思われる。

この文面からすると宝子さんは後輩の面倒見がよく、親身になって世話をしていた。姉御肌の人だ。またもう一面では夢見る少女でもあった。女同士がいう「ずいぶん沢山の思ひ出」というのは何かしら色恋めいたものを感ずる。

年代順からするとこの手紙は昭和十八年のもので一番古いものである。ところがこれが十六、十七ページに来ている。この前後には武揚隊の兵士の手になる文字が書かれている。この順番が自分にはどうしても分からない。ただこの淑子さんの手紙は他のとは紙質の色合いが違うようだ。薄い紅色がついているように見える。そのことから綴《と》じを解して改めて入れ込んだのではないかと思った。そうだとすれば順番がばらばらであったとしても矛盾はしない。そんなことを考えているときに丸山修さんから連絡があった。往事のことが分からないか、彼は方々に連絡を取っていてくれた。

「ええっとね、宝子さんよりもずっと若い人がいましてね、その人も一緒に富貴之湯へ慰問に行ったというんですよ。もう大分前のことなのでほとんど忘れてしまっているのだけどね、何か人形を持っていったようなことは幽《かす》かに覚えているというのです」

新しい情報である。私の推理は当たっていた。今回発見された武揚隊の遺墨は宝子さんを含めた女学生が慰問に行って、その時に書いてもらったのではないかと考えていた。単独の同級生だけでなく学年を横断する形での慰問をしていたことの証しである。過去の歴史の綾が見えてきたようにも思う。

分かればさらに知りたくなる。それこそ一本の細い糸をたどってもこれが書かれたときのことを知りたいと思った。今回見つかった揮毫の中で、武揚隊の隊員で生存帰還されているのは中村敏男少尉である。昭和五十四年（一九七九）発行された『明治学院百年史』には彼の証言が載っている。三十三年前である。生きておられれば九十歳は超えているはずだ。が、中村初子先生も生きていた。あるいはこの中村少尉も生きているかもしれない。思えば希望が湧いてくる。

知覧特攻平和会館にまずは聞いてみた。が、特攻生き残りは把握していないとのことだった。遺墨について話したところ、寄贈されれば大切に保管したいと係の人は言っていた。新しく見つかった武揚隊の遺墨をどうするのか、今度持ち主にお会いしたときに聞いてみようと思った。平和会館の人は厚生労働省に窓口があるので聞いてみたらと言われたので問い合わせてみた。が、ここでは生き残りについては全く把握はしていないと言われた。

こうなれば「中村敏男メモ」を引用している明治学院大しかない。大学の歴史資料館に電話をして聞いてみたところ、彼に関する資料は何所《どこ》かにあるかもしれないが、探し出すのは難しいとのことだった。

おかしなものだ。こちらが能動的に情報を追っていくと詰んでしまう。反対に、何もしないでいると情報は向こうからやってくる。もうこうなったら焦ることはない。現にある情報だけでも十分だ。それを調べればよい。

彼らが、サイン帳にサインをしたのは今から六十七年前の三月だ。とんでもない時間が経《た》っていた。それでも今度、目之湯には関係者が来てくださるそうだ。丸山修さんが手配をしてくださっている。メールにはこうあった。

見えられる方は、田澤澄江さん（宝子さんの子供）、宝子さんの従姉妹里子さん、里子さんの姉照子さん（この方も慰問に行ったとのこと、あまり記憶がないとのことですが何か参考になるかも知れません。行かれたところは富貴の湯の他にもう一軒あったそうです）

昭和二十年三月の段階で、二つの旅館を訪ねて慰問をしたということである。他の旅館はどこなのだろう。武剋隊がいた旅館だろうか。いずれにしても行けば分かる。また再びの浅間への旅だ。あの松本平は雪を戴《いただ》いた山々に囲まれているはずだ。ちょうどこの三月は、武剋隊、武揚隊が松本陸軍飛行場を飛び立ったときだ。そのときと同じ風景が見られることだろう。

三月二十二日、私は、特急「あずさ」で東京を発って松本浅間を目指した。特攻隊員たちはここに深い郷愁を感じていた。郷愁とは土地とのつきあいだ。自分でも足を運ぶうちに愛着を持つようになっていた。

列車は塩尻を過ぎて松本平を下っていく。遙《はる》か向こうには銀屛風が連なっている。が、天気が悪くそれは薄汚れている。ぼんやりとした黄色の埃《ほこり》に煙っていた。と、進行左手に赤い屋根、広丘郷福寺だ。物語の発端となった寺、それも瞬く間に過ぎて松本に着いた。

改札口に行くと赤いブルゾンを羽織った男がぼぉっと立っていた。電話やメールでやりとりをしていた人にしては何かイメージに合わない。「丸山さんですか?」と声を掛けようとしたらコンコースを駆けてきた人がいる。

「お待たせしました」

元気な張りのある声で若々しい。彼も今度出てきた資料に深い関心を持っている。興味を持って調べようとする人の表情は目に、声に出る。ああこの人だと思った。

「そうですね、まず、食事をして、里山辺《さとやまべ》の地下軍事工場跡へ行き、図書館に寄って新聞検索をし、それから浅間温泉に行きましょう。宝子さんの娘さんはじめ関係者は夕方に来てくれますから……」

このスケジュールはあらかじめ相談しておいたことだ。まず、彼は行きつけの蕎麦屋さんに立ち寄った。開田蕎麦「田舎屋」であった。彼の知り合いだった。奥の座敷に上がったところで、丸山さんがさっそくに現物を取り出した。B5版横長和綴じ帳である。まず感じたのは重さである。あらかじめ送られてきたPDFデーターにはそれがない。思っていた以上に分厚い。一枚一枚めくっていく。先生や友達の字は柔らかい。が、武揚隊のものとなると字が厳《いか》つく、濃く、かつ尖《とが》っている。特攻隊員本人の息づかいが感じられる。本人たちの思いが手に持つ重さとして感じられる。

「これは大変なものですね。もっと薄っぺらいと思っていたんですけど、分厚くて重さというのもありますね」

墨痕には書いた者たちの魂が宿っているように思われた。

「そうですか」と丸山さん。

「よくもまあ長い間眠っていたものですね……」

私は深い感動に襲われていた。不思議な因縁から、これを自分が今手にしている、気づくと持つ手が震えていた。

「何だかまた分からなくなってきました。宝子さんに宛てた淑子さんの文章は前のページと繋がっているんですね。手紙は文面からすると昭和十八年三月は間違いありません。紙が繋がっていますから『決戦の年』というのは十八年になりますね。『巣立ちゆく宝子様』というのは特攻兵が書いたものと思っていたんだけど違うようです……」

もっとも年代の古いものがページの間に来ている。

「へぇ、こんなものが出て来たのですか、松本に特攻兵がいたなんて知りませんよ」

蕎麦屋のご夫婦が兵士たちの遺墨を見て驚いた。

「新発見の資料を初めて見たのがこの蕎麦屋さんだった、これは記録に書いて置かなくてはいけませんね」

店を出るときに私は少し冗談めかして言った。

「何だか空が黄色いでしょう。黄砂ですね」

丸山修さんが里山辺へと車を走らせながら言った。それを聞いてまた不思議な思いがした。武剋隊、武揚隊は満州を発ってこの松本に来ていた。あちこちに寄港しながら、この松本にやってきていた。自身ではコースを地図で認識していた。が、満州と松本は大気で繋がっていたということに気づいた。黄砂は天空をまっすぐに飛んできて、この地に降り注いでいる。特攻隊と黄砂、人と自然の因縁まで思ったことだ。

陸軍松本飛行場には多くの軍用機が飛来してきた。当地に疎開してきた航空機関連の工場で製造された部品の受領《ずりょう》に来てもいた。各務原から飛龍に乗って松本飛行場にやってきた前村さんは部品を取りにきたようだ。このときのことを取材して書いた『重爆特攻 さくら弾機』には「松本の三菱重工の部品工場は、山をくり抜いた地下工場」とあった。この工場は里山辺にあった。道々地元の人に聞きながらその跡をようやっと訪ね当てた。舌状台地の下部をくり抜いて作ったようだ。が、残存するという入り口は分かったが、そこに入ることはできなかった。

里山辺の近くに松本教育文化センターがあった。そこの係員がくれた資料には当地の地下工場は「昭和二十年（一九四五）四月から工事が始められた」とあって、前村さんたちが飛来したときにはまだ稼働していなかったように思われる。地下工場というのは随所にあったようだ。南松本にもあったとも聞いた。

予定していた通り、里山辺の次に松本市中央図書館に行った。ここの司書の方にはあらかじめ連絡をしていた。ところがその方は、調べたが浅間の特攻に関するものはほとんどないということだった。丸山さんも「信濃毎日」の記事について問い合わせをしていてここに三件の記事があるとの回答を得ていた。その該当する記事には当たってみたがこちらが把握している以上の情報は得られなかった。

私たち二人が唯一驚いたものがあった。玄関ホールの展示場には「里山辺地下軍事工場跡」関係のものが展示されていた。その一つに、「里山辺・中山には直接関係ありませんが、これは戦闘機用の九九式飛四号無線機（受信機）で、編隊機の間で使用されていました」とあった。二十センチほどの合金でできた立方体である。

「真空管式のこんな立派なものを装備していたんですねぇ！」

機械に深い興味を持っている丸山さんは驚いていた。

「これって不思議ですね。どうしてここにあるんでしょう。爆装改修で外したものなのかなあ？」

武揚隊も武剋隊も陸軍松本飛行場で爆装改修を行った。特攻機用に改造するためだ。無駄なものは降ろしてその分多くの爆薬を積む。当地で無線機は外していったのかもしれない。特攻機のものなのだろうか。新たな疑問である。

宝子さんのアルバム

浅間温泉日之湯旅館に着くと丸山修さんが他の資料を出してきた。宝子さんのアルバムだ。ふっくらとした美しい顔の女学生だった。それらをめくっているときに一枚の写真に出会って驚いた。また新たな謎が生まれた。

「あっ、なぜこれがこんなところにあるんだろう！」

東大原小の疎開学童だった太田幸子さんが持っていた写真と同じものである。六人の特攻兵と女児が写っている。同じ写真がまた出てきたというのは興味深い。それぞれ宝子さんと幸子さんが所持していたものだ。この二人は無縁である。唯一結びついてくるのは富貴之湯だ。前者は慰問に来ていた、後者は疎開していた。

この写真、よく見るとプロが撮ったものだと分かる。疎開学童の女児はきちんと並んでいる。六人の特攻兵も背筋を伸ばしてポーズを取っている。二枚とも松本浅間から出てきたものゆえ、当地の「弥生町坂田写真館」が出張してきて撮ったものだと思う。

この写真に続いて、十枚の写真が貼ってある。単独であったり、二人であったり、また七名であったりというものだ。飛行眼鏡をつけたりりしい姿の写真も三枚ある。見慣れない新手の兵士である。もしかしたらこれは武揚隊の兵士なのかもしれない。この写真の持ち主は宝子さんである。彼らに思いが深くあったから彼女はアルバムに写真を貼ったのだろう。

「宝子さんはお嬢さんなのですよ。ほら、この写真を見てください」

丸山修さんが一枚の写真を指さす。「昭和十四年自動車全部ニ白紙召集令来ル　松本城ニテ記念撮影」と書いてある。松本城をバックにして五台のトラックと二十人近くの従業員とが写っている。戦争前の松本の様子を写し撮った貴重な一枚だ。

「人間を召集するのを赤紙、物を召集するのは白紙、全く知りませんでした」

「ほらトラックの荷台を見てください」

丸山さんに言われて見ると、そこに「高山運送」と描いてある。

「なるほど運送店を経営していた家のお嬢さんですか……」

その彼女の女学校時代の写真がアルバムには多く貼ってある。ポーズを取ってきちんと写したものも少なくない。写真店で撮ったものものだ。

「松本高女っていうのは二つの条件がそろっていないと行けなかったのですよ。頭のよさ、それとお金ですね」

そうだった。当時は多くが小卒である。行ったとしても高等小学校、高女に行けるのは数が限られていた。

松本高女

夕方になって目之湯に三人の女性が見えた。まず宝子さんの一人娘の田澤澄江《たざわすみえ》さん（昭和二十九年生まれ）、次が宝子さんの従姉妹の矢ヶ崎照子《てるこ》さん（昭和六年生まれ）、同じく山口里子《さとこ》さん（昭和十年生まれ）だ。里子さんと照子さんは姉妹である。この三人は親戚であり、松本高女生である。戦後学校名は変わり今は松本蟻ヶ崎《ありがさき》高等学校となっている。しかし松本高女つながりは重要な点である。

「私は松本駅の近くにある旅館『よろづや』に友達数名と学校帰りに慰問に行きました。そこに特攻隊がいると聞いて行ったのです。須藤少尉という方がおられて、その方が持っていった色紙に『撃沈　須藤少尉』と筆で書いてくださいました。そのときに他にどんなお名前の方がおられたかは分かりません。私は、自分で作った名刺入れをさし上げました。確か明日にもでも出撃するというようなときだったですね。もしかしたら写真とかもあったかもしれませんが、そんなものと一緒に色紙は処分してしまいました……」

まず照子さんが話された。この旅館は今は「ホテルよろづや松本」として残っている。丸山修さんが電話で確認を取ったところ経営者は変わっているとのことだが、古くからある「よろずや」の名は今も継承しているとのことだった。武剋隊にも武揚隊にも須藤少尉の名は見あたらない。慰問に来た女生徒に「撃沈」と記すぐらいだから特攻隊だろう。他の特攻隊であった可能性もある。

「富貴之湯への慰問というのはどうだったのですか？」

私は、もっとも聞きたいところだった。

「おばちゃんに連れられていきました。小学校四年の時ですね。どこに行くにもいつもいっしょでしたからね」

里子さんが言う。

「私も一緒でした。そのときは高女生でした」

これは照子さんだ。松本陸軍飛行場から武剋隊や武揚隊が飛び立ったのは昭和二十年三月である。恐らく「よろづや」への慰問も同じ時期だったのだろう。

「もうこのときっていうのは宝子さんは松本高女を卒業されていたんですよね？」

「そうですね、錦部《にしきべ》の小学校の代用教員をやっていました」

私の問いに娘の澄江さんが答えてくれた。錦部はどこにあるのだろう？　それを確かめる間もなく、話が進んでいく。和綴じ帳のことになる。

「あ、その最初の歌は、それはね、国語の先生ですよ。喜代治と書いてあるんですよ」

「北沢喜代治先生で、いま息子さんが北沢医院を開いていらっしゃるのですよ」

和綴じ帳の最初の短歌の作者ことだ。照子さん、里子さんが口々に言う。

「宝子さんの友達が『山の道を馬上に君は勇みてゆきぬ』と書いていますが、馬で通っていたんですか」

「うちはもう運送店でしたからトラックですね」

澄江さんが言われる、何となくおかしい。

「愛新覺羅顯玗《あいしんかくらけんし》、川島芳子《かわしまよしこ》が浅間から高女まで馬で通っていたというのは有名な話だから、そういうことをイメージしたのかな。時代は大正末で離れるけど……」

これは丸山修さんだ。

「川島芳子のことはおばあちゃんもよく話題にはしていました」と澄江さん。

「一番問題なのはですね、これですね、『きけ　わだつみのこえ』に載っている長谷川信少尉がここで句を詠んでいるんですよ。その返しの句の最後が、内容や手からして女性が書いたように思われるのです。それでもしかしたらこの筆跡が宝子さんのものだとするとどんでもない物語になってしまうかもしれません。だからこれを見てほしいのですよ」

筆跡がよく見えるように灯《あか》りの下に置いた。すると三人の女性が覗《のぞ》きこむ。私は固唾を飲んで、答えを待った。

「母のではありませんね」

「おばちゃんのじゃないわね」

問題が解決するかと思ったが遠のいた。

「じゃあ、きっと一緒に行った誰かが書いたのでしょう。これを見ると、例えば長谷川信の句なんかそうですけど、とりあえず詠んだという感じではないんですよ。他の人もきちんと丁寧に書いてあるんですよ。時間も結構かかったと思うのです。思うに皆さんの場合は松本高女系の慰問団みたいなものだったのではないかと、だからお二人だけじゃなかったでしょう」

私は推測を交えながら聞いた。

「私たちおばちゃんについてよくどこへでも行っていましたから、それで言われてついていったんだと思います。細かくは覚えてはいませんが、他にもおばちゃんの友達も大勢いたと思うのですね」と里子さん。

「宝子さんというのは友達からの手紙などを読むと姉御肌ですよね。面倒見がいいというのか、みんなを引き連れていくようなところがあったんじゃないでしょうか?」

資料を読み解いての自身の想像である。

「ええ、おっしゃる通りです。母は人に好かれてしましたね……それと向上心がありました。お花やお茶の免状も持っていましたし、多趣味でした。今風にいうと山ガールでした。西穂高で遭難して新聞にも載ったことがあるんですよ。結構積極的でしたね。だからもっと長生きするんだと思っていました。ところが病気で平成十五年（二〇〇三）二月三日に七十七歳で亡くなってしまったんですよ」

「それからしばらく経《た》ってお母さんの箪笥《たんす》の中から和綴じのサイン帳が見つかったんですね？」

「ええ、これは一体何だろうって思っていたんですよ。とくに武揚隊って幾つも書いてあるでしょう。どういう意味か分からなかったのです。それで二年前の自衛隊祭りのときですね、これは毎年陸上自衛隊松本駐屯地で行われるんです。展示物もあるところで自衛隊の人に聞いたんですけどね、さっぱり分からないのですね。係の人は市役所に持って行って聞けというんですよ。そのままになっていたんですけどね、この丸山さんが何でもよく知っている人で調べてもらおうと思って、これを渡したんですよ」

「ええっとね、それが三月十三日ですよ」

丸山さんは手帳を見ながら言う。

「それでその日に『信州　武揚隊』とパソコン検索をして、私に繋がったんですね」

「そうそう、出てきたのは猪苗代湖《いなわしろこ》の写真ですよ」

めまいがしてきそうな話である。検索が機縁となって今、こうしてここにいる。

「全く不思議な話ですね。その宝子さんが大事にとっていたものがこうして出てきてここにある。富貴之湯に慰問に行った人が皆がこれを持っているわけはありませんね。多分、彼女が代表して揮毫してもらってそれを大事にとっていたんだと思います」

「ええ、箪笥の中に大事にしまわれていたものを私が見つけたのですよ」

「きっと深い思い出があったのでしょうね。少なくとも武揚隊隊員の十五名のうち、十一名の人が書いていますから今となっては貴重ですね。この多くが特攻突撃したり、交戦したりして亡くなっています」

「慰問に行ったのは夜でしたね。私とねえちゃんが行っていますから、松本渚《なぎさ》から行ったんですよね。その間にお友達も大勢見えたのではないでしょうか。それでそのときは最後の夜だったようで、明日は出撃みたいな話をしていて、それで次の日、特攻隊の皆さんが本当に渚の家のところに来て、旋回していかれたんです。飛行機に手を振って見送ったのは覚えています……。ああ、ここにある文字はその人たちだったんですか」

里子さんは改めて彼らの手跡を眺めている。

「富貴之湯には疎開学童がいたのです。あそこは女の子ばっかりだったんです。出撃直前に大広間で壮行会が開かれたのですよ。みんなを前にして特攻隊の隊員が集まって歌を歌ったんですよ。その歌詞を覚えていた人がいたんですよ。その二番はですね、『明日はお発ちか松本飛行場　さぁっと飛び立つ我が愛機かわいいみなさんの人形乗せて　わたしゃ行きます○○へ』とあるんですよ。

特攻兵に贈った人形

「私、そのお人形作って持って行きました」

里子さんが突然に、歌の歌詞を聞いて思い出した。

「人形ですか……」

私は背筋がぞくりとした。

「ええ、お人形です。小さな座布団を作ってそこに女の子がお座りをしているんですよ。それに糸がついていてつり下げられるようになっているんですよ」

当時里子さんは国民学校四年生だ。疎開学童とほとんど同じである。彼ら武揚隊は、この富貴之湯での壮行会で並み居る大勢の女子の前で歌った。「かわいいみなさんの人形乗せて　わたしゃ行きます○○へ」と。実際に東京から来た女の子は可愛《かわい》い、一緒に乗せていきたいが行けないから代わりにあなた方に似せた人形を持って行くのだと歌ったのではないだろうか。

「この目之湯旅館に泊まっていたのは武剋隊ですけど、先発隊が沖縄中飛行場から飛び立つときに飛行機の整備をしていた人がいて、機を引き渡ししているのです。九機の全部に疎開学童の女児から贈られた人形が飾ってあったと書いてあったのです。だから武剋隊も武揚隊もみんな年端もいかない女児から人形をもらっていっていたんですね……」

私たち五人は黙ってしまった。目之湯の玄関の古い時計がこっつんこっつんと時を刻んでいるのが聞こえて来る。ここに泊まっていた特攻兵たちも聞いていた音だ。

和綴じ帳十八ページ

「一番大きい問題は、ここです」

和綴じ帳十八ページである。宝子さんに宛てて誰かが書いたサイン「**決戦の年　巣立ち行く宝子様　ご健康と　ご多幸を祈る**」だ。次のページは淑子さん、これは昭和十八年三月に書いたのは間違いない。一続きのものだ。順序からすると十九年三月、二十年三月ときて突然ここが前に戻っている。

「どうしてこれがここに来るのか分らないのです」

ずっと離れない疑問である。

「結構いい加減なところがあったんですよ。集めてきてこうしゃしゃっとやってしまうところが……」

ずっとついてまわっていた疑問がひょいと解けてしまうような答えだった。本の綴《と》じや時間順序を考えると娘さんが言われたことが一番納得がいくことだった。「母親しゃしゃっと説」である。

「このお手紙を書いている淑子さんという人も、アルバムを見れば分かりますよ。持ってきましたから……」

娘さんが出したのは「第四十二回卒業記念　松本高等女学校　昭和十八年三月」とあるものだ。戦争中であるのにしっかりとしたアルバムを作っている。学校の誇りでもあろう。ふと思い出したことがある。高女の卒業写真はお見合い写真の代わりをしたと聞いたことがある。最初の四年一組に高山宝子さんは出てくる。一列目のまん中に先生、二列目の先生の真後ろがベストポジションだ。男の先生の頭を挟んだ二人の女性、その右手の女性はほんの心持ち首を傾《かし》げている。それが宝子さんである。

「ほら、ほら、宝子さん、あなたはここよ」

同級の女性に声を掛けられてそこに陣取ったのではないか。

「あっ、ありましたよ。淑子さん、丸山淑子さんというんですね。四年三組ですよ。」

丸山修さんがその名を見つけた。彼女は後輩ではなく同級生だったのだ。その淑子さんは顔立ちの整った麗しい人だった。が、年月は容赦がなく人を老いさせる。十七歳か十八歳として生きていれば八十六歳か八十七歳だ。

「卒業生名簿も持って来ました。調べられますよ」

娘さんが出してきたそれを見ると松本高女第四十二回生には二百四十八名がいた。ここに淑子さんは二人いた。丸山淑子さんは空欄だった。が、もう一方には電話番号が載っていた。

「なんて聞くのだろう。あなたは松本高女の同級生の宝子さん覚えていますか？」

私は空想を巡らせた。しわがれた声が「はい」と答えたらどうするのかと。この淑子さんは宝子さんの手紙に書いていた。「楽しき思ひ出、又苦しき思ひ出……これらは皆貴女の永久に香る心のアルバムに微笑んで居るでせう」と。いい言葉だ。ほんの少しの情報を聞き出すために酷《ひど》い質問は向けない方がいいと思った。

目之湯旅館での三時間に及ぶ聞き取りは終わった。特攻隊因縁である。武剋隊が泊まっていた旅館はすっかり夜につつまれていた。彼らが泊まっていた往事そのままだ。駒繋校の学童たちが先生の目を盗んでこっそりと特攻隊員たちの部屋へ行ったという通路も残っていた。この奥の方から着剣した廣森隊長が出てきても不思議ではないような気がした。

澄江さん、照子さん、里子さんが帰って行かれるのを見送った。三人の女性が乗った車が角を曲がって消えた。浅間での特攻兵のことを覚えているのはやはり女性だった。

「特攻兵の多くはこの浅間への思いを言っているんですよ、手紙を書いたり、歌に詠んだり、歌をうたったりしていますね。今度見つかったのにも浅間を詠んだ歌が二首ありました。よほど思うことがあったのです。お湯に入って寛《くつろ》げたとか、疎開学童とふれ合って気持ちをほぐしたこともありますが、段々と思ってきたのは風景ですね、今は建物が多く建っていて遠くの景色が眺められなくなっています。それでもちょっと小高いところに上ると松本平が見渡せるでしょう。それを言い表しているのがほらこの地図にも載っている『立て回す高嶺は雪の銀屏風中にすみ絵の松本の里』という歌ですよ。ここに立って景色を見たときに何か言わないではいられないというのはありますね」

「いや、言われてみるとそうですね。私も何度もここへ来ていますが、この歌を見たのは初めてです。こうぐるっと山があってそれが銀屏風に見えるんですね」

安曇野市に住んでいる丸山修さんにとってはごく普通の風景のようだった。それでも気持ちに響くものがあったようだ。

「やっぱり山国ですよね。こうお話をしていると都会にいる私なんかと違ってこの山の見える土地に根付いて人が生活しているという感じがしますよ」

「いやね、この土地の人は苦労していますよ。この目之湯も昔は蚕《かいこ》をやっていましたよ。私も家で手伝いをしましたよ。焼岳《やけだけ》が噴火したときがあって、灰をひっかぶった葉っぱを食わせると蚕が弱るっていうんで、切ってきた桑の葉を一生懸命水で洗った覚えがあります」

目之湯に泊まった夜、丸山修さんと夜遅くまで語りあった。お風呂に入って、酒を傾けていると際限なく話が続く。この土地には言霊が宿っている。昼間私は、浅間から見える連山の襞《ひだ》を見ていた。「連山のひだのひとつも触れも見で　あさまの丘に寝るあぢきなさ」と詠んだのは与謝野晶子だ。味けないどころか味気がありすぎて寝られない。気づいたら午前二時を過ぎていた。

模造飛行機

翌日は雨だった。それでも、浅間温泉のことをよく知っているという柳原行恒さんと一緒に街を歩いた。ここは歴史のある温泉で鎌倉時代に既に宿があったという。その温泉街も大分寂れてしまった。しかし、名湯は生きていた。今も何軒もの温泉が営業を続けている。古い町割りの両脇にそれが建っている。こういう路地の空に重爆撃機飛龍がにょっと現われたのだと思った。驚きは倍加するはずだ。

「あのね、梅の湯にも特攻兵がいましたよ。そう昭和二十年ですね。トラックが来て梅の湯の彼たちを運ぶというのですよ。私は必死になってせがみましたよ。『乗せていってくださいよ』と何度も拝み倒して乗せてもらったんです。友達四、五人と飛行場まで行きました。飛行機を見るっていうのは憧れだったんですよ。近くの野球場ではグライダーの練習なんかもやっていましたからね……」

浅間温泉のお土産屋平和堂の主人はそう話してくれた。

「そうこの隣が富貴之湯で、この辺りに疎開していた東大原小学校の連中とはよく遊びました。富貴之湯の特攻？　それは知らないですね……まあ、それで飛行場まで行ったんですよ。そしたら驚いたことに零戦が置いてあったんですよ」

岩越平八さんは目を大きく見開いた。彼は戦闘機を見て躍り上がって興奮しただろうと思う。

「ところがですね、その飛行機に近づいて行って、機体を叩いたんですよ」

こう言って次の話をするときに彼は間を置いた。手練《てだ》れだ、彼は昭和九年生まれだと言った。

「こんこんと叩《たた》いたら……ぼんぼんという音がしたんですよ！　木ですね」

「え、モックアップだったんですか！」

モックアップを置いて敵の目をそらす。そういう意図があった。飛行場には模造飛行機を置いていて、付近の松林には本物の飛行機を秘匿していた。

「ところがですね、そのときに空襲警報が鳴ったんですよ。それで防空壕に隠れました」

どんな防空壕かは聞かなかった。飛行場の隅に掘られたものだろう。覆いの隙間から外を見たようだ。

「高いところを一機のＢ29が飛んでいましたね。銀色に光っていました」

「ああ、ひと機ですね」

松本平の上空をよぎっていく敵の飛行機、私も深い感慨を持って頷《うなず》いた。

「空襲警報騒ぎで、私たちは忘れられてしまって、結局この浅間まで歩いて帰りました。途中鉄橋を渡ったんですけどね、怖かったですね」

岩越さんは梅の湯にも特攻兵がいたと言う。事実である。武剋隊今野勝郎軍曹は、ここから郷里宮城へ手紙を出している。

このエピソードから伺える事実がある。浅間温泉から陸軍飛行場までの交通手段としてトラックがあったということである。富貴之湯にいた秋元佳子さんは、特攻兵がトラックで去って行った記憶があるとも言っていた。鉄道だけではなかったことは書きとどめておく必要がある。


浅間温泉巡りを終えて、目之湯に帰ってからは、女将さん、中野経《つね》さんと話をした。

「ああ、その隊長さんと若い先生の部屋の前をわざと大きな足音を立てて通ったというのは私の祖母の梅ですよ。とてもしつけに厳しい人でしたから」

「ああ、そうだったんですか」

「時々、駒繋小の疎開学童だった人が泊まりに見えていましたけどね、もうだいぶ年を取られたからこの頃ではあまりお見えにはなりません」

あれから六十七年経った。歴史は古びていき人は老いていく。戦争の記憶もすっかり薄らいだ。そういう中で武揚隊の記憶の断片を辛うじて拾い集めることができた。特には澄江さんが母の宝子さんの箪笥から見つけた和綴じ帳は得がたい資料である。松本浅間温泉に滞在していた武揚隊の兵士直筆のサインがある。十一名の遺墨は彼らが確実に当地に居たことを証明するものである。また、筆跡から、そして、書かれた内容から、それぞれの人物が温もりを持った実在として感じ取ることのできるものだ。

照子さんや里子さんの記憶証言も大事だ。宝子さんが富貴之湯に慰問に行ったときにいっしょについていったという。和綴じ帳がこのときのものであることを間接的に証明するものだ。彼女らの話から出撃直前のときだったことも分かったことだ。

終章　残された謎

右から一人目、飯沼伍長、二人目西尾軍曹、他の名は不明

長谷部良平か

柄沢 甲子夫伍長

右から飯沼伍長、柄沢伍長、海老根伍長

富貴之湯にて、氏名不詳

氏名不詳

氏名不詳　本文で男前と紹介

五来 末義軍曹

黒めがねの五来末義軍曹

物語を編む

松本から帰ってくると同時に、段ボールが一箱が届いた。昭和二十年の歴史が詰まったものだ。数冊のアルバム、数十の色紙、分厚い名簿などがぎっしり詰まっている。和綴じ帳の秘密を解き明かす材料である。私には最後の大仕事である。この箱を前に歴史に埋もれてしまった彼らの足跡をなんとか突き止めなくてはいけないと思った。

松本から帰ってどうしても腑《ふ》に落ちないことが一つあった。特攻兵の須藤少尉に名刺入れを贈ったという話である。なぜ名刺入れなのか謎であった。死に征く人には不要のものである。それで証言者の矢ヶ崎照子さんに電話をかけて確かめた。

「ああ、あれはですね、小さいものということでお話したのですけども、そうですね、お守りですね。縮緬《ちりめん》の端切れで作ったものです。紫色と牡丹色の二色で作ったお守りをさし上げました……」

これは腑に落ちる答えだった。そんな経緯も含めて丸山修さんにメールを出した。ところが「謎解きはとても面白い。しかしそれが全部解き明かされるとロマンがないような気がします」との返事があった。彼は私よりも二つ下、退職後安曇野で水車を動かして時間を楽しんでいると聞いた。常日頃自然山野とふれ合っている彼の生活には奥行きがあるように思えた。反面、私は、言葉の車をしゃかりきになって回して楽しんではいるがゆとりがない。遮二無二、駆けて真実を知ろうとしていた。

特攻兵がいると聞き込んだ梅の湯、ここには二子玉川国民学校の疎開学童がいた。同窓会に連絡を取ってその人たちに取材できる。今回見つかった武揚隊の特攻兵の手紙類を片っ端から調べて彼らの陸軍松本飛行場を発った日時も突き止められるなどと考えていた。これによって分からなかったことが分かる。が、しかし分かってしまえばおしまいだ。私も人も想像する楽しみが奪われる。

この書き手としてのポジションは重要である。ここまで、私自身の立ち位置はあまり考えずに来ていた。浅間温泉にいた特攻兵たちのことは知られていない。これを記録しておこうと思って調べを始めた。ところが、当たり前のことに気づいていなかった。私は歴史研究家ではないということだ。言葉を使って物語をずっと編んできていた。物語を書き上げて人に伝えて行くストーリーテラーだった。読み手とともに推理や想像を楽しんでいく、その案内者だった。

「浅間温泉で特攻兵は最期の言葉を書いたわけですね。このことがご遺族になんとか伝わればいいと思います」

宝子さんの一人娘の田澤澄江さんの言葉である。託された願いも物語に編んでまとめれば伝わるはずである。

まずは一箱の段ボールに入った資料を読み解く。十分過ぎるほどのものだ。これを材料として武揚隊の浅間での行方を追跡してみる。

私は問題を整理してみた。まずは慰問のことである。今までの証言や記録から、宝子さんが中心となって浅間温泉富貴之湯に友達とともに来たことははっきりした。

彼女が特攻隊とどうふれ合っていたか。それを考える材料は二つある。一つは写真であり、もう一つは、サイン帳である。

写真は十一枚ある。一番最初の写真には六人の兵隊と三十人ほどの女児が写っている。富貴之湯で撮ったものだ。宝子さんがこれを持っているということは、隊員に知り合いがいるということだ（これは後でわかったことである。女児を抱えて飛行帽で写っているのは彼女の同級生、飯沼芳雄伍長だった）。

宝子さん所持の写真には、他の特攻兵の写真が数枚ある。写真背景からしてこれも富貴之湯の庭で撮ったものである。単独で撮った写真、二枚が同じ人だ。飛行帽を被り、白いマフラーを首に巻いている。りりしい姿でほれぼれする男前である。このうち一枚の右胸には襟章がついている。横帯一本に星が二つ、階級は軍曹である。

手持ちの写真で確かめたが、武剋隊の四人の軍曹に似たものはいない。とすれば武揚隊の誰かだろう。名簿からすると武揚隊には、吉原香、西尾勇助、五来末義の三人の軍曹がいる。そのうちの誰かなのだろうか？

この名前の分からない軍曹の二枚の写真については何度も見ているうちに気づいたことがある。これ以外は剥がされた跡がある。そっとめくる。多分、皆これを見て名前が書いてあるのではないかと思って覗《のぞ》き見たのだろうと思う。私もそうした。が、何も書いていない。

ところがこの二枚だけは特別だ。糊《のり》がぴっちりとつけられている。角すら剥がれない。こういう場合に何かあるのではないか？　と思う。こういうのに限って名前が、あるいはサインが書いてあるのではないかと思う。果ては「宝子さまへ贈る」などと書いてあるのではないかと妄想してしまう。

写真に蒸気をあてて剥がす方法はあるだろうと思う。しかし、秘密はすべて解明できなくてよい。古代の王墓を発掘して、その壁絵について得々と語って見せる学者がいるが酷《むご》いと思うときがある。墓暴きとどこが違うのだろうかと思う。そっとしておくという考えはないのだろうか。知り尽くす、掘り尽くすと却《かえ》って物語が失われるように思う。宝子さんの思い出の宝箱は開けないでそっとしておきたい。

しかし、この人物が誰であるのか、今後照合が待たれる写真資料である。

慰問の日付

高山宝子さんが武揚隊の慰問に行ったのはいつだろうか。一回だけでなく、何回か行っているはずだ。ここで問題にしたいのは、和綴じ帳を持って行ったときのことだ。二十八日吉原香軍曹富貴之湯上空宙返り、二十九日、松本高女卒業式デモンストレーション飛行、この後は逆算していくほかはない。四月三日に時枝宏軍曹は出撃している。このときに五来軍曹は彼から鉛筆部隊への言づてを託されている。特攻出撃は慌ただしい。二人が出会うとすると、せめて四月二日には新田原へ着いていなくてはならない。すると少なくとも三月三十日か三十一日には松本飛行場を飛び立っているはずだ。

多少の日にちのずれはあるかもしれないが、慰問に行ったのは三月二十九日か三十日ではないだろうか。このとき高山宝子さんは錦部国民学校の代用教員を務めていた。

この場所を調べてみた。思いがけず、浅間温泉の北側数キロのところにあった。もしかしてこのとき宝子さんは松本渚の実家から通っていたのではないかと思った。それで浅間温泉の生き字引柳原行恒さんに電話で聞いてみた。

「錦部は、今は松本市になっていますが、当時は東筑摩郡《ひがしちくまぐん》四賀村《しがむら》です。通いは難しいでしょう。途中トンネルがあって向こうに行けますがね。当時これはなかったでしょう。知り合いがいるので高山宝子さんのことは聞いておきますよ」

通いは難しそうだ。けれども主人公を通わせる必要は全くなかった。戦争中ではあるが春休み期間だ。彼女が松本渚の実家にいてもおかしくない。むしろいたと考えるべきである。そうすれば近所に住む里子さんや照子さんを連れて行ける。

従姉妹たち、それと学友、あるいは後輩たちを連れて行った。そのほとんどは松本高女繋がりだったように思える。高女卒業式、特攻隊デモンストレーション飛行も、この慰問と少なからず関係するはずだ。「卒業式の話をしたら飛んでくれるというの。ほんとびっくりしたわよ。卒業を祝っての旋回飛行に来たのだからね！」

松本高女の在校生がこの前に来たときの慰問団にいて、ここで話がついたのかもしれない。

この慰問団の核となる高山宝子さんは従姉妹たちを呼び集めた。そして、松本電気鉄道の上高地線の渚駅から電車に乗った。松本駅に着いて他から来た友だちと合流した。そして今度は浅間線に乗って終点まで行く。ここから富貴之湯へ向かった。もう夜のことだ。

これまでの経過を振り返ると壮行会が思い起こされる。富貴之湯の大広間で疎開学童を前にして彼らは声を張り上げた。まずは「武揚隊隊歌」を歌った。

命を懸けて契りたる　我等十五の血の朋ぞ
身は雲染めつ　日の本の御楯となりて國護る
此ぞ我等武揚隊

磨きし腕も錬る魂も　この日この時この為ぞ
大和男子乃生き甲斐は　身をぞ砕きて名に生きる
征くぞ我等武揚隊

つぎは「浅間温泉望郷の歌」だ。舞台に並んだ彼らは歌った。かわいい女子学童が一生懸命に聞いている。彼らは段々にトーンを上げていったのではないだろうか。歌声がばらばらだと覚えられない。その声はそろっていた。秋元佳子さんは、じっと耳を澄ませてそれを聴いて覚えた。

「あの長谷川少尉もいよいよ明日は突撃していかれるんだ」

富貴之湯の二階の小部屋にいた仲間は切なく思ったろう。彼が初恋の人だったという女の子はやるせなくて泣いたのかもしれない。

大広間は、疎開学童が寝起きするところだ。それで壮行会を終えた彼らは、自分たちの部屋に引き上げた。その日の夕食は浅間最後の宴だった。

彼ら武揚隊は浅間温泉滞在四十日に及んだ。先の武剋隊が大きな戦果を挙げたことは皆新聞で読んで知っている。温泉街の人々は彼らを遇した。

浅間温泉は四五年に入り、出撃前の特攻隊員が滞在するようになった。当時、旧本郷村（現松本市）の本郷国民学校三年生だった高橋康男さん（六九）は、出発前の晩に戦闘服姿で街をかっ歩する隊員たちの姿を覚えている。大人は「明日には死んでいく人たちだ」とささやき、店先で酒や食べ物を振る舞ったという。

「信濃毎日」二〇〇五年二月二十八日号　戦後六十年「足もとをみつめて」10

恐らく当夜は、地元の人たちからの多くの差し入れがあったものと思われる。松本高女系の慰問団も手ぶらではなかったように思う。宝子さんの家はトラックを召し上げられはしたものの運送店を経営していた。缶詰、し好品、菓子などを持っていったようにも思われる。あるいは女高生は歌を歌って本当に慰問をしたのかもしれない。兵士たちは、何かの感動や思いがあって色紙には丁寧に字を書いた。松本浅間は文化人も少なくない。歌を嗜《たしな》む人がいたり、書家がいたり、そういう人たちもお別れに来ていて書を描いたり、歌を詠んだようだ。

神鷲君のまみの静けさ

問題は長谷川信の連句の収めを詠んだ人だ。「神鷲君のまみの静けさ」は神鷲となる君を想う人の思いである。何かの色恋物語が想像される。松本高女のデモンストレーション飛行がこれに結びついているとすれば高女生のうわさは本物となってくる。が、この当人は在校生ではなく卒業生ではないだろうか。宝子さんが連れてきた中に卒業生と関わる誰かがいたのだろうか。少なくとも宝子さんは彼女が誰であるのかは知っているはずだ。年端もいかない照子さんや里子さんには心覚えがなかった。

和綴じ帳については多くの疑問が残る。最も古いものがなぜ間に入っているかというのがあるが、娘さんのいう「しゃしゃっと綴じた説」が納得がいくことだ。

もう一つ気に掛かることで記しておけば、彼女たちに短い言葉を残している人がいる。サインはあるが崩し字で私には読めない。そのページには真ん中に山野草らしい一輪の花が描かれている。「生まれた土地を愛せ」とある。土地の人が書いたに違いない。

宝ちゃんいよいよ女学生生活ともお別れね。でも私も貴女もとり残されてしまつたわね。猿田さんも希望に満ち満ちて上京、何だか片手をとられてしまった様よ。

昭和十八年三月、とある松本高女生の思いだ。彼女らの憧れは東京にあったのだろう。そういう思いを土地の人は知っていて、故郷の山河を愛せと述べたものだろうか。

山の向こうに彼女らの思いはあったようだ。その向こうからある日突然やってきた銀翼はまた彼女らにとっては夢を馳《は》せるものであったのだろう。特別な存在を間近にしての感動が、「神鷲君のまみの静けさ」に代表されるものである。考えてみると慰問団側の感想はこれ一つだけである。彼女らも特別の眼差しで彼らを見ていたのだろう。

今回見つかった高山宝子さんの和綴じ帳は多くの物語を暗示し、多くの謎を残している。武揚隊は特攻編成時には十五人いた。ここには十一人の名が認められる。四人の名がない。

五十嵐栄少尉、力石文夫見習士官（特操）、春田政昭兵長（少飛15）、吉原香軍曹（航養14）である。なぜだろうか（後で分かったことだが春田兵長は当地での訓練中に事故死していた）。

これは想像するしかない。本人たちがその場にいなかった。五十嵐少尉を隊長にして既に先発していた。しかし、普通は三機編隊で動くところから疑問が残る。もっと単純に考えてもよい。その場に居合わせたが、時間がきて書きそびれた、あるいは本人たちが望まなかったということもあるだろう。

当夜の宝子さんたちの慰問もどこかで幕を閉じる。その場面を考えてみる。

「あしたはおれたちはいよいよ出撃だ。この浅間温泉にはお別れにくるからな。きみたちのところも目物さえわかれば行ってあげるよ。家はどこだ?」

彼ら飛行機乗りには「場周感得」という科目がある。「飛行場場周の様子を良く把握する」ことは大事なことだった。四十日余の滞在は場周感得するには十分過ぎた。

慰問に行った翌日、武揚隊の特攻機が松本渚上空を飛んだ。何度も手を振って別れたという証言をしたのは里子さんである。自分が作った人形を載せた機が飛んでいると思うとよけい切なくなったであろう。それが今の記憶と結びついているのではないだろうか。

「松本駅のすぐ西側です。松本電鉄上高地線に渚という駅があります」

「ああ、ここだな上高地線が南に向かって弓のようにたわんでいてちょうど月輪《がちりん》にあたるところだな」

地図を見て兵の誰かが確認したのかもしれない。この場所についての説明は宝子さんがしたのだろうと思う。

「母は錦部で見送ったというようなことを言っていましたが……」

娘さんの澄江さんはそう聞いていたという。しかしこれは難しいように思う。富貴之湯で別れた後に従姉妹たちもいるのに「じゃあね」と言って暗い山道を四賀村へと帰っていくというのは無理がある。浅間線に乗って実家に帰ったのだろうと思う。そして翌日、従姉妹たち、あるいは松本高女の知り合いなどと一緒に、渚の、空がよく見えるところに集まった。

すると西南から飛行機が編隊を組んでやってきた。そのまま上空を真っ直ぐに飛んで行って浅間温泉の辺りまで行くと旋回をし始めた。それから今度はその飛行機がこちらに向かって飛んできた。地上で待っているみんなは一斉に手を振った。いくつもの白い手がちぎれそうだった。

やがて、飛行機は降下してきて低空で旋回した。両翼に赤く染められた赤い日の丸がくっきりと見えてくる。やがて操縦席に乗っている兵士のゴーグルと白いマフラーが見える。彼女らは覚えている兵隊の名前を口々に叫んだ。

誰もが涙を浮かべている。目を真っ赤に泣き腫らし、持ったハンカチで涙を拭う。が、後から後からそれは湧いてくる。堪えきれずに声を上げて泣く娘もいる。やがて、上空の十数機は離れて行った。そして、「立て回す高嶺は雪の銀屏風」の向こうに去って、ごま粒のようになってついには消えてしまった。わずかに残っていた爆音も消えて松本平全体が静寂に包まれた。

武剋隊・武揚隊の松本浅間

二月二十日頃に飛来し、三月の末まで武揚隊は浅間温泉に滞在した。爆装改修が思いの外手間取っての長期滞在となった。武剋隊先発隊は全機改修を待たずに三月十八日に九機が出撃した。米軍の沖縄上陸が間近に迫り、いてもたってもいられなかったという事情がある。武剋隊後発隊も三月二十七日には発っていった。誠三十一飛行隊は、誠三十二飛行隊に先を越された悔しさはあったように思う。

しかし、改めて読み返すと彼らの言葉には焦りは見られない。「いざ行かん浅間の梅をえびらさしわたつみ遙か香をとどめん」と詠んだ山本薫隊長の風雅に托しての思いにはゆとりすら感じられる。「南十字星の下遠く花と散るらん大和ますらを」と歌った五来軍曹には野武士風情の意気が読み取れる。そしてまた、長谷川信少尉の「征きゆきて生命死にゆかむ」という歌は、格別である。

彼らは満州新京飛行場を飛び立って来た。二月初旬だった。酷寒の地に居て図らずも故国に一旦里帰りして、偶然にも松本浅間に留まった。彼らの冷え切った身体を温めたのは温泉である。疎開学童とのふれ合いは心を温めた。そして、松本平の風光が彼らの目を憩わせた。

人は滞在した分、その地の風光や人情に染まる。武揚隊、武剋隊の隊員の誰もが当地への愛着、郷愁を松本浅間に持った。そういう点からすると松本浅間特攻隊は、板津忠正氏が言われるとおり「最高の幸」

を得ての特攻出撃だったと言える。

陸軍松本飛行場を飛び立った武揚隊は、春たけなわ、緑なす列島伝いに南下し、九州新田原飛行場に着いた。「ここで全員最後の身辺整理をすることになった。信もここでこれまで肌身離さずにいた日記を最後の手紙とともに、故郷の両親宛に投函した」（『明治学院百年史』）という。長谷川信が故郷の恩師に送った「シアワセデシタ」の葉書もここから出されたようだ。

長谷川信の言葉には特徴がある。自己を冷静に見つめて、人におもねることなく自分の思いを伝えている点だ。『きけ　わだつみのこえ』に載ったのは手記の一部だ。これには死に征く自分への苦悩、苦闘の跡が見える。この最後の日付が「一月十八日」である。「『満州』の第一〇一教育飛行団第二十三教育飛行隊」にいた時のことだ。極寒の地において心も体も凍っていたように思える。が、松本浅間に書き残した句と、故国に書き送った手紙にはふっきれた思いがあるように思える。静かな思い、諦めや悟りだ。信州松本平で最期の命を洗ったことでそう認識するようになったのだろうか。

今日の今という時間に残された我々は、少なくとも松本浅間において、彼の「まみは静かだった」と知ることができた。その表情の穏やかさを知り得た。

彼のまみは皆を映し出す鏡だったように思う。彼らは、「世界平和が来ましたならば　いとしなつかし日の本へ」と歌った。諦めでもあり、希望でもあった。

残された遺墨の語の総体からは、静かで淡々としていた彼らの群像が想像できる。そしてまた大事なことは、兵士の多くが松本浅間には格別の思いを持っていたということだ。古びた和綴じ帳は貴重だ。埋もれていた歴史真実の一片を明らかにしたものである。

航空機乗員養成所

二〇一二年四月十八日、私はまた旅に出た。茨城県《いばらき》古河《こが》に向かっていた。

「ここ古河には航空機乗員養成所がありました。約六ヶ月ほどおりました。その後に仙台地方航空機乗員養成所へ転属になりました。そのとき五来とは一緒でした……」

電話をかけたところ元気な声が向こうから聞こえてきた。大正十五年（一九二六）二月生まれの彼は、と号第四十一飛行隊、すなわち満州新京で編成された特攻四隊の一隊、扶揺隊の元隊員であった。昭和二十年（一九四五）三月二十八日、知覧から特攻出撃したが、搭乗機に不具合が生じトカラ列島口之島に不時着した。このときに機は炎上し、大やけどを負ったがかろうじて助かった方だ。八十六歳の久貫兼助《くぬきけんすけ》氏である。

信州松本で今回見つかったのは武揚隊についての第一次資料である。が、彼らの足取りはよく分からない。何とか分からないかと思っていたら田中幸子さんが知覧特攻平和会館に問い合わせてくれた。彼女がいつも御世話になっている方は峯苫眞雄さんだった。知覧特攻基地に整備員として学徒動員された方で特攻についてはとても詳しい方だ。この峯苫さんが教えて下さったという。五来軍曹と同じ航空機乗員養成所十四期生がおられて健在だと。また、『憧れた空の果てに』（菅井薫著・鳥影社刊）は、久貫氏の日記に基づいているとの情報も下さった。それでさっそく書店に注文した。待っていると分厚い本が届いた。

この第二部は「『と号』四十一飛行隊の記録」に始まる。めくっていくと武揚隊や武剋隊の名が出てきた。特攻四隊、扶揺隊、蒼龍隊、武揚隊、武剋隊は満州新京で編成される。昭和二十年二月九日、翌日の編成式典に備えて当地の軍人会館に久貫さんは到着する。そのときの場面だ。

車を降りると、出迎えの管理人と女中達四五人の後方に軍服姿の四五人が笑顔を向けている。気になって彼らを見ると何と見覚えのある面々は我が同期生ではないか。五来、吉原、出戸、今野等がいた。

「やあ、五来お前達も征くのか」皆九州菊池の教育隊終了後昨年十二月初旬満州平台を基地とした襲撃隊に転属してきた同期生の連中である。

五来末義軍曹、吉原香軍曹は武揚隊、出戸栄吉軍曹、今野達郎軍曹は武剋隊だ。すべて航空養成所第十四期、同期生だった。この連中に久貫氏が尋ねる。

「同期で征くのはこれだけかい」と尋ねると五来は、

「ここにいる者の他にもう一隊、海老根や柄沢達も征くんだ」

海老根重信伍長、柄沢甲子根伍長は武揚隊だ。これらの氏名はもう活字ではすっかり馴染《なじ》みになっていた。ところが電話の向こうからは生の音声でこの名が聞こえてくる。

「ここ古河に航空機乗員養成所があったのですよ。あったというか作っていたんですよ。勤労奉仕で飛行場作るのを手伝ったのです。そのときに係官から適正検査に受かれば飛行機にすぐ乗せてやるというのを聞いたのです。それで試験受けて合格したのです。五来とはここで一緒でした。彼は体が大きいやつで『お前は体重が重いからグライダーは飛ばないんだよ』なんて仲間に言われていたな。印象か？　そうだな。大人しくて、まじめだったと思うな」

「古河の仲間では出戸軍曹、海老根伍長、柄沢伍長も一緒だった。養成所を出た場合普通は軍曹になるんだけどね、彼ら二人は伍長でした、みんな不思議に思っていたな」

出戸栄吉軍曹もいたと聞いて驚いた。その印象を聞いたが、内務班が違ったのであまり記憶にはないという。

「五来などと較べると身体のなりが小さかったように思えるけど」

記録として何度も出てきた人物が久貫兼資さんの口から語られる。その存在が身近に感じられる。記憶には彼ら一人一人の実像が今も刻まれているようだ。

「新京編成の特攻四隊のうち、武揚隊と武剋隊が信州松本飛行場に来ているのです。その彼らの写真が、信州松本で見つかったのです。同期生がいれば分かりますか？」

「ええ、同期生ならば分かりますよ」

特攻隊の階級の軍曹は航空機乗員養成所出身者だった。こんど見つかった新しい写真は、軍曹の階級章を身につけている。男前の彼の名が分かれば謎が解けてくる。

久貫兼資さんは満州新京編成の特攻四隊の生き残りである。これら特攻隊には航空機乗員養成所十四期生が大勢いる。他隊の隊員のことも分かるのではないかと思った。それで是非お話を聞かせてくださいという申し出をして今回の取材となった。

訪問するまでの間、『憧れた空の果てに』を読み進めた。そうしているうちにまた武揚隊の隊員の話が出てきた。

久貫兼資さんたちは九州大刀洗飛行場で待機していたが、三月二十六日「待ちに待った作戦行動開始、西参謀よりの連絡により新田原基地に前進」した。

到着申告後基地近くの八紘荘に宿を取る。この宿は各特攻隊の宿泊所へ指定されており見知らぬと号隊員が待機していた。その夜の事廊下でばったり同期の海老根重信と顔を合わせた。お互いびっくり交わす言葉は、「おう、来ていたのか。いつ来たんだ」他の同期も来ているはずだと思い、「他の連中は」と聞くと次のように話してくれた。

俺達三十一飛行隊（山本薫中尉を隊長とし同期生の海老根、柄沢、五来、吉原、他四名）は朝鮮、上海経由台湾に行く事になり、三十二飛行隊（廣森中尉を隊長とした同期生の今野、出戸、嶋田、大平、他四名）は昨日知覧に前進したという。

この個所《かしょ》に行き当たって私の推理は崩壊してしまった。海老根重信伍長がいるとすれば二十六日に武揚隊は新田原飛行場に着いていることになる。武揚隊の富貴之湯での壮行会は三月末日とした自分の推測は完全に間違っていることになる。訳が分からなくなってきた。

『憧れた空の果てに』は三部からなっているが二部は久貫軍曹の手記「『と号』誠第四十一飛行隊の記録」を基にしたと筆者は述べている。新田原で彼が海老根重信伍長に出会ったときのことは是非確かめてみなくてはならない。

六十七年ぶりの桜

やがて東北線の電車は利根川の鉄橋に掛かった。久貫さんは特攻出撃直前に例によって肉親訪問、帰郷を許されている。一刻も早く家に帰りたいばかりに上野駅から急行に乗った。ダダダン、ダダダン、鉄橋を渡る音で古河駅に近いことを知ったが、素通りして小山駅まで行ったという。利根川を渡って故郷古河駅に着くという段取りだが、汽車は無情にも通過していった。

「遠くから帰ってきたとき駅に着くときは懐かしいですよ。着く前に空を見るのです。ずっとどこまでも広いのです。果てには赤城山《あかぎさん》とか男体山《なんたいさん》なども見えます。そして、利根川《とねがわ》と渡良瀬川《わたらせがわ》の合流点方向を眺めます。そして鉄橋を渡ります。ああ、着いたのだなあと……」

今回のインタビューでは、古河駅到着時の心境を聞いたところ、こんな答えが返ってきた。面白いのは彼は絵が浮かんでくる話し方をした。そしてまた、ああ、飛行機乗りだったんだなあと言う思いがしたことだ。彼のエピソードが面白い。

「もう二年早ければ良かったのですよ」

この言葉は何度も言われた。身体がもっと自由に動いてどんなことでも調べられたのにという思いで言っておられた。訪ねるとベットの置かれた部屋に通された。久貫兼資さんはそこに座って応対された。身体は自由ではないが、記憶は素晴らしい。

「ええっとね、あの手帳を出してくれないかな。小さな手帳を……」

そばにいらした奥さんが古びたそれを持ってこられる。預かってめくる。

「それに辞世の句も書いてあるんだ。中にね、新田原出たときに桜が咲いていて一輪だけそれに挟んでおいたんだ。あるはずだよ」

「ああ、辞世の句はありますね、歌が書いてあります。でも花びらは見つかりません」

私は手帳をめくった。

「あるはずだよ」と久貫さんの自信はゆるぎない。

「あった、あった、ありました！」

本当に一輪があった。干からびていて紙の色ともうほとんど同化している。トカラ列島口之島《くちのしま》に不時着したのが昭和二十年三月二十八日、そのときも胸ポケットに入れていたものである。故国の桜の一枚を思い出として手帳に挟んだものだろう。

「六十七年ぶりの桜だな……二十七日、新田原を発って知覧に飛んだ。そのとき別行動とったんだ……」

「どこへ行ったのですか？」

「桜島《さくらじま》の火口を見ておきたかったのでそっちへ行ったんだ」

ぱっかりと口の開いた火口から紫煙が出ている様を想像した。飛行機乗りには飛行機乗りの映像があると思った。

「写真は、同期は分かると思いますけどね……」

私は持って行った宝子さんのアルバムを取り出した。

「これは吉原香に似ているが違うかもしれません」

「これ分かりませんか。このハンサムな男ですけど……」

「あら、ほんと男前ですね」

奥さんも同調された。

「はっきりいえない、なんともいえない、五来に似ているといえば似ているし、なんともいえない。こっちの方は海老根に似ているようだ、はっきりとは言えません」

ハンサムな男は五来軍曹かもしれない。

「武剋隊の時枝宏軍曹が出撃前に新田原飛行場で、五来軍曹に言づてを頼んだのですよ。それをちゃんと届けたことがきっかけとなって埋もれた話が分かってきました。彼の実直さのおかげです……」

五来軍曹は物語の展開で欠かせない人物だ。が、初対面の人に一言で説明できるものではない。まずここでの問題は写真が誰かということだ。彼の口ぶりからすると持って行ったアルバムの中に知り合いはいない、と言う。それで個々の写真も人物を特定することはできなかった。

満州平台飛行場

「電話では爆装改修をされたのは奉天《ほうてん》だとおっしゃっていましたね。そして、乗っておられたのは九七式戦闘機ですね。」

「訓練を受けたのは第二十六教育飛行隊、これは平安鎮にありました。そこで訓練に使っていた飛行機をそのまま持ってきたんです」

満州でのことはほとんど分かっていなかった。それがだんだんと分かってくる。

「『憧れた空の果てに』を読むと、老朽機の爆装改修が大変だったようですね。油漏れで随分ひどい目に遭っていますね」

「ああ」

九七式戦闘機は二五〇キロ爆弾を搭載するには軽量小型で馬力不足であったようだ。故障が頻発して、出撃不能や帰投が続出していた。

「九九襲の爆装改修も同じでしょうか」

「ああ、彼らは内地で爆装しているね。襲撃隊は内地の方で爆装改修をすると聞いて、羨ましく思ったものだ」

武揚隊や武剋隊を久貫さんたちは襲撃隊と呼んでいたようだ。

「その内地での爆装改修でだいぶ手間取ったのです」

「いや九九襲の方は楽だったのじゃない。襲撃機だから急降下爆撃も何でもよくやれた飛行機だからね」

飛行機の性能は乗っていた人にはよく分かるようだ。調べると九九式襲撃機は、「戦地での酷使にも耐える実用性の高い機体であった。素直な操縦性も高く評価され、教導訓練用の練習機としても重宝した」との評価が記されていた。確かに馬力が違う。九七式戦闘機は七八〇馬力で、九九式襲撃機は九五〇馬力である。武剋隊先発隊は五〇〇キロ爆弾を抱えて突撃したとあったが、この馬力が飛行機を支えていたのだと知った。

「あれはね、皇紀二五九九年にできたから九九襲なんだ。九七式は、二五九七年にできたんでそういうふうにつけられているんだ」

皇紀で飛行機名が付けられたことは初めて知ったことだ。九九式の方が二年新しいということになる。久貫兼資氏は実戦訓練を経た老練な教官だ。一方の私は赤トンボに触っておたおたしていた。講義についていくのが精一杯だった。

「武揚隊、武剋隊は、平台ですか?」

「そう十四期の同期連中も平台飛行場の教育隊で養成されたわけよ」

「九七戦は教育隊で使っていたものをそのまま持ってきたとおっしゃっていましたが、そうすると九九襲も同じですよね」

「そうです。でもね、教育隊というのも二つあってね、普通よく言うのは赤トンボに乗って訓練する教育隊なんだ。しかし、もう一つあるんだ。実技、本物の戦闘機を使って教育する教育隊があるのです。第二六教育飛行隊、これはそっちの方ですね」

「九九襲は平台の飛行場で訓練したのですね」

私にも段々に呑み込めてきた。家に帰って資料をつきあわせるとぴたりと合った。特操の長谷川信は群馬県館林から満州平台の教育飛行団第二十三教育飛行隊に移ってきた（『明治学院百年史』）。一方、航空養成所十四期の「熊本県菊池の襲撃部隊に入隊した面々」もこの同じ教育隊に転属してくる。武揚隊の海老根重信、柄沢甲子夫、五来末義、吉原香であり、武剋隊の大平定雄、今野勝郎、出戸栄吉、今西修である。同じ転属者でも時枝宏は米子《よなご》とある。米子航養からということだろう（『憧れた空の果てに』）。この平台飛行場で彼らは九九襲に乗って訓練を受けた。そしてその養成された操縦士の中から武揚隊、武剋隊のメンバーが選ばれた。そして、訓練に使われていた機をそのまま特攻機として用いた。

特操、航養、少飛の訓練生がなぜ本土から満州に渡って来て、ここの教育隊で訓練を受けたのか。大きな疑問だった。

「満州では燃料、石油が豊富だった。訓練する飛行機も二人で一機割り当てられたな。すると飛行時間も長くなる……」

本土ではないないづくし、飛行機も油もない。訓練もできない。ところが、当地では燃料がふんだんにあった。飛行機も古びてはいたが数はあった。それで満州に渡ってきていたのだと知った。

「昭和二十年二月十日に新京で特攻四隊が編成されていますね。このときに満州国皇帝の溥儀《ふぎ》に謁見されていますよね。それで恩賜のタバコの包みが黄色だった?」

「そうそう」

「このときに全員がレコードの吹き込みしていますよね」

「それはあるよ。このときのＮＨＫの番組はこの家で撮影が行われたんだから」

簡単明瞭な答えで驚いている暇もなかった。

「全部ですか？」

「いや全員のはない。残っていたレコードからようやっと何名かの分を拾い出してきて、それを特攻生き残りの上村隆雄、菊田直治と私とが聞いたんだ。そのＤＶＤがあるよ。ＮＨＫが送ってきたんだから……ほら、そこそこ」

「勝手に見ていいですか……あ、ほんとだありました。見せてもらってもいいですか」

遺された声

タイトルには『遺された声～録音盤が語る太平洋戦争』とあった。二〇〇四年八月十四日にＮＨＫスペシャルとして放送された作品だ。旧満州国でラジオ放送された録音盤二千二百枚が中国で初公開された。この中に新京で発足した特攻四隊の隊員の声が遺されていた。これは昭和二十年（一九四五年）二月十日、特攻四隊の編成が完了した日に新京放送局が収録した。総勢六十人が三分間決意表明をした。この録音盤の復元は困難だったようで、辛うじて蘇ったのが二名の声である。まず、その生の声で真っ先に聞こえてきたのは、日之湯に泊まっていた武剋隊小林勇少尉である。これは明瞭だ。

兄さん、姉さん、弟は小林家の名誉を担いご期待にそう時が参りました。勇は末子でありますのでどんなにか皆にお世話をかけたことでしょう。その恩返しができます。一番でかいのをやっつけてあっと言わせてみます。私は特攻隊員として選ばれ、勇躍、出発せんとするに当たりつぎの言葉を残します。天皇陛下万歳、大日本帝国万歳

駒繋国民学校の西貝和子さんは彼は、怖い人だったという。確かに聞いてみると声が重々しい、かなり緊張しているせいでもあるようだ。

この度、不肖吉原軍曹は、特別攻撃隊の一員として、郷土の皆様、ならびに家門ご一同様に一言述べさせていただきます。国語の先生、いろいろとご教訓ありがとうございました。小学校の皆様も一生懸命勉強して私たちの後に続いてください。皆様、きっと笑って艦船などに被害を与え、ご期待にそうべく頑張ります。ご両親さまなにくれとなくご心配をおかけしました。このご恩は決して忘れません……日の丸はちまき締め直しぐうっと握った操縦桿、万里の怒濤、なんのその…ょうおうおお…ワシントン…終わり

これは武揚隊吉原香軍曹だ。旅館上空を宙返りして飛んで見せた特攻兵だ。よく聞き取れないところもある。が、肉声は生々しい。最後は歌を歌っている。

「この吉原さんは不時着していますね」

「そう、上海経由で台湾に行ったんだ。済州島《さいしゅうとう》から飛び立ったときに吉原は不時着した。それはね、本人に会って直接聞いて知っているんだ。もう亡くなったけど……」

「この吉原さんというのは、武揚隊では予備員となっています。柄沢さんも同じですが、代替要員のことですか」

「そうです」

「実際に突撃となると分けるのはなかなか難しかったようですね」

武剋隊の予備員は分からない。十五人全員が突撃しているからだ。扶揺隊の場合は知覧出発時になって飛行機が不足していた。それで、飛行機を渡せ、渡さないで正規と予備員とが激しい喧嘩《けんか》をしたという。

「特操がいましたね。覚えておられますか」

「ええ、覚えていますよ。我々は十代だけど、彼らは二十歳代ですね。操縦は下手だったね、だから大変だったよ。階級は上でも航養の方がうまいでしょう」

特別操縦見習士官のことだ。学徒動員組が多い。長谷川信少尉はその一人だ。彼は特操に合格し、昭和十九年二月から熊谷飛行学校館林教育隊で訓練を受けた。これが赤トンボだろう。ここに六ヶ月いて十九年七月に満州平台の第二十三教育隊に来た。ここで九九襲に搭乗して実践訓練を受けた。

一方久貫兼資さんの場合には、昭和十八年十月に古河の航空機乗員養成所に入所している。ここではグライダーだったという。それから仙台に行き、養成所を卒業し、第二四教育飛行隊に転属、また、平安鎮の第二六教育飛行隊に転属して訓練を受け特攻要員に選出されている。航空養成所の軍曹はたたき上げの操縦士だ。一方の特操は短期養成で腕が振るわなかったようだ。が、これは特操全体への印象である。個人の操縦の力量は違っていたように思われる。「約三十人の特操見習士官の中から力石、長谷川の二人」が武揚隊に選ばれている。操縦の力量が買われてのことだろう。また、長谷川信少尉への航養出の連中の敬意を持った接しぶりからすると、彼の場合は下手ではなかったように思う。

「久貫さんが言っておられることで、とても印象に残っていることが二つあります。一つは、特攻はなぜ行なわれたかということについては、経済的にみたら一番安上がりだったからということを言っておられました。特攻に行かれた方が算術的に明解な答えを言っておられるのにびっくりしました。なるほどそうだったかと思いました」

「古い飛行機を使っていくわけですし、訓練する期間も短いわけですから安上がりですよね。私は素直にそう思いました」

「もう一つは、知覧で、いよいよ本土とお別れをするというときの思いをいっておられます。土地というか、土というか、踏みしめている大地と別れていく場面、あれは気持ちに深く伝わってくる感想でした。改めてお聞かせ戴きたいのですが？」

「あれは、知覧を出て行く最後のときだね。テントに設えられたピスト、まず、ここで司令官に報告するんです。これから出撃しますということを報告して、駐機している飛行機に向かうんだ。そのときに脇に生えている草とか、土などに無性に触りたくなったんだ。もう飛んでしまうと自分が立っているこの本土とはお別れだ。頬ずりしたり、はだしで土を踏みつけたりしたかったんだ。ところが他の仲間もいるのでそんなことをしたら、自分がいかにも未練がましいように思われて不格好に見える。それで手にツバを吐きかけるような仕草をして、動作をごまかしたんだ。何となくやっているふりをして草とか土とかに触った……」

土への、大地への郷愁をこれほど見事に語ったものはない。

「久貫さんの話を聞いて、真っ先に思い出したのは、当時の特攻隊員が歌に歌ったり、歌に詠んでいた言葉、大和島根でした。一般には別の意義付けをされているようですが、私はこれを単純に緑なす弓なりの日本列島ではないかと思っています。特に春、三月四月、各地から特攻機が南を目指して飛んで行きました。飛行機乗りにとって眼下に見える祖国の緑は格別だったと思うのです。そういう緑と土に対する愛着を御自身の恥じらいを含めて言っておられる。論理ではなくて思いとしてこの郷愁は納得のいく言葉でした。生きて日本の大地に立っている実感が手足で感じられたんだろうなあと思いました……」

「そういえばね、もう一つ思い出があるのはね、あれはね、宮崎県だ。新田原の手前だった。子どもがいて下を歩いているわけだ。上から覗《のぞ》いたら一生懸命見ているわけよね。翼ふってやったの、そうしたら男の子は喜んで一生懸命に手を振ったんだ……高度？　三百ぐらいあったのじゃないかな……」

私はこのエピソードを聞きながら種田山頭火《たねださんとうか》の「分け入っても分け入っても青い山」を思い出した。彼は九州南部のさすらいの旅に出た。春四月だ。久貫さんの場合三月末だ。「私たちは雪が積もった真っ白なところ、満州の方から来たので余計に本土の緑は鮮やかに見えた」

久貫さんはおよそこのようなことを言われた。雪に蔽われた荒涼とした大陸から来ての思いは格別だったろう。飛んでも飛んでも青い山、そこに出会った一人の少年だ。翼を振ったら、すぐに応答があった。

「ああ、子どもはよく分かったでしょうね、こう飛行機の翼が揺れるのが……」

聞いていた奥さんも感銘を受けたようだ。

「でしょうねえ」と私も相づちを打った。子どもとのわずかなふれ合いは彼にはよほど嬉しかったのだろう。故国の緑に触れての感動もあったろう。またこれと別れ行く思いもあったろう。

この久貫兼資さんは、書かれたり、言われたりしたことに触れると筋金入りの特攻兵であったことが分かる。先の放送番組『遺された声』で三人の元特攻兵がこもごもに思いを語っている。「誰が考えたか知らんがつまんないことを考えたもんだね。特攻隊なんてね」と菊田直治さんは言っている。一方、久貫さんは、「私はあのときは（特攻を）当然やるべきだったと思いますね。蟷螂《とうろう》の斧《おの》であったとしても自分たちの意志を通すべきだった」と。そういう彼であっても本土を離れるときには言い難い郷愁に襲われた。誰もが持っていた自然な感情であると思う。

「その知覧を発ったときに、見送りの人が大勢いました。それで上空を三回ほど旋回したんだよ。ところが二回目ぐらいになると潮が引くようにどんどんいなくなってしまうんだ。冷たいというか、見送りに慣れているから帰ってしまうのかなと思っていたんだ。ところが生還して帰ってくると『いやあのときは空襲警報が出てみんな避難したんですよ』と言われたな……」

「それは生きて帰らないと分からないことですね。機銃の試射が命を救ったことになりますね」

解説をしてはいけないことだが、つい口が滑ってしまった。

三月二十八日に扶揺隊は、知覧から出撃した。やがて、トカラ列島近くに来たときに機銃の試射をした。ところが、「発射銃弾がプロペラに当たり、跳ね返った弾丸がエンジン前部にある滑油冷却器を損傷してしまった。

「特攻機だものだから調整はしていなかったんだ」

プロペラの回転と機銃発射は互いに重ならないように回転同調装置を機能させる。ところがそれをしていなかった。そのために油漏れを起こし、不時着せざるを得なかった。炎上大破した飛行機から降りて九死に一生を得た人だ。そうであったがゆえに当時のことが話せる、聴ける。不思議な運命だ。

「質問ですが……」

私は肝腎な問題に切り込んだ。武揚隊が陸軍松本飛行場をいつ離陸したかという問題に繋がることである。

「菅井薫さんの本には、久貫さんが『新田原の八紘旅館で海老根伍長と会った』と書いてありますが、会われたのですか?」

「ああ、会った、会った」

「これは三月二十六日ですよね。このとき武揚隊は新田原には来ていなかったと思うのですが」

「いや、来ていた。だから会ったのです……」

「武揚隊の吉原軍曹は三月二十八日に松本浅間で宙返りをしているんですよ」

「それはおかしいな。私はね、ずっとこれまで克明に記録を取っているんだよ。それがあまりにも詳しいものだからみんな借りに来てね。持っていっちゃったんですよ。それを見ればどれが正しいか分かることだよ」

久貫兼資さんは奥さんに言って封筒を持ってこさせた。

「私にとっては宝です。肌身離さず持っています」

中にはカードに書かれた記録がびっしりと詰まっていた。丹念な調べをして御自身で作成されたものである。

「特攻で亡くなった人のためには本当に正しいことを書いてやんなくちゃいけない。記録が間違っていると死んだ連中に申し訳ない」

「同感です。しかし、突き止められないこともあります。だから今日伺って、聞いたことは記録をしておきます。書いておくことによってまた新しいことが分かるかもしれません」

武揚隊の松本滞在について私の推理に異論が出された。が、久貫兼資さんの証言も大事にしたい。後になって新たな情報が寄せられるかもしれない。

「最後に写真を撮らせてもらえませんか」

「いや、もう相当長いこと寝込んでいますから、ちょっとみっともないんですよ」

奥さんが言う。三時間のインタビューにずっと付き添ってくださっていた。帰り際には送ってくださった。

「芯の強いご主人をずっと支えていらっしゃったんですね……」

「……、今日はね、割と元気でしたよ」

ずっと介護をされているようだ。その彼女に門前で別れを告げた。道路に出るまでは長い路地があった。角で振り返ると、やっぱり奥さんは動かずに見送ってくださっていた。頑固な元特攻兵を支えておられるんだなと思った。私は頭を一つ下げてお別れをした。


この日一日、家を空けて取材していた。家に帰ると、幾つかの連絡があったと家内が言う。その中で一つの思いがけない情報がもたらされた。浅間温泉の柳原行恒さんからだ。彼は松本市の元職員であったことから地域の情報に詳しい。錦部国民学校の代用教員をしていた高山宝子さんのことも調べてくれていた。

「錦部の小学校には学校日誌が残っていて高山宝子さんが、慰問に行かれたようなことが記録にあるかもしれないというのですよ」

彼女が何かの係として浅間温泉に慰問に行っていたのかもしれない。柳原さんはそんなことを言っていた。武揚隊の遺墨をなぜ彼女が持っているのか、よく分からなかった。が、勤労奉仕などの仕事の一環として行っていたとすれば彼女の手元にあるのは納得ができる。

鹿児島知覧では、知覧高女生が特攻の世話係として働いていた。これはよく知られている。松本にも特攻兵の世話をする係がいたとすればまた隠れた事実の発見ともなる。

学校日誌

「学校にその当時というか、昭和二十年の学校日誌というのがあります。これを全部は調べていないのですが、そこに何かの記録があるかもしれません」

錦部小学校教頭の鏡味《かがみ》洋子先生の話である。柳原さんから情報を得て学校に直接電話をかけて聞いてみた。

「当時、昭和二十年三月に高山宝子先生は浅間温泉にいた特攻隊を慰問されているんですよ。今回、その方々の遺墨が見つかったのですが、これは宝子さんのものです。学校の日誌に慰問に行かれたとかの具体的な日付が残っていれば歴史的な事実が分かります。武揚隊がいつ松本を発ったのかなどを証明する資料になると思うので調べていただけませんか。昭和二十年三月を中心に見ていただくととても助かります」

「分かりました。調べて回答をさし上げます」

鏡味先生の話では、錦部小学校は来年三月に閉校となり他と統合されるという。それで過去の記録を取っておこうという動きがあるとの話だった。埋もれていた事実が見つかるといいと思っていた。その回答は数日経《た》ってきた。

「残念ながら見つかりませんでした。当校の由井校長先生と育成会の会長で歴史家の関口先生、それと私とで丹念に調べたのですが見つかりませんでした。そういう慰問に行ったというような記述はないのです。ただ、高山宝子先生が『欠』となっているところ、お休みになっている記録があるので、そんなときに行かれたのかもしれませんけど……身分は訓導と書かれていました」

娘さんは代用教員と言っていたが記録には訓導とあった。正規職員である。現在で言えば教諭だ、彼女がその職務に就いていたことは分かった。ところが、学校日誌の記録からは彼女の行動を裏付ける有力な手掛かりは得られなかった。それでも地域の人が積極的に事実を調べようとしたということは大事だ。松本市本郷支所の本木さんも方々に当たってくださったと聞いている。宝子さんの和綴じ帳発見に端を発して、歴史の真実に迫ろうと何人もの人が動いたことは書き記しておくべきことである。

宝子さんのアルバムにある写真は一体誰なのか、そして、武揚隊はいつ浅間を発ったのか。幾つかの大きな疑問が解決できないでいた。

知覧慰霊祭

これらを明らかにする一筋の望みがあった。とはいうものの脱稿は迫っていて時間はなかった。五月の連休明けに出すことにしていて、最後の追い込みにかかっていた。そんなときに連絡があった。田中幸子さんからである。彼女はいつも五月三日に開催される「知覧特攻基地戦没者慰霊祭」に出席している。今年も行くとのことだった。

「武揚隊は新田原で身辺整理をしています。だから多くが故郷に手紙や荷物を送っているのではないかと思います。その日付が分かれば松本飛行場を何時発ったか分かるかもしれません。もしも新田原からの手紙があれば日付を調べてほしいのですが……」

「知覧の特攻平和会館に行けば顔写真が手に入りますので、武揚隊の人のを手にいれてきます……」

彼女の申し出は素直に受けた。本当は知覧には自分で調べに行けばいいとは思ってはいた。訪れる機会は何度もあったが避けてきた。総本山や中心部よりは縁辺部にこそ真実が眠っているという思いが一つにはあった。

正直なところ自分は怖がりである。そこに行ってしまうと何かの魂に更に取り憑《つ》かれてしまうのではないか、そんな不安もあった。

「ありがたいことです。もうけじめをつけないといつまで経っても終わりません。田中さんからの返答を待って結末としたいと思います……」

終わりのない旅だ。どこかで区切らないと記録は完成しない。またいつ何時、ネットを通して新たな情報が寄せられるか分からない。ついこの間も武剋隊今野勝郎軍曹の従兄弟《いとこ》の千葉英雄さんから連絡があった。やはり検索を通してだ。

「突撃したときの、臨時ニュースを今でも覚えています。アナウンサーがいまのかつろうと名前を読み上げていましたから」

よく知っている従兄弟の名前がラジオからいきなり流れてきた。「こんの」ではなく「いまの」と間違えて読まれたから余計鮮明に覚えていたのだろう。

この今野勝郎軍曹を今も思い続けているのは田中幸子さんだ。慰霊祭前日、五月二日には知覧に着いて特攻平和会館で資料を調べてくれるとのことだった。すぐに電話をくれるとのことだったので連絡を待っていると久貫兼資さんから電話があった。私は、急に緊張した。取材でまとめ上げた原稿を彼には送っていた。正確なことを書いてやらないと仲間は浮かばれないという強い信念を持っている人だ。「これはおかしいぞ！」と誤りを指摘されるのではないかとひやひやした。

「五来、海老根、吉原とそして私とが、古河の航空養成所に入ったときの写真が出てきたんだ。それを見るとあなたが持ってきた写真とは大分違っている、今度またこれを見にきなさい……」

原稿は届いたとのことだ。そのついでに写真のことに触れられた。

「ああ、ありがとうございました」

電話口で自分はその声に向かって礼をしていた。「満州における特攻隊」、この久貫兼資教官の講義は私には難解であった。うまくノートにまとめられたかは自信がなかった。しかし、とりあえずは合格したようだ。

その電話の数時間後に今度は待っていた田中幸子さんからの電話があった。

「不思議ですね、ついさっき久貫兼資さんから電話があって五来さんの情報が寄せられたんですよ……」

不思議の田中さんとは立場が逆になった。

「手紙は、その五来軍曹のがあったのですよ。お母さんと妹さんに宛てた遺書なんです。もうお父さんは亡くなられていたみたいで…」

「あ、それは恐らく新田原で出したものですね。日付は入っていませんでしたか？」

「それが二通とも入っていないんですよ。残念なことに……」

宝子さんのアルバムにあったダンディな写真だけは気に掛かるので彼女に送っていた。

「残念なことに写真と似た人はいませんでした……家に帰ったら、五来軍曹の遺書の写しとそれと武揚隊の他のメンバーの写真を送りますから……」

そして、その手紙が連休明けに届いた。武揚隊の特攻兵の写真全部を郵便で取り寄せたが、連絡がうまく届かず五来末義《ごらいすえよし》軍曹と柄沢甲子夫《からさわかしお》伍長の二枚しか送られてこなかった。このことは田中さんからは連絡をもらっていた。しかし、これについては久貫さんから情報が知らされていた。宝子さんアルバムの写真には五来軍曹のはないと。それでほとんど期待はしていなかった。

ところが手紙の封を切って、写真を取り出したところ中から出て来た写真に見覚えがあった。「あれ!」と声をあげてしまった。二枚とも、宝子さんのアルバムに貼られているものだった。

「武揚隊の遺墨だけではなく、写真もあったのだ!」

最後の土壇場になってのどんでん返しだ。何と言ったらいいのか、この驚きを言い表す言葉はもう浮かんでこなかった。

「宝子さんのアルバムにちゃんと二人の写真はありました。知覧の写真はぼんやりしているのでプロの写真家に複写してもらっているものを持ち主に断って、知覧に送るようにしたいと思います」

私はさっそくに田中幸子さんに電話をした。

「ほんと不思議ね。そういえばこの間の慰霊祭には台湾の八塊から出撃した武揚隊の藤井清美少尉の遺族の方がお見えになっていました」

「藤井少尉の遺墨はあります。遺族の方が求められるのなら複写を送りたいと思います」

「武揚隊の写真は、他の人も取り寄せます」

私は、最後の最後になっての遺墨の発見を「武揚隊が暴れ出した」と言っていた。それを聞いて彼女も、「何しろ武揚隊が暴れ出しましたから」と言い始めた。彼らの鎮魂のためにはできるかぎりのことをしたいという思いが彼女には湧いてきているようだった。

「そうですね、武揚隊の他の人が写っているかもしれません。こちらのは鮮明な写真だから記録としては役立ちます」

「北沢川文化遺産保存の会」に写真家の小宮東男さんが入っておられる。写真と遺墨の複写撮影をお願いしたら快く引き受けてくださった。その写真は綺麗に仕上がっている。

「何か次々に発見が続きますね」

「本当は自分で知覧に行けばいいんでしょうが、こうなってくると行くのが余計に怖くなってきました。一人一人の遺書を見ていたら、言霊が乗り移ってきそうです……因縁の五来さんの遺書も思いの籠もったものです……」

田中さんも執念で書き留めたのだろう、丁寧に遺書を写し取って、これを同封してくれていた。

お母様　長い間色々と一方ならぬ御世話に相なり、何一つとして御恩返しもせずして本当に申し訳ありません。末義が今日男子として恥しくなく大君の為散る事の出来ました事も一重に長い間お慈しみ下さいました母上様のお蔭と厚く感謝して居ります。
父上様も草葉の蔭にて御喜び下さる事と思います。思えば幼き頃より人一倍腕白で母上様を困らせたる事数へるに暇なく小生父上様に叱られて泣いているとよく慰めて下さった母上様、小生亡き後は、呉々も御健康に注意されまして……寿を全からん事を草葉の蔭からお祈り致して居ります
末義

……子殿　関節炎は如何相成りましたか。右手が不自由との事……唯々驚きましたが、例の右手は利かぬ……治ると　心だけは優しく女性としての心を養へ右手位でくよくよするな。お前も俺の妹だ。荒鷲の妹だ
小さな物を相手にするな。大空を相手にせよ
兄は大君の為に喜んで死して行くが、心は魂はお前と一緒に　どこまでも行くいつまでもお前を護つて行く。
悲しい事つらい事があつたなら兄を呼べ　兄の貯金少しではあるが何か父上様の仏前に供えてくれ。
母上様の孝養をたのむ
末義

五来軍曹が、恐らく新田原から母と妹に出した手紙であろう。彼の出身地は茨城県久慈郡久慈町、今の日立市大みか町である。浅間温泉滞在時、三月初旬に肉親訪問に行ったと推察される。常磐線大甕《おおみか》駅まで帰って母と妹に会った。このときに妹の病気を知ったのだろう。それを気遣っている。病気に苦しんでいる妹への精一杯のいたわりが述べられている。

田中さんは、読み取れないところがあって、ところどころ欠けているというが、文脈を追うと彼の心は自然に読み手に伝わってくる。十九歳の彼の言葉には温みが感じられる。病弱な妹へのアドバイスには真心がこもっている。この心根《こころね》がドラマを作った。

結果としては、五来軍曹はこの物語のキーパーソンとなった。武剋隊と武揚隊の橋渡し役である。これによって思いがけず松本滞在特攻二隊の存在が明かされた。同じ航空兵同士のきずなが取り持ったものだ。時枝宏軍曹に頼まれた言づてを面倒がらずにきちんと彼に代わって五来軍曹は届けた。この何気ない気づかいが歴史を紐解いた。

改めて彼の上半身写真を眺めた。飛行帽に飛行眼鏡を付け、首には白いマフラーを巻いている。腕組みをしてこちらをしっかりと見つめている。その眼には曇りはない。

「ちっぽけなことにくよくよしないで、大空を相手に考えよ」

飛行機は陸軍松本飛行場から新田原まで列島沿いに飛んだ。そのときに彼は空を相手に物事を考えたのだろう。その下にはどこまでも続く緑の島と海とがあった。

浅間温泉で彼は「南十字星の下遠く花と散るらん」と書いた。遙か遠くの南海の海で死んで、安らかに眠りたい。彼の切ない願い、希求であった。

もう一枚は柄沢甲子夫伍長の全身写真だ。背景から富貴之湯の庭で撮ったものだと分かる。飛行帽に飛行眼鏡、マフラーをすっぽりとかぶり目鼻口を出している。両手を腰に置いている。この二十一歳の青年はまだ童顔を宿している。彼も長野県出身者だ。故郷の誉れを背負っているように思える。

宝子さんの和綴じ帳には、「必沈　柄澤伍長」と記している。わずか六文字だがよく見ると一字一字が丁寧に書かれている。「俺は必ず敵艦に当たって沈めるんだという」という思いが刻まれている。身体ごと飛行機でぶつかって自爆して敵をやっつける。特攻隊員はこれが運命づけられていた。命ぜられたままに征く、自身の自由意志はない。このことから思い起こされるエピソードがある。

敵機の実情

戦争中は誰もが必死だった。暗中模索で戦っていた。こちら側、味方の内情は少しは分かっても、あちら側、敵の実情はほとんど分からない。特に一般人は情報の闇の中に暮らしていた。ところがある日、突然に空から黒船が降ってきた。それを見た人々は仰天した。こちらとあちら、自由に関しては大きな開きがあった。

昭和二十年（一九四五）年四月七日、B29が中島飛行機武蔵製作所を爆撃した。このときに調布飛行場から発進した戦闘機、飛燕が一機に体当たりして巨体を墜落させた。調布市国領町のその現場には何回か調べに行った。地元の調布市立図書館でも資料を調べた。するとこのときにこのことを丹念に調べた『僕の調布にも空襲があった』（一九八六年八月十日発行　古橋研一）が見つかった。

この地元資料に体当たり後に落下傘で降りた人の談話が載っていた。古波津《こはつ》里英《さとひで》少尉である。彼は墜落現場を見に行って、「胴体には色彩豊かにビーナスが描かれ、機内にはコーヒー、紅茶、ミルクの蛇口がいくつかついており、われわれとは比較にならない快適さであった」（《体当り生還の記＝古波津里英》『別冊一億人の昭和史』毎日新聞より）と記している。

機体にノーズアートとされる女性のヌードが描かれていたこと、それとコーヒーか紅茶をどちらか選べる蛇口があったということ、日本兵の理解を超えるものであったろう。こちらは閉鎖的で、あちらは開放的だった。兵士の嗜好に自由が与えられていた。これを知って私も大きな衝撃を受けた。

元特攻兵の久貫兼資さんは「蟷螂の斧」であっても突撃すべきだったと言われた。が、分かってみると斧にはほど遠く、こちらが所持しているのは金槌程度だった。実際、戦争末期においては人々は竹槍で本土決戦に備えていた。なんとかなる、ならなければ神風が吹くとさえ思った。

特攻は劣勢を挽回するための方法として考え出された。しかし、実情は人間の気合いや気力に頼む戦法である。宝子さんの和綴じ帳に遺された言葉の多くは、これに臨む精神を言い表す、死への決意表明だ。「花と咲く」、「花と散る」などと命を花にたとえて麗しく表現している。

特攻兵の熱い想い

その痛切な想いの伝達には、言葉以外にも全く別の方法があった。印刷間際、ぎりぎりのところになって、これを知って私は強い衝撃を受けた。湯本屋旅館に疎開していた加藤景《かとうけい》さんの証言から分かった。代沢国民学校の疎開学童だった彼は、当時四年生だった。

「三月と言っても寒い時期でした。その時風邪を引いて熱を出していたことから、学童たちの世話をしている寮母さんが寝起きする狭い部屋のコタツに潜り込んで寝ていました。そんなある朝、寮母さんの一人が顔色を変えて飛び込んで来ました。部屋には他に二人ほどの寮母さんがいたように覚えています。……『わたし、わたし、大変なものをもらっちゃったのよ』と言うのです。他の寮母さんが『どうしたの？』と聞くとそのものを取り出したようです。『指！』と寮母さん達が口々に驚きの声を上げました。『自分が生きた証として、さし上げられるのはあなたしかいないからどうか受け取ってくださいといわれたの。そう言われるので受け取ったけどどうしたらいいんだろう？』と。その人がおろおろしているときに年下の女性が『神社かお寺に預けたらいいのでは？』と言ったように記憶しています。私はまだ幼く、男と女のことは何も知らない子供でしたが、そのときの部屋の異様な空気を今でもはっきりと覚えています……」

代沢国民学校の疎開学童の学寮には特攻兵が分散宿泊していた。そのうちの一人の特攻兵が寮母さんに熱い想いを寄せていたようだ。

特攻兵が詰めた指をどう処置したらいいのか、もらった人は戸惑った。このときにすかさず年下の女性が思いついたのは神社への奉納だ。真面目な提案だ。彼らは神鷲、死んだら神になると言われていた。

「その寮母さんというのは夫が出征し、子供のいない婦人で、疎開学童の大体四十人に一人くらいの割合で配置されていました。それで、私たちは、炊事、配膳、洗濯その他を引き受けて頂いていました。指をもらった女性は三十過ぎぐらいの人だったと思います」

加藤さんの話である。時期は昭和二十年（一九四五）三月、ちょうど特攻出撃の頃と重なる。話の内容もせっぱつまったものだ。最後の一夜を二人は同衾して過ごした。朝が来て後朝《きぬぎぬ》の別れとなる。兵は別れるのに忍びない、思いついたのは自分の指を切ることだ、愛の証しとしてそれを彼女に贈った。

その加藤さんは旅館に滞在している特攻兵に替え歌を習ったと言われた。

「さーらば　まつもと（松本）よー　またくるまーでーはー　しーばしわかーれ（暫し別れ）のなみだにむーせーぶー　こーいしなつーかし（恋し懐かし）　やまやまみーれーばー　まーつのはーかーげー（松の葉陰）に　ほくーとせーい（北斗星）……」

覚えているその歌を実際に歌ってくださった。

「武揚隊とか武剋隊とかの特攻兵だったかは分かりますか？」と私。

「いやそれはよく分かりません……」

加藤さんはそう答えられた。私は、話を聞いたとたん、ずしりと重たいものをもらったように思った。特攻は強制的に生きる時間を終わらせられるものだ。ふっつりと切られる時間が分かっている。それに直面したときに、彼らは思いを筆に込めて遺した。また、自分の肉体を切り刻んで渡した者もいた。彼らが生きていたことを忘れてほしくないからだろう。

私たちは、後時間が有利だという絶対的現実に生きている。時間が経って後になれば分かる。が、渦中にあるときは分からない。今日条理で考えれば、著しく劣勢に陥っていながら、そのことを見極められないで戦っていたと言える。が、その時代に生きて戦っていた人々には、それが現世界だった。逃れようにも逃れられなかった。そういう場に生きて戦った人々のことは忘れてはならない。歴史の襞に刻んでおきたい。

燈滅《とうめつ》せんとして光を増す

こう書いて、私は旅の終わりを迎えたように思った。ペンを置こうという段になって、思い起こした諺がある。「燈滅《とうめつ》せんとして光を増す」だ。蝋燭《ろうそく》の燈が今まさに消えようとするときに火は揺らいで輝きを増す。同じように人々の戦争の物語が消え去ろうとする間際に、言霊《ことだま》が光ぼうを放ったのではないかと。

戦争は遙《はる》か遠い話となった。記憶としてしっかりと刻まれていたときは、それを明かすことが却《かえ》って憚られるということはあった。負けた戦争は恥だから触れない、「臭い物には蓋」という島国にこびり付いた体質は厳然として今もある。

「戦場で見聞きしたことは、ちょっと前までは言えなかったよ！」

戦争の事実をおおっぴらに語れなかった時代は長く続いた。ところが戦争から六十数年も経ってしまった。経験者が老いてきて、すべての真実が消えそうになってきた。そういうふうになってきて、せめてこれだけは言い残しておきたい。過去への哀惜の気持ちが湧いてきて、固く閉じた口を、緩ませ、解き放った。それが蝋燭の最後の仄《ほの》めきだったのではないかと思う。あの戦争から遠ざかった、そしてもっと遠ざかろうとしている。記憶消滅のぎりぎりの時期だからこそこの事実が記録されたと思う。

特筆すべきは、特攻兵に関わる記憶の多くは女性が宿していたことだ。心に秘めてこれを残していた。もう間もなく戦後六十七年を迎える。その今になっても、彼らの記憶を心に温めている人がいた。立川裕子さん、田中幸子さん、松本明美さん、秋元佳子さん、西貝和子さん、中村初子先生、そして、矢ヶ崎照子さん、山口里子さんなどである。

が、立川裕子さんは亡くなられた。長谷川信少尉が初恋の人だったと言っていた人、駒繋校の疎開学童だった女性も、ついこの間お亡くなりになったと聞いた。

そして時が過ぎて、平成最後（二〇一九）となる月、四月五日、とうとう田中幸子さんまでもが帰らぬ人となった。死後に見つかった手紙には「私の切ない気持ちは今も消えていません、来世は今野さんと過ごしたい」とあった。疎開学童の心の襞に刻まれた浅間温泉での物語も年月の経過とともに人々の記憶から消え去ろうとしている。

この一編をせめてもの小さな戦史の断片として、ここに記しておきたい。

あとがきの物語

ネットが繋ぎ留めた歴史

何事にも熱くなるという性癖が私にはある。一つのことに掛かりきりでいるときは、もう無我夢中でどこまでも突っ走っていく。そんなときに後先は見えていない。ところが、この物語を書き終えたところで分かってきた。読後感ならぬ、書後感である。自身がネット時代の新しい戦争物語に触れていたという気づきである。

この本の初版では副題を「もうひとつの戦史」とした。その意味は二つある。一つには、ネットが取り持った戦争逸話発掘を言い表すものだ。この物語はネットの介在なくしてはあり得なかった。個々の情報、例えば、鉛筆部隊という言葉は埋もれたままで存在はしていた。これに命を吹き込んだのはインターネットだった。ネットの海からこの言葉がたまたま拾われてよみがえった。

人々の戦争体験や経験というのは個別的であった。それぞれがそれぞれに存在していて繋《つな》がっていなかった。ネット世界にか細くきらめいていたと言える。ここには億万という情報が行き交っている。その中でほんの小さな情報同士が偶然に結びつくことでこれが光彩を放った。一面成熟していないツールとして否定される場合もある。が、ここではよりよく生かされた、肯定的に評価するネット物語だ。

ネットが機縁となって人と人とがどんどん繋がった。まるで果てのない時間旅行をしているようであった。幕が下りて決着がついたと思ったら、また、幕が開いてドラマが始まる。その繰り返しだった。偶然が偶然を呼び込み、新手の登場人物に行き着いて、全く知らなかったエピソードが語られ始める。このようにして、過去の、今にも消滅していきそうなエピソードが次々に掘り起こされた。

特に遺墨が記された和綴じ帳と特攻兵の写真の発見は大きい。武揚隊のことはよく分からなかった。その彼らの存在がこれによって明確になった。ネットを通しての発掘というのも今の時代を象徴している。新たな道具が近代戦争史の隠れた部分を辛うじて繋ぎ留めたと言える。

知覧特攻平和会館初代館長だった板津忠正氏は学童と特攻隊とが写った写真を手に入れ、以来三十年間、どこでのことだったのか調べ続けた。それが代沢国民学校の疎開学童と武剋隊兵士だったとようやく突き止められたという。浅間温泉千代の湯で撮ったものだった。このように特攻隊と学童とがふれ合っていた例というのは、極めてまれだと氏から教わったのは大分後になってからである。

私は、松本浅間温泉の話だけではなく、戦争については、これまで大勢の人から話を聞いてきた。残しておかなくてはならない話が多くある。例えば、被爆して三日後の八月九日に広島市内線の一部区間、己《こ》斐《い》と西天満町《にしてんま》との間が動き始める。このとき営業運転に入る前に試運転電車が動いている。私はこの電車の運転士だった山崎政雄《やまさきまさお》さんから直接話を伺ったことがある。

己斐駅を出てすぐに電車は山手川を渡る電車専用の己斐鉄橋にかかる。新型爆弾の強烈な爆風と熱線を受けた後のことであった。線路は大丈夫でも鉄橋が壊れているかもしれないと思ったと言われた。走行中、電車もろとも鉄橋から落下するかもしれないという恐怖である。それがあったので渡り終えたときは安堵《あんど》したという。

彼が運転している電車を見た被災者たちの印象も忘れ難いものだったと聞いた。突然現れた電車の姿を見て人々は驚いていた、信じられなかったようだ。ことごとく破壊された街、絶望の街に電車が動き出した。それは希望の光だった。記録に留《とど》めておきたい重要な証言である。

この広島のことで、忘れられないことがある。一九九九年の夏、当時広島電鉄の代表取締役をされていた石田彰さんが言われたことだ。

「原爆のことは、幾ら話をしても再現はできないのですよ。あのときのことは、絵にして描き表すこともできない。文章に書き表すこともできない。まして、口で話すこともできない……」

いつまでも印象に残っている言葉だ。戦争経験は語ってこそ伝わるという。が、戦争の苦しさやつらさは、再現できるものではない。現今、戦争のことが多く語り伝えられてはいるが、大多数の人は語らないで逝ってしまった。沖縄の真っ暗な洞窟で死んだ人、レイテ島のジャングルで飢え死にした人、語らずに亡くなっていった人は数百万にも及ぶ。

それでもなお、人々が経験したことは断片的ではあっても残っている。人間の救いは、想像ができることだ。たとえかけらであっても記録が残っていれば戦争の惨さは痛みとして感じることができるはずだ。

生きている者が記録を拾い集め後世に伝えていく。必要なのは推し量る材料、記録である。務めて残していくことが生きているものの役目だ。どんなに小さなことであっても記録しておくことは大事だ。

「安らかに眠って下さい過ちは繰返しませぬから」という文言はよく知られている。原爆死没者慰霊碑に刻まれた言葉だ。これは、同じ過ちを繰り返していく人間の本性への戒めである。頭脳にたたき込んでおかないとやはり過ちは繰り返す。ゆえに戦争に苦しんだ人々の記録は大事だ。これが過ちを繰り返すことへの抑止へと繋がる。戦争にブレーキを掛けたり、戦争を止めたりすることができる。

覚えておきたいことは、戦争はさりげなく進行してゆくということだ。あるとき、トタン屋根にぱらぱらと小石が降ってきた。何だろうと思っているときな臭い。あれよあれよという間に戦争になっている。

そして、平穏を願う心とは裏腹に口では「殺せ、殺せ！」と叫んでいる。人間は憎しみに染まりやすい。その獣性が暴走しないように絶えず点検する。これによって辛《かろ》うじて平和は保たれる。

松本発の秘《ひそ》やかな特攻隊

「もうひとつの戦史」に意味が二つあると述べた。そのもう一つである。

思えば歴史の中で語られる特攻隊については知ってはいたことだ。印象にあったのは勇気のある強い男たちの戦いである。言い換えれば、益荒男《ますらお》振《ぶ》りを主軸としていたドラマだという認識であった。つまりは、九州最前線の陸軍の基地は、知覧であり、海軍は鹿屋である。ここから出て行った彼らの武勇伝が中心に物語られていた。ところが、そこから遙か退いた、信州松本では、それとは反対の手弱女《たおやめ》振りがかいま見られる物語が潜んでいた。建前よりも本音が語られ、歌われていた。この土地と人に心がほだされたからだ。言わば、山あいの信州松本発の秘やかな物語だ。類例をみない特攻の物語である。

重要なのは松本平という土地の特徴だ。ここには深い山があり、温《ぬく》もる温泉があり、ふれ合う人々がいた。特に人と人との機縁は超絶的な物語だ。東京から疎開してきた学童、満州新京から飛来してきた若い特攻兵、異質な者同士が信州松本で偶然にふれ合った。

戦争末期の昭和二十年三月、戦況は悪化していた。起死回生、何とか敵に一矢を報いたいと願う彼らは、当地に余儀なく滞在することとなった。ところが長くいればいるほどほだされる。命への思いと言ってよい。しかし、時が巡り来たって彼らは陸軍松本飛行場から飛び発った。郷《さと》の愁《うれ》いで編まれたベールを突き破って、南方「南十字星の下遠く」に出撃した。土地に心を残した彼らは、「あの懐かしい浅間を後にして」と切ない心情を言葉の端に残している。突撃していく兵士の記憶に深く刻まれていた絵風景だった。銀屏風に縁取られた里への想い、景愁《けいしゅう》である。

私が書き記したこれは、六十数年前に起こった出来事である。これを人の記憶から掘り起こしたものだ。

ところが証言者の加藤穂高さんが言っておられるように、人の記憶には危ういものがある。それゆえ自身でも証言の裏を取ろうと努めはした。しかし、六十数年という時の隔たりは大きな壁だった。知ろうとすると分からなくなる。虚空に釘を打つような空しさを覚えたこともある。

それでも言えるのは証言を正すのは周辺資料だということだ。証言者の証言を確かなものにできるように、私は集められるだけの証言と資料とを集めて書き記した。これを読んでくださる方々が、歴史の真実を批評的に読み取ってくだされば幸いである。

この物語は主には特攻二隊、武剋隊、武揚隊の浅間温泉滞在時のことを中心に描いたものだ。特攻出撃で戦死した場合には二階級特進して、その階級で呼ばれる。しかし、ここでは松本浅間滞在時の階級で示してある。

なお、この物語を発掘する発端となったのがブログ「Ｗｅｂ東京荏原都市物語資料館」だ。ここに転載した記事、並びにコメントについては、出版化するに当たって文章表現は編み直し校正をしている。また、この物語では時系列を大きな基本としている。しかし、歴史事実をできるだけ伝えたいという思いから、これを補強するために、後で分かったこともそのときそのときの逸話に埋め込んでいる。

情報を発すれば戻ってくる、本書が出て以来多くの情報が寄せられた。「朝日新聞」は、「疎開学童との心の交流再現」と題して書評に取り上げ、「六十七年前のこの交流を現代の目で再現、活字にしておこうというのが本書の狙いだ」（二〇一二年九月二十三日掲載）と批評した。評者保坂正康氏が指摘される通り当時の逸話を「現代の目で再現」したことには違いない。過去と今とを結びつけたものだ。言い換えれば本書は生きている書物である。ゆえに今に生きている情報が発刊以来多く寄せられている。「私達六年生は二月二十五日に浅間を引き揚げて東京に帰ったとたん、三月十日の東京大空襲に出遭うんですよ。浅間温泉上空で見慣れていた飛行機と違って、これがとんでもなく大きな飛行機で衝撃を受けました。B29の銀色に光る巨体に地上の火災が赤く映って見えるのですよ。今も忘れられません」というのも一つだ。これら寄せられた情報も戦史記録として重要である。そこで今回増刷するに当たっては、一部を、章末の余白に「物語エピソード」として挿入した。信州松本発の特攻の全貌を掴む端緒となってほしいと願うからだ。

新たに発見された遺墨の言葉も時間を置いて読み返すと解釈を改めた方がいいものも出てきた。松本が故郷だったという飯沼伍長などはその例だ。長谷川信少尉の言葉についても和歌ではなく連句とする方が自然であると木村孝氏からの指摘があった。得心のいくものゆえにこれは全面的に書き改めた。

最後に書き記したいことがある。この原稿をまとめるに当たっては大勢の人から話を伺った。生の証言である。その数はゆうに百人は超える。数えられないほどの人々にお世話になった。人々、敢えて言いたいのは、一般市民である。これらの人々の協力がなければ、この物語を書き上げることはできなかった。その方々には、この場を借りて心よりお礼を申し上げたい。亡くなられた方もおられる。その方々には、この書の末尾に「霊安かれ」と記しておきたい。武剋隊、武揚隊のそれぞれの隊員、整備員、そしてまた先の大戦戦死者への祈りでもある。

二〇一二年十月二十二日

弔辞――さようなら田中幸子さん

『鉛筆部隊と特攻隊』を発刊して七年が経った。時間の経過は事象を熟成させると同時に風化させもする。戦後七十四年、戦争はもう遙か昔に遠ざかっていく。と同時に人も老いてゆく。「鉛筆部隊」に名を留めた人も不帰の客となられた。立川裕子さん、小林修さん、久貫兼資さんなどだ。そしてまたこの「鉛筆部隊物語」の立役者だった田中幸子さんもとうとう帰らぬ人となった。この春、四月五日に八十五歳で亡くなられた。ガンを患い、手術という方法もあったが彼女はこれを拒否した。

田中幸子さんと出会ったのが平成二十一年（二〇〇九）だ。彼女と接してちょうど十年になる。この間に第一作の『鉛筆部隊と特攻隊』に続き、第二作『特攻隊と《松本》褶曲山脈』、第三作『忘れられた特攻隊』、第四作『と号第三十一飛行隊（武揚隊）の軌跡』を上梓した。一貫した主題は松本出撃特攻である。

故田中幸子さん

特攻と言えば知覧である。本州最南端の飛行場だ。一旦飛び発てば祖国とは永遠に別れてしまう。飛び発つに当たって土くれや雑草に触りたい。が、同僚に未練がましいと思われるのが嫌だったと。生前に取材した扶揺隊の久貫兼資軍曹は語っていた。出撃するときには見送りの人々もいた。特攻兵は死んだら神となる。立ち居振る舞いは立派であらねばならぬという気持ちも強く働いた。知覧は特攻の晴れ舞台である。

一方、信州松本飛行場はどうだったろうか。「飛びたつとき、芸者の人が飛行場に見送りに来るのを二回ほど窓から見た。きれいな和服姿で、二、三人いた。白いハンカチを振り泣きながら見送っていた。『ああ、敵機につっこみに行くんだね』といいあいながら見ていた。飛びたって行ったのは、恐らく特攻隊、知覧に行ったのだと思う」（『伝えたい私たちの戦争体験』発行松本市　二〇十三年）と陸軍松本飛行場に勤めていた岡野さ月さんが証言している。浅間温泉の芸者が見送る特攻後方基地だった。

信州山中の飛行場は裏舞台、だからこそ特攻隊員たちは気を緩め、建前ではなく本音を語った、彼らは浅間への郷愁を率直に吐露した。「浅間での事をなつかしく思ひ出しています」（時枝宏軍曹）、「あの懐かしき浅間温泉を後に」（今野軍曹）、「〇〇の地は、永久に忘れられません」（清宗少尉）など。際だっていたのは武揚隊が歌ったうただ。「世界平和が来ましたならば／いとしなつかし日の本へ／帰りゃまっさき浅間をめがけ／私しゃいきます富貴の湯へ」、郷愁が溢れ出ている。

彼らの思いは土地と人への愛着であり、慕情である。アルプスの山並み、温泉へのあたたかみ、なかんずく大きいものは情愛である。

思いを深く抱くきっかけとなったのは巡り会いだ、大陸から飛行機で飛来してきた特攻隊と東京から汽車でやってきた疎開学童とが偶然に浅間温泉で出会った。約一月余りを共に暮らすことで深い絆が生まれた。東京の坊ちゃんたちにはあどけなさ、女の子にはかわいらしさがあった。若い特攻兵はお人形のような女児に心をゆさぶられた。せつないほどの想いを持った。武揚隊の「浅間温泉望郷の歌」には、「かわいいみなさんの人形乗せてわたしゃゆきます〇〇へ」とあった、沖縄中飛行場から飛び発った武剋隊前半隊の九機、新田原から出撃した武剋隊後半隊の六機、どの機内にも世田谷の疎開学童女児からもらった人形が飾ってあった。

松本から出撃した特攻機の全機にはお人形が同乗していた。何を物語るのか？　それは当地で出会った女児への思いの強さだ、恋慕であり、恋情である。国思う彼らに私情はないという考えもある。が、人は愛あらばこそ生きる動物だ。その象徴的なものが出撃した特攻兵から鉛筆部隊に送られてきた手紙だ。「つぎの世を背負うみなさん方がいるので、喜んで死んでいけます。浅間に在宿中はともに遊び、ともに学んだ」と今野軍曹は書いた。出撃する直前に書いたものだ。思いが去来したに違いない。そのときに思い浮かんだのは浅間で接した学童たちの面影だ。子どもらの記憶の中に自分が生きている。自分を記憶に留めている子どもたちがいる。彼は熱く思った。それは鉛筆部隊の子への愛であり、田中幸子さんへの恋慕でもある。

疎開学童への思慕を彼らが率直に語った。だからこそ秘められた近代戦争史は発掘された。その中心人物、代表格が鉛筆部隊の田中幸子さんに他ならない。彼女は今野勝郎軍曹に「生きて帰ってきたならばお嫁になってほしい」と告白され、口づけをされた。国民学校五年生の彼女にはこれが鮮烈な記憶として残った。事実、彼女は宮城の遺族宅に送った手紙に「勝郎さんに見初められたことを誇りに思っています」と書いている。

彼女は特攻隊の一人に愛されたことが生きる望みとなった。早くに連れ合いをガンで亡くしている。そしてまた自身もガンを患い一命を取り留めた。これを機に「尊厳死協会」に入会し、自分の死は自分で決めると覚悟を決めた。そして余生は特攻兵の供養に生きた。ゆかりの地はすべて行脚して兵たちの回向を重ねた。毎年五月三日に催される「知覧特攻基地戦没者慰霊祭」には欠かさず参加していた。これらのことを通して交遊を深めたのが初代知覧特攻平和会館館長の板津忠正氏や同館の語り部峯苫眞雄氏などだ。この関係から私は、特攻に関する多くの情報を得ることができた。思うに、彼女がいなかったら四冊もの特攻に関する物語は書かなかったろうと思う。

彼女の助力があってこそ私は、これらを完成させることができた。

今また、本書を発刊するに当たって、私は、献辞として田中幸子さんに「特攻兵を恋し続け、想いつづけて、死す」という言葉を贈るものである。そしてこの弔辞を改訂新版の「あとがき」とするものである。

二〇一九年八月十七日　浅間温泉目之湯での「田中幸子さんお別れ会」にて

きむらけん

＊主な参考文献（刊行年は奥付によるもの）

戦史叢書『沖縄・臺灣・硫黄島方面陸軍航空作戦』著作者防衛庁防衛研修所戦史室　一九七〇年（昭和四十五年）・朝雲新聞社
『新版 きけ わだつみのこえ』日本戦没学生の手記日本戦没学生記念会編　一九九四年（平成六年）・岩波書店
『開聞岳～爆音とアリランの歌が消えてゆく～』飯尾憲士　一九八五年（昭和六十年）・集英社
『特攻に散った朝鮮人―結城陸軍大尉「遺書の謎」』桐原久　一九八八年（昭和六十三年）・講談社
『いま特攻隊の死を考える』岩波ブックレットNo.五七二　白井厚編　二〇〇二年（平成十四年）・岩波書店
『学童集団疎開』浜館菊雄　一九七一年（昭和四十六年）十月・太平洋出版社
『日本の子、小国民よ　学童疎開―父と子の便りの記録』中澤敬夫編　一九九五年（平成七年）
『週刊少國民』第四巻一八号　一九四五年（昭和二十年）五月六日・朝日新聞社
『明治学院百年史』一九七八年（昭和五十三年）・明治学院
『烈風の中を―短歌的自叙伝―』渡辺順三　一九七一年（昭和四十六年）・東邦出版社
『新編　知覧特別攻撃隊』高岡修編　二〇〇九年（平成二十一年）八月・ジャプラン
「還らざる青春」広報『せたがや』No.九四七　一九九八年（平成十年）八月十五日・世田谷区
『作文がすきになる本』（五・六年生）柳内達雄著　一九七八年（昭和五十三年）・あかね書房
「欠食児童集団の一年間」鳴瀬速夫『歴史と人物』一九七四年（昭和四十九年）八月号・中央公論社
『8月15日の子どもたち』あの日を記録する会編　一九八七年（昭和六十二年）七月刊・晶文社
『遠い太鼓　第一集～戦争体験と当時の思い出話特集～』一九九七年（平成九年）三月二十日・松本市本郷公民館発行
「私の半生」降旗康男『松本平タウン情報』第六号　一九九九年（平成十一年）
『世田谷区教育史』資料編六　一九九三年（平成五年）三月・世田谷区教育委員会発行
『あゝ祖国よ恋人よ きけわだつみのこえ』上原良司　一九八五年（昭和六十年）・昭和出版
『今日われ生きてあり』神坂次郎　一九九三年（平成五年）・新潮文庫
『坂口安吾全集　16』二〇〇〇年（平成十二年）・筑摩書房

『読谷村史』第五巻 資料編四 戦時記録 下巻 読谷村史編集委員会・編集 二〇〇四年（平成十六年）・読谷村
「追悼 柳内達雄さん」『花―詩と作文の指導 別冊』一九七九年（昭和五十四年）六月二十三日・あかね書房
『若き特攻隊員と太平洋戦争―その手記と群像』森岡清美 一九九五年（平成七年）・吉川弘文館
『新聞集成昭和編年史』昭和二十年度版Ⅱ 明治大正昭和新聞研究会編 一九九七年（平成九年）・新聞資料出版
「長谷川信の石碑を訪ねて」谷栄 雑誌『わだつみのこえ』一一一号 一九九九年（平成十一年）一一号
『学徒特攻その生と死―海軍第十四期飛行予備学生の手記』土井良三編 二〇〇四年（平成十六年）・国書刊行会
『飛龍特攻の記』前村 弘著
『重爆特攻 さくら弾機～大刀洗飛行場の放火事件～』林えいだい 二〇〇五年（平成十七年）・東方出版
『私の信州物語』熊井啓 二〇一〇年（平成二十二年）・岩波現代文庫
郷土誌『かんばやし』郷土誌『かんばやし』刊行委員会 一九八六年（昭和六十一年）十月
『今井地区誌』今井地区誌編纂会 一九九〇年（平成二年）三月
『笹賀地区誌』笹賀地区誌編さん委員会 二〇〇八年（平成二十年）一月
「続・陸軍松本飛行場跡についての覚書」原 明芳『松本市史研究』―松本市文書館紀要―第一七号 二〇〇七年（平成十九年）三月
『憧れた空の果てに』菅井 薫 一九九九年（平成十一年）十二月・鳥影社
「特攻隊の面影①」読売新聞中南信版、二〇一二年八月一日付記事
「陸軍航空特別攻撃隊各部隊総覧」第1巻 加藤拓 二〇一九年（平成三十年）

*資料収集協力者及び機関（敬称略）
木村孝・米澤邦頼・田中幸子（故人）・松本明美・小林梅恵・秋元佳子・太田幸子・丸山修・矢花克己・田澤澄枝・時枝孝・鈴木美津子・立川裕子（故人）・溝口忠昭・今野抄一・山本富繁・松本市空港図書館 川村修・せたがや平和資料室・知覧特攻平和会館・市立松本博物館

*遺墨及び特攻兵写真の複写撮影 写真家 小宮東男

【著者紹介】 きむらけん

1945年満州(現中国東北部)撫順生まれ。文化探査者、物語作家。96年『トロ引き犬のクロとシロ』で「サーブ文学賞」大賞受賞。97年『走れ、走れ、ツトムのブルートレイン』で「いろは文学賞」大賞・文部大臣奨励賞受賞。11年『鉛筆部隊の子どもたち～書いて、歌って、戦った～』で「子どものための感動ノンフィクション大賞」優良賞受賞。著作に、『トロッコ少年ペドロ』(97年)、『出発進行！ ぼくらのレィルウェイ』(98年)、『広島にチンチン電車の鐘が鳴る』(99年)(いずれも汐文社)、『日本鉄道詩紀行』(集英社新書)、『峠の鉄道物語』(JTB)などがある。
信州特攻四部作：「鉛筆部隊と特攻隊」(彩流社)、「特攻隊と《松本》褶曲山脈」(彩流社)、「忘れられた特攻隊」(彩流社)、「と号第三十一飛行隊(武揚隊)の軌跡」(えにし書房)。これに加えて『ミドリ楽団物語 ―― 戦火を潜り抜けた児童音楽隊』(えにし書房)がある。

『北沢川文化遺産保存の会』の主幹として、世田谷、下北沢一帯の文化を掘り起こしている。地図『下北沢文士町文化地図』(改訂8版)を作成したり、ネット上の『WEB東京荏原都市物語資料館』に記録したりしている。この物語はこの活動から発掘されたものである。

Enishi Shobo

〈改訂新版〉鉛筆部隊と特攻隊

近代戦争史哀話

2019年11月10日 初版第1刷発行

■著者 きむらけん
■発行者 塚田敬幸

■発行所 えにし書房株式会社
〒102-0074 千代田区九段南1-5-6 りそな九段ビル5F
TEL 03-4520-6930 FAX 03-4520-6931
ウェブサイト http://www.enishishobo.co.jp
E-mail info@enishishobo.co.jp

■印刷／製本 三鈴印刷株式会社
■DTP／装丁 板垣由佳

 ISBN978-4-908073-70-0 C0021

周縁と機縁のえにし書房・きむらけんの本

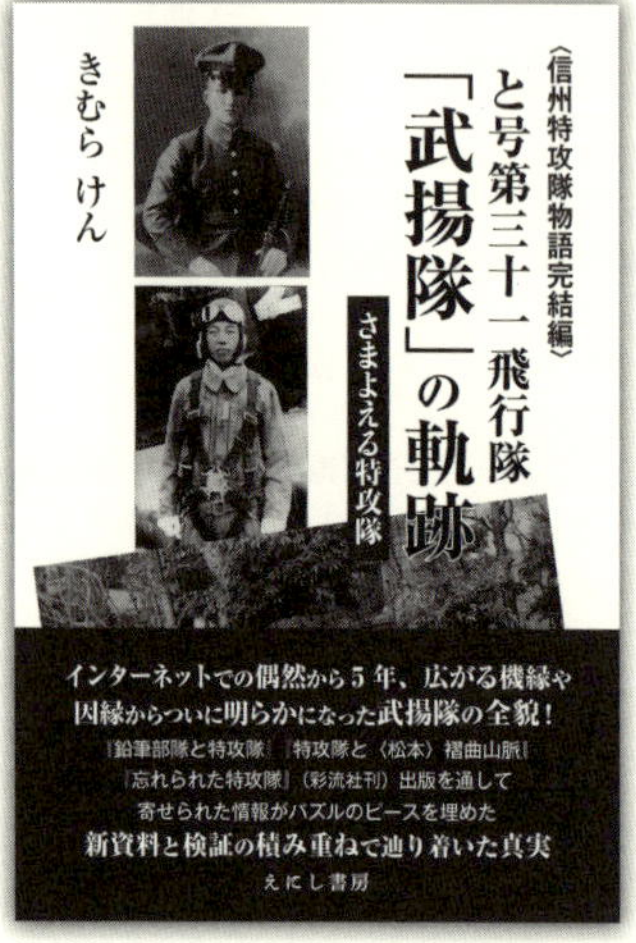

ISBN978-4-908073-45-8 C0021

〈信州特攻隊物語完結編〉

と号第三十一飛行隊「武揚隊」の軌跡

さまよえる特攻隊

きむらけん 著

本体 2,000 円＋税／四六判／並製

インターネットでの偶然から５年、ついに明らかになった武揚隊の全貌！　信州特攻隊四部作、完結編。

『鉛筆部隊と特攻隊』『特攻隊と〈松本〉褶曲山脈』『忘れられた特攻隊』（彩流社刊）出版を通して寄せられた情報がパズルのピースを埋めた。新資料と検証の積み重ねで辿り着いた真実は……。

ミドリ楽団物語

戦火を潜り抜けた児童音楽隊

きむらけん 著

本体 2,000 円＋税／四六判／並製

疎開先でも活動を続けた世田谷・代沢小の学童たちのひたむきな演奏は、戦中、日本軍の兵士を慰撫し、戦後は音楽で日米をつなぐ架け橋となった！　戦時下に発足し、陸軍を慰問し評判となった代沢小学校の小学生による音楽隊は、戦後にはミドリ楽団として華々しいデビューを遂げ、駐留米軍をはじめ多くの慰問活動を行った。音楽を愛する一人の教師が、戦中・戦後を駆け抜けた稀有な音楽隊を通して、学童たちとともに成長していく物語。

ISBN978-4-908073-29-8 C0095